元史

四部備要

史部

中華書局據武英殿本校刊

桐鄉陸費逵總勘
杭縣高時顯 吳汝霖輯校
杭縣丁輔之監造

元史卷十八

明翰林學士亞中大夫知制誥兼修國史宋　濂等修

本紀第十八

成宗一

成宗欽明廣孝皇帝諱鐵穆耳世祖之孫裕宗真金第三子也母曰徽仁裕聖皇后弘吉烈氏至元二年九月庚子生二十四年諸王乃顏反世祖自將討平之其後合丹復叛命帝往征之合丹敗亡三十年乙巳受皇太子寶撫軍於北邊三十一年春正月世祖崩親王諸大臣遣使告哀軍中夏四月壬午帝至上都左右部諸王畢會先是御史中丞崔彧得玉璽于故臣之家其文曰受命于天既壽永昌上之徽仁裕聖皇后至是手授於帝甲午即皇帝位受諸王宗親文武百官朝於大安閣詔曰朕惟太祖聖武皇帝受天明命肇造區夏聖聖相承光熙前緒迨我先皇帝體元居正以來然後典章文物大備臨御三十五年薄海內外罔不臣屬宏規遠略厚澤深仁有以衍皇元萬世無疆之祚我昭考

早正儲位德盛功隆天不假年四海缺望顧惟眇質仰荷先皇帝殊眷往歲之
夏親授皇太子寶付以撫軍之任今春宮車遠馭奄棄臣民乃有宗藩昆弟之
賢戚畹官僚之舊謂祖訓不可以違神器不可以曠體承先皇帝夙昔付託之
意合辭推戴誠切意堅朕勉徇所請於四月十四日即皇帝位可大赦天下尚
念先朝庶政悉有成規惟慎奉行罔敢失墜更賴祖親勳戚左右忠良各盡乃
誠以輔台德布告遠邇咸使聞知詔除大都上都兩路差稅一年其餘減丁地
稅糧十分之三係官逋欠一切蠲免民戶逃亡者差稅皆除之追尊皇考曰皇
帝尊太母元妃曰皇太后庚子遣攝太尉兀都帶等請謚于南郊遣禮部侍郎
李衎兵部郎中蕭泰登齎詔使安南中書省臣言陛下新即大位諸王駙馬賜
與宜依往年大會之例賜金一者加四爲五銀一者加二爲三又江南分土之
賦初止驗其版籍令戶出鈔五百文今亦當有所加然不宜增賦於民請因五
百文加至二貫從今歲官給之從之乙巳賜駙馬蠻子帶銀七萬六千五百兩
闊里吉思一萬五千四百五十兩高麗王王昛三萬兩丁未湖廣行省所屬寇

盜竊發復令劉國傑討之戊申太白晝見又犯鬼詔存恤征黎蠻瓜哇等軍己酉雲南行省以所定路府州縣來上上路二下路十一下州四十九中縣一下縣五十以金齒歸附官阿魯爲孟定路總管佩虎符是月卽墨縣雹五月庚戌朔太白犯輿鬼壬子始開醮祠於壽寧宮祭太陽太歲火土等星於司天臺戊午遣攝太尉兀都帶奉玉册玉寶上大行皇帝尊諡曰聖德神功文武皇帝廟號世祖皇后尊諡曰昭睿順聖皇后皇考尊諡曰文惠明孝皇帝廟號裕宗賜國王和童金二百五十兩月兒魯百五十兩伯顏月赤察而各五十兩銀鈔錦各有差庚申祭紫微星於雲仙臺雲南部長適習四川散毛洞主覃順等來貢方物陞其洞爲府丁卯八番宣慰使斡羅思犯法爲人所訟懼罪逃還京師賜安西王阿難答鈔萬錠己巳改皇太后所居舊太子府爲隆福宮詹事院爲徽政院司議曰中議府正曰宮正家令曰內宰典醫署曰掌醫典寶曰掌謁典設曰掌儀典饍曰掌饍仍增控鶴至三百人詔各處轉運司官欺隱姦詐爲人所訟者聽廉訪司卽時追問其案牘仍舊例於歲終檢之陞福建鹽提舉司爲鹽

轉運司增捕私鹽人賞格庚午諸王亦里不花來朝以瘠馬輸官官酬其直爲
鈔十有一萬五千錠賜也速帶而汪惟正兩軍將士糧五萬石餉北征軍壬申
御史臺臣言内外官府增置愈多在京食祿者萬人在外尤衆理宜減併命與
中書議之用崔彧言肅政廉訪司案牘勿令總管府檢劾詔議增官吏祿以也
速帶而所統將士貧乏給鈔萬錠乙亥以扎珊知樞密院事戊寅封皇姑高麗
王王昛妃忽都魯揭里迷失爲安平公主賜亦都護金五百五十兩銀七千五
百兩合迷里的斤帖林金五十兩銀四百五十兩西平王奥魯赤言汪總帥之
軍多庇其富實而令貧弱者應役命更易之以月兒魯爲太師伯顏爲太傅月
赤察而爲太保禁諸司豪奪鹽船遞運官物僧道權勢之家私匿盜販是月密
州路諸城縣大都路武清縣霑峽州路大水六月庚辰朔日有食之辛巳御史
臺臣言名分之重無踰宰相惟事業顯著者可以當之不可輕授廉訪司官歲
以五月分按所屬次年正月還司職官犯贓勅授者聽總司議宣授者上聞其
本司聲跡不佳者代之受賂者依舊例比諸人加重帝曰其與中書同議乙酉

雲南金齒路進馴象三丙戌以雲南歲貢馬二千五百匹給梁王數太多命量減之庚寅必察不里城敢木丁遣使來貢詔罷功德使司及泉府司官冗員壬辰立晉王内使府復以光祿寺隸宣徽院中書省臣言朝會賜與之外餘鈔止有二十七萬錠凡請錢糧者乞量給之定西平王奧魯赤寧遠王闊闊出鎮南王脫歡及也先帖木而大會賞賜例金各五百兩銀五千兩鈔二千錠幣帛各二百匹諸王帖木而不花也只里不花等金各四百兩銀四千兩鈔一千六百錠幣帛各一百六十匹以帖木而復爲平章政事諸王阿只吉部玉速福屢叛伏誅以甘肅等處米價踴貴詔禁釀酒命月赤察而提調羣牧事乙未以世祖皇后裕宗謚號播告天下免所在本年包銀俸鈔及内郡地稅江淮以南夏稅之半乙亥以乳保勞封完顏伯顏爲冀國公妻何氏爲冀國夫人完澤貸民錢多取其息命依世祖定制辛丑浙西道提刑按察使弘吉烈帶阿魯灰受賂遇赦免復以爲河西隴北道肅政廉訪使御史臺臣言先朝決獄隨罪輕重笞杖異施今止用杖乞如舊制不允宋使家鉉翁安置河間年踰八十賜衣服遣還

其家癸卯封駙馬闊里吉思爲唐王給金印甲辰詔翰林國史院修世祖實錄
以完澤監修國史乙巳給困赤禿出征軍士鈔各千戶千錠丙午太陰犯井以
昔寶赤從征諸軍自備馬一千一百九十餘匹命給還其直戊申詔宗藩內外
官吏人等咸聽丞相完澤約束以合剌思八斡節而爲帝師賜玉印賜雪雪的
斤公主鈔千錠諸王伯答罕末察合而部貧乏者三千錠伯牙兀真赤里由柔
伯牙伯剌麻闊怯倫忙哥真各金五十兩銀鈔幣有差是月東安州蝗秋七月
壬子詔御史大夫月兒魯振臺綱禁內外諸司減官吏俸爲宴飲費置隆福宮
衛候司癸丑詔軍民各隸所司無相侵越乙卯以諸王出伯所部四百餘戶乏
食徙其家屬就食內郡仍賜以奥魯軍年例鈔三千錠給瓜沙之民徙甘州屯
田者牛價鈔二千六百錠以也的迷失爲東昌路達魯花赤中書省臣言其嘗
官是郡犯法五百餘款今不宜復官帝曰姑試之己未復立平陽路之蒲武鄉
保定路之博野泰安州之新泰等縣賜諸王出伯奥魯軍也速帶而紅襖軍幣
帛各六萬疋庚申改侍衛都指揮使司爲隆福宮左都威衛使右都威衛使以

陝西道廉訪司沒入贓罰錢舊給安西王者令行省別貯之壬戌詔中外崇奉孔子癸亥罷肇州宣慰司併入遼東道戊辰減八番等處所設官二百一十六員八番稱新附九十萬戶設官四百二十四員及遣官覈實止十六萬五千餘戶故減之行樞密院月的迷失程鵬飛各加平章政事中書省臣言樞密之臣不宜重與相御帝命以軍職尊崇者授之辛未中書省臣言向御史臺劾右丞阿里嘗與阿合馬同惡論罪抵死幸得原免不當任以執政臣謂阿里得罪之後能自警省乞令執政如故從之以軍戶所棄田產歲入及管軍官吏贖罪等鈔復輸樞密院癸酉以陝西行省平章不忽木爲中書平章政事甲戌立隨路民匠打捕鷹房納綿等戶總管府秩正三品詔招諭暹國王敢木丁來朝或有故則令其子弟及陪臣入質扎魯花赤言諸王之下有罪者不聞于朝輒自決遣詔禁治之詔月兒魯守北邊賜其所統軍士幣帛各萬疋及西征軍士幣三萬疋鈔三萬六千六百錠賜不魯花真公主及諸王阿只吉女弟伯禿銀鈔有差是月棣州陽信縣雹大風拔木發屋真定路之南宮新河易州之淶水等縣

雹八月庚辰太白晝見癸未平灤路遷安等縣水蠲其田租戊子初祀社稷用
堂上樂歲以爲常己丑以大都留守段貞平章政事范文虎監浚通惠河給二
品銀印令軍士復濬浙西太湖澱山湖溝港立新河運糧千戶所詔諸路平準
交鈔庫所貯銀九十三萬六千九百五十兩除留十九萬二千四百五十兩爲
鈔母餘悉運至京師復立平陽之芮城陵川等縣辛卯以忙哥撒而妻子爲敵
所掠賜鈔八千錠戊戌太陰犯畢太白犯軒轅是月德州之安德縣大風雨雹
九月壬子聖誕節帝駐蹕三部落受諸王百官賀癸丑詔有司存恤征爪哇軍
士死事之家甲寅口授諸王傳阿黑不花爲丞相丁巳太白經天庚申以合魯
刺及乃顏之黨七百餘人隸同知樞密院事不憐吉帶習水戰丙寅太陰掩填
星辛未太陰犯軒轅乙亥太白犯右執法太陰犯平道遣禿古鐵木兒等使闍
藍是月趙州之寧晉等縣水冬十月戊寅車駕還大都辛巳江浙行省臣言陛
下卽位之初詔蠲今歲田租十分之三然江南與江北異貧者佃富人之田歲
輸其租今所蠲特及田主其佃民輸租如故則是恩及富室而不被於貧民也

宜令佃民當輸田主者亦如所蠲之數從之遼陽行省所屬九處大水民饑或起爲盜賊命賑恤之江西行省臣言銀場歲辦萬一千兩而未嘗及數民不能堪命自今從實辦之不爲額壬午太白犯左執法有事于太廟癸巳太陰掩填星乙未太陰犯井金齒新附孟愛甸酋長遣其子來朝即其地立軍民總管府朱清張瑄從海道歲運糧百萬石以京畿所儲充足詔止運三十萬石辛丑帝諭右丞阿里參政梁德珪曰中書職務卿等皆懷怠心朕在上都令還也的迷沙已沒財產任明里不花皆至今未行又不約束吏曹使選人留滯桑哥雖姦邪然僚屬憚其威政事無不立決卿等其約束曹屬有不事事者笞之仍以朕意諭右丞相完澤壬寅緬國遣使貢馴象十乙巳遣南巫里速木答剌繼沒剌矛毯陽使者各還其國賜以二珠虎符及金銀符金幣衣服有差初也黑迷失征瓜哇時嘗招其瀕海諸國於是南巫里等遣人來附以禁商泛海留京師至是弛商禁故皆遣之十一月丁未朔帝朝皇太后于隆福宮上玉冊玉寶庚戌行樞密院臣劉國傑討辰州賊詔選州民刀弩手助其軍他不爲例京師犯贓

罪者三百人帝命事無疑者准世祖所定十三等例決之己酉太陰犯亢庚戌
廣西鹽先給引於民而徵其直私鹽日横及官自鬻鹽民復不售詔先以鹽與
民而後徵之辛亥中書省臣言國賦歲有常數先帝嘗曰凡賜與雖有朕命中
書其斟酌之由是歲務節約常有羸餘今諸王藩戚費耗繁重餘鈔止一百十
六萬二千餘錠上都隆興西京應昌甘肅等處糴糧鈔計用二十餘萬錠諸王
五戶絲造作顏料鈔計用十餘萬錠而來會諸王尚多恐無以給乞俟其還部
臣等酌量定擬以聞從之壬子詔以軍民不相統壹罷湖廣江西行樞密院併
入行省乙卯令河西僧人依舊助役丁巳以伯顏察而參議中書省事其兄伯
顏言曰臣叨平章政事兄弟宜相嫌避帝曰卿勿復言兄平章於上弟參議於
下何所嫌也罷貴赤屯田總管府罷宣政院所刻河西藏經板庚申太陰犯畢
甲子詔禁作姦犯科者以湖南道宣慰司何偉爲中書參知政事罷海北海南
市舶提舉司壬申立覆實司濟寧路立諸色戶計諸總管府秩四品癸酉太白
犯房詔改明年爲元貞元年十二月辛巳賜諸王亦思麻殷金五十兩癸未歲

星犯房丙戌罷遼河等處人匠正副達魯花赤丁亥歲星犯鉤鈐甲午以諸王晃兀而駙馬阿失等皆在軍加賜金銀鞍勒弓矢衣服各有差乙未以伯遙帶忽剌出所隸一千戶饑賜鈔萬錠壬辰太陰犯鬼戊戌禁侵擾農桑者庚子太陰犯房又犯歲星選各衛精兵千人命孛羅曷答兒等將之戍和林聽太師月兒魯節度三年而更用帝師奏釋京師大辟三十人杖以下百人賜諸鰥寡貧民鈔二百錠曲靜澂江普安等路夷官各以方物來貢以東勝等處牛遞戶貧乏賜鈔三千餘錠卜阿里使麻八兒還都阿思民爲海都所虜賜鈔三萬九千九百錠是月常德岳鄂漢陽四州水免其田租是歲斷大辟三十一人

元貞元年春正月戊申諸王阿失罕來朝賜金五十兩銀四百五十兩癸丑以太僕卿只而合朗爲御史大夫甲寅以從世祖狩杭海功賜諸王忽剌出金五十兩珠一串乙卯太陰犯填星又犯畢壬戌以國忌卽大聖壽萬安寺飯僧七萬癸亥安西王阿難答寧遠王闊闊出皆言所部貧乏賜安西王鈔二十萬錠寧遠王六萬錠又以隕霜殺禾復賑安西王山後民米一萬石詔道家復行金

籙科範以雲南行省左丞楊炎龍爲中書左丞乙丑以亦奚不薛復隸雲南行省以行樞密院既罷賜行中書省長官虎符領其軍庚午以江淛行省平章阿老瓦丁爲參知政事壬申立北庭都元帥府以平章政事合伯爲都元帥江淛行省右丞撒里蠻爲副都元帥皆佩虎符立曲先塔林都元帥府以釁都察爲都元帥佩虎符饒州路達魯花赤阿剌紅治中趙艮不法僉江東廉訪司事昔班季讓受金縱之事覺昔班自殺杖季讓除名仍沒其財產奴婢之半罷瓜沙等州屯田癸酉歲星犯東咸甲戌有飛書妄言朱清張瑄有異圖者詔中外慰勉之乙亥追封皇國舅按只那演爲濟寧王諡忠武封皇姑囊家真公主爲魯國大長公主駙馬蠻子台爲濟寧王仍賜金印詔飭諸道鹽運司二月丙子朔安西王相鐵赤等請復立王相府不許令陝西省臣給其所需仍以廉訪司沒入贓罰鈔與之丁丑翰林學士承旨留夢炎告老帝以其在先朝言無所隱厚賜遣之命曷伯撒里蠻孛來將探馬赤軍萬人出征聽諸王出伯節度壬午罷江南茶稅以其數三千錠添入江西榷茶都轉運司歲額詔貸斡脫錢而逃隱

者罪之仍以其錢賞首告者癸未熒惑犯太陰丁亥雲南行省平章也先不花言敢麻魯有兩夷未附金齒亦叛服不常乞調兵六千鎮撫金齒置驛入緬從之復以拱衛司爲正三品以濟寧王蠻子台所部弘吉烈人貧乏賜鈔一十八萬錠戊子思州田曷剌不花雲南夷卜木四川洞主查闆王金齒帶梅混冬等來見緬國阿剌扎高微班的來獻舍利寶玩甲午以探馬赤軍出征馬不足詔除軍民官吏所乘凡有馬者盡括之壬辰太陰犯平道丁酉車駕幸上都癸卯太陰犯歲星以諸王亦憐真部馬牛驛人貧乏賜鈔千錠以工部尙書兼諸路金玉人匠總管府達魯花赤呂天麟爲中書參知政事立雲州銀場都提舉司秩四品中書省臣言近者阿合馬桑哥怙勢賣官不別能否止憑解由選調由是選法大壞宜令廉訪司體覆以聞省臺選官覈實定其殿最以明黜陟其廉訪司官亦令省臺同選爲宜從之罷河西軍聽各還其所屬賜駙馬那懷鈔萬五千錠以醮延春閣賜天師張與棣宗師張留孫眞人張志僊等十三人玉圭各一製寶玉五方佛冠賜帝師三月乙巳朔安南世子陳日燇遣使上表慰國

哀又上書謝寬貰恩并獻方物丙午遣密剌章以鈔五萬錠授征西元帥令市
馬萬匹分賜二十四城貧乏軍校庚戌太陰犯填星壬子禁來朝官斂所屬俸
丙辰給月兒魯禿禿軍炒米萬石金齒夷洞蠻來見賜衣遣之戊午罷福建銀
場提舉司其歲額銀以有司領之中書省臣言樞密院御史臺例應奏舉官屬
其餘諸司不宜奏請今皆請之非便詔自今巳後專令中書擬奏以東作方殷
罷諸不急營造惟帝師塔及張法師宮不罷壬戌地震太陰犯房丙寅國王和
童隱所賜本部貧民鈔三百五十錠命臺臣遣人按問以愧之詔免醫工門徭
增置蒙古學正以各道肅政廉訪司領之夏四月辛巳妖人蒙蟲僭擬及其黨
十三人伏誅賜章河至苦鹽貧乏驛戶鈔一萬二千九百餘錠丙戌諸王也只
里以兵五千人戍兀魯思界遣使來求馬帝不允庚寅太陰犯東咸封乳母楊
氏爲趙國安翼夫人癸巳以同知烏撒烏蒙等處宣慰使司事牙那木假兵部
尙書佩虎符使馬答兒的陰戊戍給扈從探馬赤軍市馬鈔十二萬錠庚子立
掌謁司掌皇太后寶秩四品以宦者爲之賜貴赤親軍貧乏戶鈔四萬一千五

百餘錠癸卯以諸王出伯所統探馬赤紅襖軍各千人隸西平王奧魯赤設各路陰陽教授仍禁陰陽人不得游於諸王駙馬之門以貴赤萬戶忽禿不花等所部爲敵所掠賜鈔有差是月真定路之平山靈壽等縣有蟲食桑閏四月丙午爲皇太后建佛寺于五臺山以前工部尚書涅只爲將作院使領工部事燕南河北道肅政廉訪使宋德柔爲工部尚書董其役以大都保定真定平陽太原大同河間大名順德廣平十路應其所需癸丑歲星犯房甲寅太陰犯平道立梭鼇招討使司以咎而忽帶爲使佩虎符乙卯太陰犯亢丁巳太陰掩房己未罷打捕鷹房總管府及司籍周用薄斂等庫及徽州路銀場各處鹽使司鹽場改設司令司丞仍免大都今歲田租弛甘州酒禁庚申河南行省虧兩淮歲辦鹽十萬引鈔五千錠遣扎剌而帶等往鞫實命隨其罪之輕重治之陝西行省增羨鹽鈔一萬二千五百餘錠山東都轉運使司別思葛等增羨鹽鈔四千餘錠各賜衣以旌其能南人洪幼學上封事妄言五運笞而遣之壬戌塔即古阿散以不法伏誅詔禁行省行泉府司抽分市舶船貨而固匿其珍細者戊辰

遣愛牙赤叚實高麗國儲糧平陽民訴諸王小薛曲列失伯部曲恣橫遣官鞫之賜安南國王陳益稷鈔千錠是月蘭州上下三百餘里河清三日五月戊寅以魯國大長公主建佛寺于應昌給鈔千錠金五十兩命麥朮丁何榮祖等釐正選法己卯竄忙兀部別閭于江西俾從月底迷失討賊庚辰詔各省止存儒學提舉司一餘悉罷之陞江南平陽等縣爲州以戶爲差戶至四萬五萬者爲下州五萬至十萬者爲中州下州官五員中州六員凡爲中州者二十八下州者十五又以戶不及額降連州路爲連州增重挑補鈔人罪告捕者仍優其賞令犯人給之辛巳罷行大司農司加平章政事麥朮丁爲平章軍國重事中書左丞議中書省事何榮祖爲昭文館大學士與中書省事甲申詔自元貞元年五月以前逋欠錢糧者皆罷徵丁亥太陰犯南斗甲午以諸王阿只吉部貧乏賜鈔二十萬錠江浙行省臣鐵木而不聽詔遣官責之丙申以伯顏之子買的爲僉書樞密院事太后言其父盡心王室欲令代其父官帝以其年尚小故有是命詔以農桑水利諭中外鞏昌府金州西和州會州雨雹無麥禾饒州鎮江

常州湖州平江建康太平常德澧州皆水六月戊申濟南路之歷城縣大清河水溢壞民居壬子高麗王王昛乞爲太師中書令不允以近邊役煩及水災免咸平府民八百戶今年賦稅詔遼陽省進海東青鶻二十四驛每驛給牛六頭使者食米五石鷹食羊五口又狗遞十二驛每戶給鈔十錠甲寅翰林承旨董文用等進世祖實錄乙卯江西行省所轄郡大水無禾民乏食令有司與廉訪司官賑之仍弛江河湖泊之禁聽民採取陞沅州爲路以靖州隸之遣使與各省官就遷調邊遠六品以下官併左右兩江宣慰司都元帥府宣撫司爲廣西兩江道宣慰司都元帥府以靖江爲治所仍分司邕州勑凡上封事者命中書省發緘視之然後以聞詔河西僧納租稅癸亥立蒙古軍都元帥府于西川徑隸樞密院以阿剌鐵木而岳樂罕並爲都元帥佩虎符河西隴北道廉訪司鞫張萬戶不法西平王奧魯赤沮撓其事帝命諭之甲子以安西王所部出征軍妻孥乏食給糧二千石昭賀藤邕澧全衡柳吉贛南安等處蠻寇竊發以軍民官備禦不嚴撫字不至皆責而降之駙馬濟寧王蠻子台私殺罪人御史臺臣

言其專擅有旨諭蠻子台令知之庚午立西域衛親軍都指揮使司以迷而的
斤爲都指揮使是月汴梁路蝗利州蓋州螟泰安曹州濟寧路水鞏昌環州慶
陽延安安西旱秋七月乙亥徙甘涼御匠五百餘戶于襄陽詔江南地稅輸鈔
丁丑太陰犯亢罷追問已原逋欠普顏怯里迷失公主等俱以其部貧乏來告
賜鈔計四十九萬餘錠御史臺臣言內地盜賊竊發者衆皆由國家赦宥所致
乞命中書立爲條格督責所屬期至盡滅制曰可乙卯詔申飭中外有儒吏兼
通者各路舉之廉訪司每道歲貢二人省臺委官立法考試中程者用之所貢
不公罪其舉者職官坐贓論斷再犯者加二等倉庫官吏盜所守錢糧一貫以
下笞之至十貫杖之二十貫加十等一百二十貫徒一年每三十貫加半年二
百四十貫徒三年滿三百貫者死計贓以至元鈔爲則給江南行御史臺守護
軍百人減海南屯田軍之半還其元翼詔增給諸軍藥餌價直壬午立肇州屯
田萬戶府以遼陽行省左丞阿散領其事甲申歲星犯房給塞下貧民鈔二萬
四千錠己丑賜劉國傑玉帶錦衣旌其戰功辛卯以禿禿合所部貧乏之賜鈔十

萬錠戊戌朱永福邊珍裕以妖言伏誅扎魯忽赤文移舊用國語敕改從漢字壬寅詔易江南諸路天慶觀爲玄妙觀毀所奉宋太祖神主大都遼東東平常德湖州武衞屯田大水隆興路雹太原平陽安豐河間等路旱八月乙酉太陰犯牛壬子太陰犯壘壁陣辛酉緬國進馴象三癸亥賑遼陽民被水者糧兩月己巳以駙馬那懷知樞密院事金復州屯田有蟲食禾汴梁安西真定等路旱平江安豐等路大水九月甲戌帝至自上都乙亥用帝師奏釋大辟三人杖以下四十七人戊寅以八撒而治私第給鹽萬引詔輸米十萬石于榷場故廩以備北塞以探馬赤軍士所至擾民令合伯鎮之犯者罪其主將乙卯罷四川淘金戶四千還其元籍罪初獻言者庚辰罷寧夏路行中書省以其事併入甘肅行省丁亥爪哇遣使來獻方物己丑給桓州甲匠糧千石壬辰湖州司獄郭玘訴浙西廉訪司僉事張孝思多取廩餼孝思繫玘于獄行臺令監察御史楊仁往鞫而江浙行省平章鐵木而逮孝思至省訊問又令其屬官與仁同鞫玘事仁不從行臺以聞詔省臺遣官鞫問既引服皆杖之諸王小薛部衆擾民遣官

按問杖其所犯重者餘聽小薛責之甲午太陰犯軒轅戊戌太陰犯平道宣德府大水軍民乏食給糧兩月武衞萬盈屯及延安路隕霜殺禾高郵府泗州賀州旱平江廬州等路大水冬十月癸卯有事于太廟中書省臣言去歲世祖皇后裕宗祔廟以綾代玉冊今玉冊玉寶成請納諸各室帝曰親享之禮祖宗未嘗行之其奉冊以來朕躬祝之命獻官迎導入廟給江淛河南巡邏私鹽南軍兵杖癸丑以西北叛王將入自土蕃命平章軍國重事荅失蠻往征之仍敕便宜總帥發兵千人從行聽其節度甲寅中書省御史臺臣言江淛行省平章明里不花陳臺憲非便事臣等議乞自今監察御史廉訪司有所按覈州縣官與本路同鞫路官與宣慰司同鞫宣慰司官與行省同鞫制曰可詔諸王駙馬部民旣隸軍籍者毋奪回本部己未賜各衞士貧乏者鈔二萬九千三百餘錠辛酉辰星犯房壬戌辰星犯鍵閉癸亥賜諸王巴撒而火而忽荅孫秃刺三部鈔四萬八千五百餘錠丁卯以博而赤荅剌赤等貧乏賜鈔二萬九千餘錠戊辰太白晝見太陰犯房遣安南朝貢使陳利用等還其國降詔諭陳日燇十一月

甲戌太白經天及犯壘壁陣辛巳置江淛行省檢校官二員立江淛金銀洞冶轉運使司乙酉太陰犯井丙戌毬陽酋長之兄脫杭棒于法而刺酋長之弟密剌八都阿魯酋長之弟脫杭忽先等各奉金表來覲丁亥太陰犯鬼戊子賜阿魯酋長虎符癸巳賜安西王甲冑槍撾弓矢櫜鞬等十五萬八千二百餘事戊戌陞贛州路之寧都會昌二縣爲州以石城縣隸寧都瑞金縣隸會昌詔江淛行省括隱漏官田及檢劾富強避役之戶十二月庚子朔遣集賢院使阿里渾撒里等祭星于司天臺癸卯以駙馬阿不花所部民貧賜鈔萬錠賜諸王押忽禿忽刺出阿失罕等金各二百五十兩鈔五百錠丙辰太陰犯軒轅荊南僧普昭等僞撰佛書有不道語伏誅己未詔大都路凡和顧和買及一切差役以諸色戶與民均當賜諸王不顏鐵木而阿八也不干金各五百兩銀五千兩鈔二千錠幣帛各二百疋其幼王減五分之一以各道廉訪司官八員員一印命收其三甲子太陰犯天江賜帝師雙龍紐玉印也速帶而之軍因李璮亂去山東其元駐之地爲人所墾歲久成業爭訟不已命別以境內荒田給之正軍五頃

餘丁二頃已滿數者不給減海運脚價鈔一貫計每石六貫五百文著爲令徙
縉山所居乞里乞思等民于山東以田與牛種給之丁卯禁諸王輒召有司官
吏己巳詔免軍器匠門徭是歲斷大辟三十人

元史卷十八

明翰林學士亞中大夫知制誥兼修國史宋　濂等修

本紀第十九

成宗二

二年春正月丙子詔蠲兩都站戶和顧和市己卯詔江南毋捕天鵝以忽刺出千戶所部屯夫貧乏免其所輸租上思州叛賊黃勝許攻剽水口思光寨湖廣行省調兵擊破之獲其黨黃法安等賊遁入上牙六羅壬午太陰犯輿鬼詔凡戶隸貴赤者諸人毋爭甲申命西平王奧魯赤今夏居上都丙戌太白晝見安西王傅鐵赤脫鐵木而等復請立王相府帝曰去歲阿難答已嘗面陳朕以世祖定制諭之今復奏請豈欲以四川京兆悉爲彼有耶賦稅軍站皆朝廷所司今姑從汝請置王相府惟行王傅事丁亥太陰犯平道己丑御史臺臣言漢人爲同寮者嘗爲姦人捃摭其罪由是不敢盡言請於近侍昔寶赤速古而赤中擇人用之帝曰安用此曹其選漢人識達事體者爲之以御史中丞禿赤爲御

史大夫庚寅太陰犯鉤鈐辛卯令月赤察而也可及合剌赤所部衞士自運軍
糧給其行費甲午授嗣漢三十八代天師張與材太素凝神廣道眞人管領江
南諸路道教乙未詔諸王公主駙馬非奉旨毋罪官吏賜諸王合班妃鈔千二
百錠雜幣帛千疋駙馬塔海鐵木而鈔三千錠回紇不剌罕獻獅豹藥物賜鈔
千三百餘錠二月乙亥朔中書省臣言陛下自御極以來所賜諸王公主駙馬
勳臣爲數不輕向之所儲散之殆盡今繼請者尚多臣等乞甄別貧匱及赴邊
者賜之其餘宜悉止從之分江浙行省軍萬人戍湖廣給稱海屯田軍農具詔
奉使及軍官歿而子弟未襲職者其所佩金銀符歸于官違者罪之辛丑立中
御府以脫忽伯唐兀並爲中御卿丙午禁軍將擅易侍衞軍蒙古軍以家奴代
役者罪之仍令其奴別入兵籍以其主資產之半畀之軍將敢有縱之者罷其
職括蒙古戶漸丁以充行伍丁未太陰犯井庚戌詔軍卒擅更代及逃歸者死
給禿禿合所部屯田農器丙辰詔江南道士貿易田者輸田商稅庚申命札剌
而忽都虎所部戶居于奉聖雲州者與民均供徭役自六盤山至黃河立屯田

置軍萬人丙寅以大都留守司達魯花赤段貞爲中書平章政事遣使代祀嶽瀆賜安西王米三千石以賑饑民三月壬申以中書平章政事不忽木爲昭文館大學士平章軍國事罷太原平陽路釀進蒲萄酒其蒲萄園民恃爲業者皆還之諸王出伯言所部探馬赤軍懦弱者三千餘人乞代以強壯從之仍命出伯非奉旨毋擅徵發以怯魯剌駐夏民饑戶給糧六月郡王慶童有疾以其子也里不花代之賜八撒火而忽答孫禿剌三人鈔各千錠治書侍御史萬僧受贓命御史臺與宣政院使答失蠻雜治之癸酉增駐夏軍爲四萬人忻都言晉王甘麻剌朵兒帶言月兒魯皆有異圖詔樞密院鞫之無驗帝命言晉王者死言月兒魯者謫從軍自效詔雲南行臺檢劾亦乞不薛宣慰司案牘甲戌遣諸王亦只里八不沙亦憐真也里慳甕吉剌帶並駐夏于晉王怯魯剌之地丙子車駕幸上都丁丑以完顏邦義納速丁劉季安妄議朝政杖之徒二年籍其家財之半甲申次大口乙酉太陰犯鉤鈐辛卯賜遼陽行省糧三萬石壬辰詔駙馬亦都護括流散畏吾而戶癸巳湖廣行省以叛賊黃勝許黨魯萬丑王獻于

京師賜諸王鐵木兒金二百五十兩銀二千五百兩鈔五千錠以旌其戰功以
合伯及塔塔剌所部民饑賑米各千石夏四月己亥朔命撒的迷失招集其祖
忙兀臺所部流散人戶賜諸王八卜沙鈔四萬錠也真所部六萬錠平陽之絳
州台州路之黃巖州饑杭州火並賑之五月戊辰朔免兩都徭役辛未安西王
遣使來告貧乏帝語之曰世祖以分賚之難嘗有聖訓阿難答亦知之矣若言
貧乏豈獨汝耶去歲賜鈔二十萬錠又給以糧今與則諸王以為不均不與則
汝言人多饑死其給糧萬石擇貧者賑之甲戌詔民間馬牛羊百取其一羊不
滿百者亦取之惟色目人及數乃取丁丑太陰犯平道庚辰土蕃叛殺掠階州
軍民遣脫脫會諸王鐵木而不花只列等合兵討之甲申命也真薛闍罕駐夏
于合亦而之地禁諸王公主駙馬招戶己丑詔諸徒役者限一年釋之毋杖庚
寅罷四川馬湖進獨本葱詔諸王駙馬及有分地功臣戶居上都大都隆興者
與民均納供需丁酉命諸行省非奉旨毋擅調軍安南國遣人招誘叛賊黃勝
許也黑迭失進紫檀賜鈔四千錠是月野蠶成繭河中府之猗氏䨓太原之平

晉獻州之交河樂壽莫州之莫亭任丘及湖南醴陵州皆水濟寧之濟州螟六
月己亥給出伯軍馬七千二百餘匹詔晉王所部衣糧糧以歲給衣則三年賜
之給瓜州沙州站戶牛種田具御史臺臣言官吏受賂初既辭伏繼以審覆而
有司徇情致令異辭者乞加等論罪從之乙巳太白犯天關以調兵妨農免廣
西容州等處田租一年丙午叛賊黃勝許遁入交趾甲寅降官吏受贓條格凡
十有三等丁巳太白犯塡星癸亥太陰犯井丙寅詔行省行臺凡朱清有所陳
列毋輒止之賜西平王奧魯赤銀二百五十兩鈔六千錠所部六萬錠諸王亦
憐真所部二十萬錠兀魯思駐冬軍三萬錠是月大都眞定保定太平常州鎭
江紹興建康澧州岳州廬州汝寧龍陽州漢陽濟寧東平大名滑州德州蝗大
同隆興順德太原雹海南民饑發粟賑之秋七月庚午肇州萬戶府立屯田給
以農具種食辛未以鈔十一萬八千錠給西蕃諸驛甘肅兩州驛戶饑給糧有
差賜諸王完澤印癸酉詔茶鹽轉運司印鈔提舉司運糧漕運司官仍舊以三
年爲代雲南福建官吏滿任者給驛以歸壬午塡星犯井太白犯輿鬼括伯顏

阿朮阿里海牙等所據江南田及權豪匿隱者令輸租河泊官歲入五百錠者
勅授增江西河南省參政一員以朱清張瑄爲之授特進上柱國高麗王世子
王謜爲儀同三司領都僉議司事乙酉遣雲南省逃軍戍亦乞不薛命湖廣江
西兩省擇駐夏軍牧地丙戌遣岳樂也奴等使馬八兒國己丑命行臺監察御
史鉤校隨省理問所案牘以虎賁三百人戍應昌諸提調錢正官其部凡有逋
欠者勿遷敘廣西賊陳飛雷通藍青謝發寇昭梧藤容等州湖廣左丞八都馬
辛擊平之辛巳賜貴由赤戍軍鈔三萬九千餘錠是月平陽大名歸德真定蝗
彰德真定曹州濱州水懷孟大名河間旱太原懷孟霑福建廣西兩江道饑賑
粟有差八月丁酉朔禁船商毋以金銀過海諸使海外國者不得爲商庚子太
陰犯亢太白犯軒轅壬寅命江浙行省以船五十艘水工千三百人沿海巡禁
私鹽癸卯太陰犯天江乙巳詔諸人告捕盜賊者強盜一名賞鈔五十貫竊盜
半之應捕者又半之皆徵諸犯人無可徵者官給乙卯太陰犯天街太白犯上
將給諸王亦憐真軍糧三月是月德州彰德太原蝗咸寧縣金復州隆興路隕

霜殺禾寧海州大雨大名路水九月戊辰太白犯左執法辛未聖誕節帝駐蹕
安同泊受諸王百官賀壬申太陰掩南斗甲戌增鹽價鈔一引爲六十五貫鹽
戶造鹽錢爲十貫獨廣西如故徵浙東福建湖廣夏稅罷民間鹽鐵爐竈給襄
陽府合剌魯軍未賜田者糧兩月罷淮西諸巡禁打捕人員丁丑太陰犯壘壁
陣戊寅元江賊捨資殺掠邊境梁王命怯薛丹等討降之甲申雲南省臣也先
不花征乞藍拔瓦農開陽兩寨其黨答剌率諸蠻來降乞藍悉平以其地爲雲
遠路軍民總管府己丑太陰犯軒轅辛卯諸王出伯言汪總帥等部軍貧乏帝
以其久戍命留五千駐冬餘悉遣還至明年四月赴軍甲午令廣海左右兩江
戍軍以二年三年更戍海都兀魯思不花部給出伯所部軍米萬石是月常德
之沅江縣水免其田租河間之莫州獻州旱河決河南杞封丘祥符寧陵襄邑
五縣冬十月丁酉有事于太廟壬寅發米十萬石賑糶京師以宣德奉聖懷來
縉山等處牧宿衞馬甲辰修大都城壬子車駕至自上都職官坐贓經斷再犯
者加本罪三等贛州賊劉六十攻掠吉州江西行省左丞董士選討平之是月

廣備屯及寧海之文登水十一月丁卯以蠻洞將領彭安國父子討田知州有
功賜安國金符子爲蠻夷官荅馬剌一本王遣其子進象十六戊辰以廣西戍
軍悉隸兩江宣慰司都元帥府己巳兀都帶等進所譯太宗憲宗世祖實錄帝
曰忽都魯迷失非昭睿順聖太后所生何爲亦曰公主順聖太后崩時裕宗已
還自軍中所計月日先後差錯又別馬里思丹砲手亦思馬因泉府司皆小事
何足書耶辛未徙江浙行省拔都軍萬人戍潭州潭州以南軍移戍郴州以洪
澤芍陂屯田軍萬人修大都城遣樞密院官整飭江南諸鎮戍軍凡將校勤怠
者列實以聞增海運明年糧爲六十萬石丁丑太陰犯月星又犯天街庚辰太
陰犯井丁亥太陰犯上相乙酉樞密院臣言江南近邊州縣宜擇險要之地合
羣戍爲一屯卒有警急易於徵發詔行省圖地形覈軍實以聞戊子太陰犯平
道增大都巡防漢軍壬辰太陰犯天江緬王遣其子僧伽巴叔撒邦巴來貢方
物罷雲南柏興府入德昌路賜太常禮樂戶鈔五千餘錠是月象食屯水免其
田租十二月戊戌立徹里軍民總管府雲南行省臣言大徹里地與八百媳婦

犬牙相錯今大徹里胡念已降小徹里復占扼地利多相殺掠胡念遣其弟胡倫乞別置一司擇通習蠻夷情狀者爲之帥招其來附以爲進取之地詔復立蒙樣剛等甸軍民官癸卯定諸王朝會賜與太祖位金千兩銀七萬五千兩世祖位金各五百兩銀二萬五千兩餘各有差丁未太陰犯井詔諸行省徵補逃亡軍復司天臺觀星戶乙卯太陰犯進賢癸亥釋在京囚百人增置侍御史三員賜金齒羅斛來朝人衣是月大都保定汴梁江陵沔陽淮安水金復州風損禾太原開元河南芍陂旱蠲其田租是歲斷大辟二十四人

大德元年春正月庚午增諸王要木忽而兀魯而不花歲賜各鈔千錠辛未諸王亦憐真來朝薨于道賜幣帛五百疋乙亥給月兒魯匠者田人百畝乙酉以邊地乏芻給出伯征行馬粟四月丙戌以鈔十二萬錠鹽引三萬給甘肅行省昔寶赤等爲叛寇所掠仰食於官賜以農具牛種俾耕種自給己丑以藥木忽而等所部貧乏摘和林漢軍置屯田於五條河以歲入之租資之辛卯以張斯立爲中書省參知政事諸王阿只吉駐太原河東之民困於供億詔詰問之仍

歲給鈔三萬錠糧萬石給晉王所部屯田農器千具建五福太乙神壇時汴梁
歸德水木鄰等九站饑以米六百餘石賑之給可溫種田戶耕牛二月甲午朔
賜晉王甘麻剌鈔七萬錠安西王阿難答三萬錠丙申蒙陽甸酋長納款遣其
弟阿不剌等來獻方物且請歲貢銀千兩及置驛傳詔卽其地立通西軍民府
秩正四品戊戌陞全州為全寧府庚子詔東部諸王分地蒙古戍軍死者補之
不勝役者易之癸卯徙揚州萬戶鄧新軍屯蘄黃以闍里台所隸新附高麗女
直漢軍居瀋州甲申諸軍民相訟者命軍民官同聽之丁未省打捕鷹房府入
東京路戊午羅羅斯酋長來朝己未改福建省為福建平海等處行中書省徙
治泉州平章政事高興言泉州與瑠求相近或招或取易得其情故徙之減福
建提舉司歲織段三千疋其所織者加文繡增其歲輸衲服二百其車渠帶工
別立提舉司掌之封的立普哇拿阿迪提牙為緬國王且詔之曰我國家自祖
宗肇造以來萬邦黎獻莫不畏威懷德嚮先朝臨御之日爾國使人稟命入覲
詔允其請爾乃遽食前言是以我帥閫之臣加兵於彼比者爾遣子信合八的

奉表來朝宜示含弘特加恩渥今封的立普哇拿阿迪提牙爲緬國王賜之銀印子信合八的爲緬國世子錫以虎符仍戒飭雲南等處邊將毋擅興兵甲爾國官民各宜安業又賜緬王弟撒邦巴一珠虎符酋領阿散三珠虎符從者金符及金幣遣之以新附軍三千屯田漳州庚申陞寧都會昌縣爲州並隸贛州路寧陽鎭爲縣隸濟寧路陝州巡檢司爲河曲縣隸保德州安豐路設錄事司以行徽政院副使王慶端爲中書右丞詔改元赦天下免上都大都隆興差稅三年給也只所部六千戶糧三月三月戊辰熒惑犯井己巳完澤等奏定銓調選法庚午以陝西行省平章也先鐵木而爲中書平章政事中書省左丞梁暗都剌爲中書省右丞癸酉太陰掩軒轅大星畋于柳林免武當山新附軍徭賦甲戌西蕃寇階州陝西行省平章脫列伯以兵進討其黨悉平留軍五百人戍之詔各省合併鎭守軍福建所置者合爲五十三所江浙所置者合爲二百二十七所丙子車駕幸上都丁丑封諸王鐵木而不花爲鎭西武靖王賜駝紐印以江西省左丞八都馬辛爲中書左丞庚辰札魯忽赤脫而速受賂爲其奴所

告毒殺其奴坐棄市乙酉遣阿里以鈔八萬錠糴糧和林丁亥禁正月至七月捕獵大都八百里內亦如之庚寅立江淮等處財賦總管府及提舉司賜諸王岳木忽而及兀魯思不花金各百兩兀魯思不花母阿不察等金五百兩銀鈔有差賜稱海匠戶市農具鈔二萬二千九百餘錠及牙忽都所部貧戶萬錠別吉贛匠萬九百餘錠五臺山佛寺成皇太后將親往祈祝監察御史李元禮上封事止之歸德徐邳汴梁諸縣水免其田租道州旱遼陽饑並發粟賑之岳木忽而及兀魯思不花所部民饑以乳牛牡馬濟之夏四月癸巳朔日有食之丙申中書省御史臺臣言阿老瓦丁及崔彧條陳臺憲諸事臣等議乞依舊例御史臺不立選其用人則於常調官選之惟監察御史首領官令御史臺自選各道廉訪司必擇蒙古人爲使或闕則以色目世臣子孫爲之其次參以色目漢人又合剌赤阿速各舉監察御史非便亦宜止於常選擇人各省文案行臺差官檢覈宿衛近侍奉特旨令臺憲擢用者必須明奏然後任之行臺御史秩滿而有効績者或遷內臺或呈中書省遷調廉訪司亦如之其不稱職者省臺擇

人代之未歷有司者授以牧民之職經省臺同選者聽御史臺自調中書省或用臺察之人亦宜與御史臺同議各官府憲司官毋得輒入體察今擬除轉運鹽使司外其餘官府悉依舊例制曰可壬寅賜兀魯思不花圓符賜暹國羅斛來朝者衣服有差賜牙忽都部鈔萬錠給岳木忽而所部和林屯田種以米二千石賑應昌府五月丙寅河決汴梁發民三萬餘人塞之戊辰安南國遣使來朝追收諸位下爲商者制書驛券命回回人在內郡輸商稅給鈔千錠建臨洮佛寺詔強盜姦傷事主者首從悉誅不傷事主止誅爲首者從者刺配再犯亦誅給葛蠻安撫司驛券一辛未遂寧州軍戶任福妻一產三男給復三歲癸酉太白犯鬼積尸氣乙亥太陰犯房丁丑禁民間捕鷲鷹鷂庚寅平伐酋領內附乞隸於亦乞不薛從之各路平準行用庫舊制選部民富有力者爲副命自今以常調官爲之隸行省者從行省署用上思州叛賊黃勝許遣其子志寶來降漳河溢損民禾稼饒州鄱陽樂平及隆興路水亦乞列等二站饑賑米一百五十石六月甲午諸王也里干遣使乘驛祀五嶽四瀆命追其驛券仍切責之以

湖廣行省參政崔良知廉貧特賜鹽課鈔千錠給和林軍需鈔十萬錠乙未太
白晝見戊戌平伐九寨來降立長官司己酉令各部宿衞士輸上都隆興糧各
萬五千石于北地甲寅罷亦奚不薛歲貢馬及氈衣丙辰監察御史斡羅失剌
言中丞崔彧兄在先朝嘗有罪還其所籍家產非宜又買僧寺水碾違制帝以
其妄言笞之詔僧道犯姦盜重罪者聽有司鞫問賜諸王也里干等從者鈔二
萬錠朵思麻一十三站貧民五千餘錠是月平灤路蟲食桑歸德徐邳州蝗太
原風雹河間大名路旱和州歷陽縣江漲漂沒廬舍萬八千五百餘家以糧四
千餘石賑廣平路饑民萬五千石賑江西被水之家二百九十餘石賑鐵里干
等四站饑戶秋七月庚午太陰犯房辛未賜諸王脫脫孛羅赤沙禿而鈔二千
錠所部八萬四千餘錠撒都失里千錠所部二萬餘錠罷蒙古軍萬戶府入曲
先塔林都元帥府癸未增晉王所部屯田戶甲申增中御府官一員賜馬八兒
國塔喜二珠虎符詔出使招諭者授以招諭使副諸取藥物者授以會同館使
副但降旨差遣不給制命丙戌以八兒思禿倉糧隸上都留守司招籍宋兩江

鎮守軍丁亥免上都酒課三年賜諸王不顏鐵木而及其弟伯真孛羅鈔四千錠所部八萬四千八百餘錠仍給糧一年寧海州饑以米九千四百餘石賑之河決杞縣蒲口郴州路耒陽州衡州之酃縣大水山崩溺水三百餘人懷州武陟縣旱八月庚子詔合伯留軍五千屯守令孛來統其餘衆以歸丁未命諸王阿只吉自今出獵悉自供具毋傷民力丁巳祆星出奎揚州淮安寧海州旱真定順德河間旱疫池州南康寧國太平水九月辛酉朔祆星復犯奎壬戌八番順元等處初隸湖廣後改隸雲南雲南戍兵不至其屯駐舊軍逃亡者衆仍命湖廣行省遣軍代之甲子八百媳婦叛寇徹里遣也先不花將兵討之丙寅詔恤諸郡水旱疾疫之家罷括兩淮民田汰諸王來大都者及宿衛士冗員丁卯命平章伯顏專領給賜孤老衣糧壬午車駕還大都己丑增海漕爲六十五萬石罷南丹州安撫司立慶遠南丹溪洞等處軍民安撫司詔邊遠官已嘗優陞品級而託他事不起者奪其所陞官平珠六洞蠻及十部洞蠻皆來降命以蠻夷官授之給衛士牧馬外郡者糧令毋仰食於民以札魯忽赤所追贓物輸中

書省衛輝路旱疫澧州常德饒州臨江等路温之平陽瑞安二州大水鎮江之丹陽金壇旱並以糧給之冬十月甲午詔諸遷轉官注闕二年丁酉有事于太廟辛丑減上都商稅歲額爲三千錠温州陳空崖等以妖言伏誅癸丑免陝西鹽戶差稅罷其所給米乙卯瓜哇遣失剌班直木達奉表來降戊午太白經天增吏部尚書一員以朵甘思十九站貧乏賜馬牛羊有差廬州路無爲州江潮泛溢漂沒廬舍歷陽合肥梁縣及安豐之蒙城霍丘自春及秋不雨揚州淮安路饑韶州南雄建德温州皆大水並賑之十一月壬戌禁權豪僧道及各位下擅據鑛炭山場罷順德彰德廣平等路五提舉司立都提舉司二陞正四品設官四員直隸中書戶部衛輝路提舉司隸廣平彰德都提舉司真定鐵冶隸順德都提舉司罷保定紫荊關鐵冶提舉司還其戶八百爲民癸亥詔自今田獵始自九月高麗王王昛告老乞以爵與其子謜福建行省遣人覘瑠求國俘其傍近百人以歸戊辰增太廟牲用馬庚午籍唐兀軍入樞密院辛未曹州禹城進嘉禾一莖九穗丁丑詔以高麗王世子謜爲開府儀同三司征東行中書省

左丞相駙馬上柱國高麗國王仍加授王昛爲推忠宣力定遠保節功臣開府儀同三司太尉駙馬上柱國逸壽王增烏撒烏蒙等處宣慰使一員以孛羅歡爲之賜諸王兀魯德不花金千兩銀萬五千兩鈔萬錠徙大同路軍儲所于紅城以河南行省經用不足命江浙行省運米二十萬石給之總帥汪惟和以所部軍屯田沙州瓜州給中統鈔二萬三千二百餘錠置種牛田具大都路總管沙的坐贓當罷帝以故臣子特減其罪俾仍舊職崔彧言不可復任帝曰卿等與中書省臣戒之若後復然則置爾死地矣戊子太白經天增晉王內史一員尙乘寺卿一員賜藥木忽而金一千二百五十兩銀一萬五千兩鈔一萬二千錠常德路大水常州路及宜興州旱並賑之十二月癸巳令也速帶而藥樂罕將兵出征丙申徙襄陽屯田合剌魯軍于南陽戶受田百五十畝給種牛田具戊戌中書省臣同河南平章孛羅歡等言世祖撫定江南沿江上下置戍兵三十一翼今無一二懼有不虞外郡戍卒封樁錢軍官遷延不以時取而以己錢貸之徵其倍息逃亡者各處鎭守官及萬戶府並遣人追捕皆非所宜又富戶

規避差稅冒爲僧道且僧道作商賈有妻子與編氓無異請汰爲民宋時爲僧道者必先輸錢縣官始給度牒今不定制僥倖必多無爲鬻課初歲入爲鈔止一百六錠續增至二千四百錠大率斂富民刻吏俸停竈戶工本以足之亦宜減其數帝曰鬻課遣人覈實汰僧道之制卿等議擬以聞軍政與樞密院議之諸王也只里部忽剌帶於濟南商河縣侵擾居民蹂踐禾稼帝命詰之走歸其部帝曰彼宗戚也有是理耶其令也只里罪之禁諸王駙馬并權豪毋奪民田其獻田者有刑復立芍陂洪澤屯田壬寅朝洞蠻內附立長官司二命楊漢英領之甲辰太白經天又犯東咸丙午太陰犯軒轅丁未旌表烈婦漳州招討司知事闞文興妻王氏戊申增給雲南廉訪司驛券十二甲寅太陰犯心乙卯免上都至大都并宣徽等十三站戶和顧和買賜諸王忽剌出鈔千錠所部四萬四千五百餘錠諸王阿朮速哥鐵木而所部二萬八千九百餘錠閏十二月壬戌太陰犯壘壁陣命也速帶而等出征詔諸軍戶賣田者由所隸官給文券甲子福建平章高興言漳州漳浦縣大梁山產水晶乞割民百戶采之帝曰不勞

民則可勞民勿取壬申徙乃顏民戶于內地定燕禿忽思所隸戶差稅以三分之一輸官賜忽刺出所部鈔萬錠癸酉至丙子太白犯建星己卯賜不思塔伯千戶等鈔約九萬錠淮東饑遣參議中書省事于章發廩賑之弛湖泊之禁仍聽正月捕獵平伐等蠻未附播州宣撫使楊漢英請以己力討之命湖廣省答刺罕從宜收撫瓜州屯田軍萬人貧乏命減一千以張萬戶所領兵補之甲申增兩淮屯田軍爲二萬人賜諸王阿牙赤鈔千錠所部一萬一千餘錠藥樂罕等所部七萬錠暗都刺火者所部四萬餘錠般陽路饑疫給糧兩月是歲濟南及金復州水旱大都之檀州順州遼陽瀋陽廣寧水順德河間大名平陽旱河間之樂壽交河疫死六千五百餘人斷大辟百七十五人

二年春正月壬辰詔以水旱減郡縣田租十分之三傷甚者盡免之老病單弱者差稅並免三年禁諸王公主駙馬受諸人呈獻公私田地及擅招戶者丙申遣使閱諸省兵丁酉置汀州屯田辛丑御史臺臣言諸轉運司案牘例以歲終檢覆金穀事繁稽照難盡奸僞無從知之其未終者宜聽憲司於明年檢覆從

之乙巳以糧十萬石賑北邊內附貧民己酉建康龍興臨江寧國太平廣德饒池等處水發臨江路糧三萬石以賑仍弛澤梁之禁聽民漁采遣所俘瑠求人歸諭其國使之效順併土蕃碉門安撫司運司改爲碉門魚通黎雅長沙西寧遠軍民宣撫司以翰林王惲閻復王構趙與票王之綱楊文郁王德淵集賢王顒宋渤盧摯耶律有尚李泰郝采楊麟皆耆德舊臣清貧守職特賜鈔二千一百餘錠給西平王奥魯赤部民糧三月晉王秋米五百石所部鈔十二萬錠戌和林高麗女直漢軍三萬錠二月戊午朔詔樞密院合併貧難軍戶辛酉歲星熒惑太白聚危熒惑犯歲星壬戌徙重慶宣慰司都元帥府於成都立軍民宣慰司都元帥府於福建乙丑立浙西都水庸田司專主水利以中書右丞徽政院副使張九思爲平章政事與中書省事丁卯改泉州爲泉寧府己巳畋于漷州辛未太陰犯左執法併江西省元分置軍爲六十四所丙子太陰犯心帝諭中書省臣曰每歲天下金銀鈔幣所入幾何諸王駙馬賜與及一切營建所出幾何其會計以聞右丞相完澤言歲入之數金一萬九千兩銀六萬兩鈔三百

六十萬錠然猶不足於用又於至元鈔本中借二十萬錠自今敢以節用爲請帝嘉納焉罷中外土木之役癸未詔諸王駙馬毋擅祀嶽鎮海瀆申禁諸路軍及豪右人等毋縱畜牧損農乙酉車駕幸上都罷建康金銀銅冶轉運司還淘金戶於元籍歲辦金悉責有司詔廉訪司作成人材以備選舉禁諸王從者假控鶴佩帶擾民詔諸郡凡民播種怠惰及有司勸課不至者命各道廉訪司治之減行省平章爲二員丙子以梁德珪爲中書平章政事楊炎龍爲中書右丞賜瓜忽而所部鈔三十萬錠近侍伯顏鐵木而等二萬錠也先鐵木而等市馬價三萬四千四百餘錠鎮南王脫歡六萬錠浙西嘉興江陰江東建康溧陽池州水旱並賑恤之湖廣省漢陽漢川水免其田租甘肅省沙州鼠傷禾稼大都檀州雨雹歸德等處蝗三月丁亥朔罷大名路故河堤堰歲入隆福宮租鈔七百五十錠申禁官吏受賂詰諸司首者不得輒受戊子詔僧人犯奸盜詐僞聽有司專決輕者與僧官約斷約不至者罪之庚寅命各萬戶出征者其印令副貳掌之不得付其子弟違法行事以兩淮閑田給蒙古軍壬子御史臺臣言道

州路達魯花赤阿林不花總管周克敬慮申麥熟不賑饑民雖經赦宥宜降職一等從之壬子詔加封東鎮沂山爲元德東安王南鎮會稽山爲昭德順應王西鎮吳山爲成德永靖王北鎮醫巫閭山爲貞德廣寧王歲時與嶽瀆同祀著爲令式夏四月戊午遣征不剌壇軍還本部庚申以也速帶而擅調甘州戍軍遣伯顏等笞之賜大都守門合赤剌等鈔九萬錠織工四萬四千錠發慶元糧五萬石減其直以賑饑民江南山東江浙兩淮燕南屬縣百五十處蝗五月辛卯罷海南黎兵萬戶府及黎蠻屯田萬戶府以其事入瓊州路軍民安撫司罷蕁麻林酒稅羨餘壬辰以中書右丞何榮祖爲平章政事與中書省事湖廣左丞八都馬辛爲中書右丞淮西諸郡饑漕江西米二十萬石以備賑貸命中書省遣使監雲南四川海北海南廣西兩江廣東福建等處六品以下選戊戌太陰犯心壬寅平灤路旱發米五百石減其直賑之己酉諸王念不列妃扎忽真詐增所部貧戶冒支鈔一萬六百餘錠遣扎魯忽赤同王府官追之南輝順德旱大風損麥免其田租一年詔總帥汪惟正所轄二十四城有安西王諸王等

弁朵思麻來寓者與編戶均當賦役耽羅國以方物來貢撫州之崇仁星隕爲石復致用院置和林宣慰司都元帥府以忽剌出耶律希周納鄰合剌並爲宣慰使都元帥佩虎符給兩都八剌合赤鈔各三萬錠六月庚申御史臺臣言江南宋時行兩稅法自阿里海牙改爲門攤增課錢至五萬錠今宣慰張國紀請復科夏稅與門攤併徵以圖陞進湖湘重罹其害帝命中書趣罷之禁權豪斡脫括大都漕河舟楫西臺侍御史脫歡以受賂不法罷禁諸王擅行令旨其越例開讀者併所遣使拘執以聞壬戌太陰犯角詔陝西諸色戶與民均當徭役申嚴陝西運司私鹽之禁置奉宸庫賜諸王岳木忽而金一千二百五十兩兀魯思不花併其母一千兩銀鈔有差山東河南燕南山北五十處蝗山北遼東道大寧路金源縣蝗秋七月癸巳太陰犯心汴梁等處大雨河決壞堤防漂沒歸德數縣禾稼廬舍免其田租一年遣尚書那懷御史劉賡等塞之自蒲口首事凡築九十六所壬寅詔諸王駙馬及諸近侍自今奏事不經中書輒傳旨付外者罪之高麗王王謜擅命妄殺詔遣中書右丞楊炎龍僉樞密院事洪君祥

召其入侍以其父距仍統國政賜諸王亦憐真等金銀鈔有差江西江浙水賑
饑民二萬四千九百有奇八月壬戌太陰犯箕癸未給四川出征蒙古軍馬萬
匹九月己丑聖誕節駐蹕阻嬀之地受諸王百官賀交趾瓜哇金齒國各貢方
物給和林更戍軍牛車丙申車駕還大都辛丑太陰犯五車南星命廣海左右
江戍軍依舊制以二年或三年更代癸卯太陰犯五諸侯樞密副使塔剌忽帶
犯贓罪命御史臺鞫之己酉太陰犯左執法庚戌吉贛立屯田減中外冗員冬
十月甲寅朔增海漕米爲七十萬石壬戌太白犯牽牛置蒙古都萬戶府於鳳
翔立平珠六洞蠻夷長官司二設土官四十四員戊寅太陰犯角距星令御史
臺檢劾樞密院案牘賜諸王岳木忽而兀魯忽不花所部糧五萬石控鶴七百
人賜鈔五百錠十一月庚寅安南貢方物丙申知樞密院那懷言常例文移乞
令副樞以下署行從之罷雲南行御史臺置肅政廉訪司己亥太陰犯輿鬼辛
丑辰星犯牽牛罷徐邳鑪冶所進息錢壬寅太陰犯右執法以中書右丞王慶
端爲平章政事賜和林軍校幣六千疋衣帽等物有差十二月戊午太白經天

己未填星犯輿鬼乙丑太白犯歲星大陰犯熒惑括諸路馬除牝孕攜駒者齒三歲以上並拘之賜朵而朵海所部鈔八十五萬錠庚午鎮星入輿鬼太陰犯上將辛未增置各路推官專掌刑獄上路二員下路一員詔諸逃軍復業者免役三年江浙行省平章政事答剌罕陞左丞相甲戌彗出子孫星下己卯太陰犯南斗辛巳命廉訪司歲舉所部廉幹者各二人詔和市價直隨給其主違者罪之定諸稅錢三十取一歲額之上勿增揚州淮安兩路旱蝗以糧十萬石賑之給陣亡軍妻子衣糧免內郡賦稅諸王小薛所部三百餘戶散處鳳翔以瀋州田二千八百頃賜之釋在京囚二百一十九人

元史卷十九

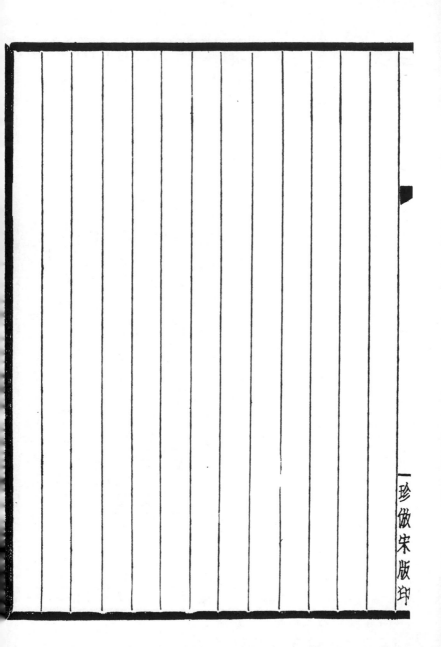

元史卷十九考證

成宗欽明廣孝皇帝紀二年十二月戊戌立徹里軍民總管府○徹里本古產里寰宇記作車里

三月庚午中書省左丞梁暗都剌爲中書省右丞○暗都剌卽梁德珪也

元史卷十九考證

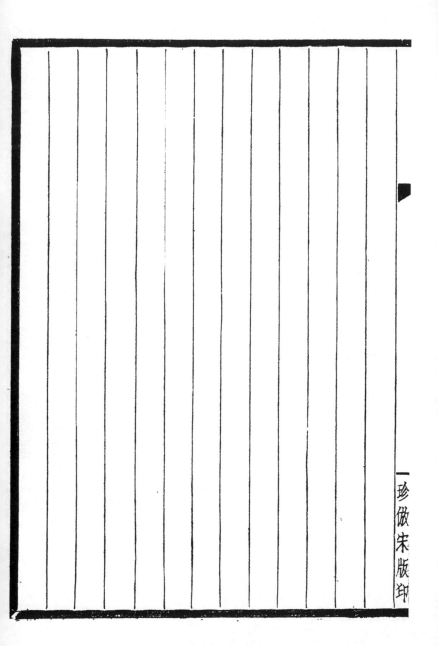

元史卷二十

明翰林學士亞中大夫知制誥兼修國史宋　濂等修

本紀第二十

成宗三

三年春正月癸未朔暹番沒剌由羅斛諸國各以方物來貢賜暹番世子虎符

丙戌太陰犯太白己丑中書省臣言天變屢見大臣宜依故事引咎避位帝曰此漢人所說耳豈可一一聽從耶卿但擇可者任之庚寅詔遣使問民疾苦除本年內郡包銀俸鈔免江南夏稅十分之三增給小吏俸米置各路惠民局擇良醫主之封藥木忽而爲定遠王賜金印命中書省自今后妃諸王所需非奉旨勿給各位擅置官府紊亂選法者戒飭之辛卯詔諸行省謹視各翼病軍浙西肅政廉訪使王遇犯贓罪託權幸規免命御史臺鞫治之壬辰安置高麗陪臣趙仁規於安西崔冲紹於鞏昌並笞而遣之以正其附王謜擅命妄殺之罪復以王昛爲高麗王遣工部尚書也先鐵木而翰林待制賈汝舟齎詔往諭之

追收別鐵木而脫脫合兒魯行軍印中書省臣言比年公帑所費動輒鉅萬歲
入之數不支半歲自餘皆借及別支臣恐理財失宜鈔法亦壞帝嘉納之仍令
諭月赤察而等自今一切賜與皆勿奏癸巳以江南軍數多闕官吏因而作弊
詔禁飭之以答刺罕哈刺哈孫為中書左丞相丁酉太陰犯西垣上將戊戌太
陰犯右執法辛丑括諸路馬隸蒙古軍籍者免之乙巳太白經天二月癸丑朔
車駕幸柳林丁巳完澤等奏銓定省部官以次引見帝皆允之仍諭六部官曰
汝等事多稽誤朕昔未知其人為誰今既閱視且知姓名其洗心滌慮各欽乃
職復蹈前失罪不汝貸罷四川福建等處行中書省陝西行御史臺江東荊南
淮西三道宣慰司置四川福建宣慰司都元帥府及陝西漢中道肅政廉訪司
廣和林甘州城詔縉山縣民戶為勢家所蔽者悉還縣定籍壬戌詔諭江浙河
南北兩省軍民乙巳熒惑犯五諸侯壬申加解州鹽池神惠康王曰廣濟資寶
王曰永澤泉州海神曰護國庇民明著天妃浙西鹽官州海神曰靈感弘祐公
吳大夫伍員曰忠孝威惠顯聖王金齒國遣使來貢方物庚辰車駕幸上都三

月癸巳緬國世子信合八的奉表來謝賜衣遣還命妙慈弘濟大師江浙釋教總統補陀僧一山齎詔使日本詔曰有司奏陳向者世祖皇帝嘗遣補陀禪僧如智及王積翁等兩奉璽書通好日本咸以中途有阻而還爰自朕臨御以來綏懷諸國薄海內外靡有遐遺日本之好宜復通問今如智已老補陀僧一山道行素高可令往諭附商舶以行庶可必達朕特從其請蓋欲成先帝遺意耳至於惇好息民之事王其審圖之甲午命何榮祖等更定律令詔軍官受贓罪重者罷職輕者降其散官或決罰就職停俸期年許令自効戊戌熒惑犯輿鬼陞御史臺殿中司秩五品乙巳行御史臺劾平章教化受財三萬餘錠教化復言平章的里不花領財賦時盜鈔三十萬錠及行臺中丞張閭受李元善鈔百錠敕俱勿問戊申減江南諸道行臺御史大夫一員賜和林軍鈔十萬錠夏四月辛亥朔駙馬蠻子台所部匱乏以糧十三萬石賑之己未太陰犯上將丙寅填星犯輿鬼太陰犯心庚午申嚴江浙兩淮私鹽之禁巡捕官驗所獲還賞辛未禁和林戍軍竄名他籍自通州至兩淮漕河置巡防捕盜司凡十九所己卯

以禮部尚書月古不花爲中書左丞賜和林軍鈔五十萬錠帛四十萬匹糧二
萬石仍命和林宣慰司市馬五千匹給之遼東開元咸平蒙古女直等人乏食
以糧二萬五百石布三千九百匹賑之五月壬午罷江南諸路釋教總統所丙
申太陰犯南斗海南速古臺速龍探奔奚里諸番以虎象及桫羅木舟來貢己
亥太白犯畢庚子免山東也速帶而牧地歲輸粟之半禁阿而刺部毋於廣平
牧馬庚子復征東行中書省以福建平海省平章政事闊里吉思爲平章政事
是月鄂岳漢陽興國常澧潭衡辰沅寶慶常寧桂陽茶陵旱免其酒課夏稅江
陵路旱蝗弛其湖泊之禁仍並以糧賑之六月辛亥兀魯兀敦慶童擅殺所部
軍之逃亡者命樞密院戒之癸丑罷大名路所獻黃河故道田輸租戊午申禁
海商以人馬兵仗往諸番貿易者以福建州縣官類多色目南人命自今以漢
人參用禁福建民冒稱權豪佃戶規免門役庚申太陰掩房丁卯熒惑犯右執
法壬申歲星晝見賜和林戍軍鈔一百四十萬錠鷹師五十萬一千餘錠秋七
月己卯朔太白犯井庚辰中書省臣言江南諸寺佃戶五十餘萬本皆編民自

楊總攝冒入寺籍宜加釐正從之丙申揚州淮安屬縣蝗在地者爲鶖啄食飛者以翅擊死詔禁捕鶖丁未太陰犯輿鬼八月己酉朔日有食之丁巳太陰犯箕戊辰太白犯軒轅大星己巳太陰犯五車星賜定遠王藥木忽而所部鈔萬五千錠是月汴梁大都河間水隆興平灤大同宣德等路雨雹九月癸未聖誕節駐蹕古栅受諸王百官賀庚寅置河東山西鐵冶提舉司壬辰流星色赤尾長丈餘其光燭地起自河鼓沒於牽牛之西有聲如雷癸巳罷括宋手號軍乙未太陰犯昴距星丁酉太白犯左執法己亥車駕還大都揚州淮安旱免其田租冬十月戊申朔有事于太廟壬子冊伯岳吾氏爲皇后甲寅復立海北海南道肅政廉訪司山東轉運使阿里沙等增課鈔四萬一千八百錠賜錦衣人一襲丙子太陰犯房賜禿忽魯不花等所部戶鈔三萬七千餘錠橐駞戶十萬二千餘錠以淮安江陵沔陽揚廬隨黃旱汴梁歸德水隴陝蝗並免其田租十一月庚辰置浙西平江湖渠閘堰凡七十八所禁和林釀酒乙酉太白犯房戊子釋囚二十人丁酉浚太湖及澱山湖己亥賜隆福宮牧駞者鈔十萬二千錠諸

王合帶部十萬錠雲南王也先鐵木而及所部三萬八千錠和林戍軍一百四十萬餘錠幣帛二萬九千匹杭州火江陵路蝗並發粟賑之十二月己酉徙鎮巢萬戶府戍沅靖毗陽萬戶府戍辰州均州萬戶府戍常德澧州賜諸王岳忽難銀印丙寅詔各省戍軍輪次放還二年供役陞宣徽院爲從一品癸酉詔中書省貨財出納自今無券記者勿與以守司徒集賢院使領太史院事阿魯渾撒里爲平章政事賜諸王六十脫脫等鈔一萬三千餘錠四怯薛衞士五萬二千餘錠千戶撒而兀魯所部四萬錠淮安揚州饑甘肅亦集乃路屯田旱並賑以糧

四年春正月丙申申嚴京師惡少不法之禁犯者黥刺杖七十拘役辛丑詔蒙古都元帥也速答而非奉旨勿擅決重刑命和林戍軍借斡脫錢者止償其本癸卯復淮東漕渠賜諸王塔失鐵木而金印賜翰林承旨僧家鈔五百錠以養其母賜諸王木忽難所部一萬二千餘錠八魯剌思等部六萬錠二月丁未朔日有食之乙卯遣使祀東嶽丙辰皇太后崩明日祔葬先陵戊午太陰犯軒轅

壬戌帝諭何榮祖曰律令良法也宜早定之榮祖對曰臣所擇者三百八十條一條有該三四事者帝曰古今異宜不必相沿但取宜於今者甲戌發粟十萬石賑湖北饑民仍弛山澤之禁罷稱海屯田改置於呵札之地以農具種實給之乙亥車駕幸上都置西京太和嶺屯田立烏撒烏蒙等郡縣併會理泗川西州爲二置維摩州丙子命李庭訓練各衞軍士賜晉王所部鈔四萬錠三月乙未寧國太平兩路旱以糧二萬石賑之夏四月丙午朔詔雲南行省釐革積弊壬子高郵府寶應縣民孫奕妻朱一產三男蠲復三年丙辰置五條河屯田丁巳免今年上都隆興絲銀大都差稅地租賜諸王也滅干鍍金印緬國遣使進白象戊午參政張頤孫及其弟珪等伏誅于隆興市頤孫初爲新淦富人胡制機養子後制機自生子而死頤孫利其貲與珪謀殺之賂郡縣吏獲免其僕胡忠訴主之冤于官乃誅之其貲悉還胡氏以中書省斷事官不蘭奚爲平章政事賜皇姪海山所統諸王戍軍馬二萬二千九百餘匹五月癸未左丞相荅剌罕遣使來言橫費不節府庫漸虛詔自今諸位下事關錢穀者毋輒入聞帝諭

集賢大學士阿魯渾撒里等曰集賢翰林乃養老之地自今諸老滿秩者陞之
勿令輒去或有去者罪將及汝其諭中書知之增雲南至緬國十五驛驛給圓
符四驛券十二甲午太陰犯壘壁陣辛丑太白犯輿鬼太陰犯昴復延慶司賜
諸王也只里部鈔二萬錠八憐脫列思所隸戶六萬五千餘錠是月同州平灤
隆興雹揚州南陽順德東昌歸德濟寧徐濠芍陂旱蝗真定保定大都通薊二
州水六月己酉詔立緬國王子窟麻剌哥撒八爲緬國王賜以銀印及金銀器
皿衣服等物丙辰以太傅月赤察而爲太師完澤爲太傅皆賜之印丁巳太白
犯填星御史中丞不忽木卒貧無以葬賜鈔五百錠甲子置耽羅總管府詔各
省自今非奉命毋擅役軍以和林都元帥府兼行宣慰司事吊吉而爪哇暹國
蘸八等國二十二人來朝賜衣遣之秋七月甲戌朔右丞相完澤請上徽仁裕
聖皇后諡寶冊乙酉緬國阿散哥也弟者蘇等九十一人各奉方物來朝詔命
餘人留安慶遣者蘇來上都辛卯熒惑犯井加乳母冀國夫人韓氏爲燕冀國
順育夫人石抹氏爲冀國夫人杭州路貧民乏食以糧萬石減其直糶之八月

癸卯朔更定蔭敘格正一品子爲正五從五品子爲從九中間正從以是爲差蒙古色目人特優一級置廣東鹽課提舉司癸丑太陰犯井庚申緬國阿散吉牙等昆弟赴闕自言殺主之罪罷征緬兵甲子辰星犯靈臺上星大名之白馬縣旱閏八月庚辰熒惑犯輿鬼庚子車駕還大都以中書右丞賀仁傑爲平章政事賜晉王所部糧七萬石九月戊午太白犯斗壬戌太陰犯輿鬼曹州探馬赤軍與民訟地百二十頃詔別以鄰近官田如數給之廣東英德州達魯花赤脫歡察而招降羣盜二千餘戶陞英德州爲路立三縣以脫歡察而爲達魯花赤兼萬戶以鎮之甲子太白犯斗改中御府爲中政院賜諸王出伯所部鈔萬五千四百餘錠建康常州江陵饑民八十四萬九千六十餘人給糧二十二萬九千三百九十餘石冬十月癸酉朔有事于太廟十一月壬寅朔詔頒寬令免上都大都隆興大德五年絲銀稅糧附近秣養馬駝之郡免稅糧十分之三其餘免十分之一徒罪各減一半杖罪以下釋之江北荒田許人耕種者元擬第三年收稅今並展限一年著爲定例併遼陽省所轄狗站牛站爲一仍給鈔以

賙其乏命省臺差官同昔寶赤鞫和林運糧稽遲未至者真定路平棘縣旱十
二月癸酉御史臺臣言所糾官吏與有司同審所以事沮難行乞依舊制中書
凡有改作輒令監察御史同往非宜自今非奉旨勿遣皆從之庚寅熒惑犯軒
轅癸巳太陰犯房距星晉州達魯花赤捏古伯給稱母喪歸迎其妻事聞詔以
其斁傷彝倫罷職不敘遣劉深合剌帶鄭祐將兵二萬人征八百媳婦仍敕雲
南省每軍十人給馬五匹不足則補之以牛賜諸王忻都部鈔五萬錠兀魯思
不花等四部二十一萬九千餘錠西都守城軍二萬八千餘錠賑建康平江浙
東等處饑民糧二十二萬九千三百餘石
五年春正月己酉太陰犯五車庚戌給征八百媳婦軍鈔總計九萬二千餘錠
壬子太陰犯輿鬼積尸氣奉安昭睿順聖皇后御容于護國仁王寺罷檀景兩
州採金鐵冶提舉司以其事入都提舉司御史臺臣言官吏犯贓及盜官錢事
覺避罪逃匿者宜同獄成雖經原免亦加降黜庶奸僞可革從之丙寅以兩淮
鹽法澀滯命轉運司官兩員分司上江以整治之仍頒印及驛券辛酉太陰犯

心二月己卯太陰犯輿鬼以劉深合剌帶並爲中書右丞鄭祐爲參知政事皆佩虎符分雲南諸路行中書省事仍置理問官二員郎中員外郎都事各一員給圓符四驛券二十罷福建織繡提舉司增河間轉運司鹽爲二十八萬引罷其所屬清滄深三鹽司丁亥立征八百媳婦萬戶府二設萬戶四員發四川雲南囚徒從軍乙未詔廉訪司官非親喪遷葬及以病給告者不得離職或以地遠職卑受任不赴者臺憲勿復用丙申給脫脫等部馬萬匹丁酉車駕幸上都詔飭雲南行中書省減內外諸司官千五百一十四員增江浙戍兵戊戌賜昭應宮興教寺地各百頃興教仍賜鈔萬五千錠上都乾元寺地九十頃鈔皆如興教之數萬安寺地六百頃鈔萬錠南寺地百二十頃鈔如萬安之數己亥凡軍士殺人姦盜者令軍民官同鞫永寧路總管雄挫來朝獻馬三十餘匹賜幣帛有差三月甲辰收故軍官金銀符戊申太陰犯御女己酉罷陝西路拘榷課稅所壬子賜諸王也孫等鈔一萬八千五百錠戊午馬來忽等海島遣使來朝賜金素幣有差給和林貧乏軍鈔二十萬錠諸王藥忽木而所部萬五千九百

餘錠丁卯熒惑犯填星己巳熒惑填星相合詔戒飭中外官吏命遼陽行省平
章沙藍將萬人駐夏山後人備馬二匹官給其直夏四月壬申太陰犯東井癸
酉遣禿剌鐵木而等犒和林軍壬午以晉王甘麻剌所部貧乏賜鈔四十萬錠
調雲南軍征八百媳婦癸巳禁和林釀酒其諸王駙馬許自釀飲不得沽賣是
月大都彰德廣平真定順德大名濮州蝗食桑五月商州隕霜殺麥河南妖賊
醜斯等伏誅己酉給月裏可里軍駐夏山後者市馬鈔八萬八千七百餘錠辛
亥遣怯列亦帶脫脫帥師征四川癸丑太陰犯南斗乙卯熒惑犯右執法丙辰
曲靖等路宣慰使兼管軍萬戶忽林失來朝壬戌雲南土官宋隆濟叛時劉深
將兵由順元入雲南雲南右丞月忽難調民供餽隆濟因紿其衆曰官軍徵發
汝等將盡剪髮黥面爲兵身死行陣妻子爲虜衆惑其言遂叛丙寅詔雲南行
省自願征八百媳婦者二千人人給貝子六十索丁卯太白犯井六月乙亥平
江等十有四路大水以糧二十萬石隨各處時直賑糶開中慶路昆陽州海口
甲申歲星犯司怪丙戌宋隆濟率猫狫紫江諸蠻四千人攻楊黃寨殺掠甚衆

己酉緬王遣使獻馴象九壬辰宋隆濟攻貴州知州張懷德戰死梁王遣雲南行省平章幢兀兒參政不蘭奚將兵禦之殺賊酋撒月斬首五百級癸巳太白犯輿鬼歲星犯井甲午太白犯輿鬼賜諸王念不烈妃札忽而真所部鈔二十萬錠是月汴梁南陽衞輝大名濮州旱大都路水順德懷孟蝗秋七月戊戌朔晝晦暴風起東北雨雹兼發江湖泛溢東起通泰崇明西盡真州民被災死者不可勝計以米八萬七千餘石賑之己亥增階沙二州戍軍庚子籍安西王所侵占田站等四百餘戶爲民賜寧遠王闊闊出所部鈔二萬三千餘錠乙巳遼陽省大寧路水以糧千石賑之丙午歲星犯井丁未命御史大夫禿忽赤整飭臺事詔軍官受贓者與民官同例量罪大小殿黜命監察御史審覆札魯忽赤罪囚檢照蒙古翰林院案牘戊申立躭羅軍民萬戶府諸王也滅干薨以其子八八剌嗣己酉詔諸司嚴禁盜賊辛亥太陰犯壘壁陣賜諸王出伯等部鈔六萬錠又給市馬直三十八萬四千錠癸丑詔禁畏吾兒僧陰陽巫覡道人呪師自今有大祠禱必請而行違者罪之浙西積雨泛溢大傷民田詔役民夫二千

人疏導河道俾復其故命雲南省分蒙古射士征八百媳婦庚申辰星犯太白
癸亥合丹之孫脫歡自北境來歸其父母妻子皆遭殺虜賜鈔一千四百錠給
諸王妃札忽而真及諸王出伯軍鈔四十萬錠中書省臣言舊制京師州縣捕
盜止從兵馬司有司不與遂致淹滯自今輕罪乞令有司決遣重者從宗正府
聽斷庶不留獄且民不冤從之以暗伯阿忽台並知樞密院事禁富豪之家役
軍詔封贈非中書省無輒奏請稱海至北境十二站大雪馬牛多死賜鈔一萬
一千餘錠命御史臺檢照宣政院并僧司案牘陞太醫院為二品以平章政事
大都護提點太醫事脫因納為太醫院使賜上都諸匠等鈔二十一萬七千四
百錠大都保定河間濟寧大名水廣平真定蝗八月戊辰給軍人羊馬價及定
遠王所部鈔十四萬三千錠己巳平灤路霖雨灤漆淝汝河溢民死者衆免其
今年田租仍賑粟三萬石庚午禿剌鐵木而等自和林犒軍還言和林屯田宜
令軍官廣其墾闢量給農具倉官宜任選人可革侵盜之弊從之甲戌遣薛超
兀而等將兵征金齒諸國時征緬師還為金齒所遮士多戰死又接連八百媳

婦諸蠻相效不輸稅賦賊殺官吏故皆征之庚辰詔遣官分道賑恤凡獄囚禁繫累年疑不能決者令廉訪司具其疑狀申呈省臺詳讞仍爲定例各路被災重者免其差稅一年貧乏之家計口賑恤尤甚者優給之小吏犯贓者並罷不敍征緬萬戶曳剌福山等進馴象六壬辰太陰犯軒轅御女乙未塡星犯太微上將順德路水免其田租九月癸丑放稱海守倉庫軍還令以次更代丙辰江陵常德澧州皆旱並免其門攤酒醋課乙酉自八月庚辰彗出井歷紫微垣至天市垣凡四十六日而滅冬十月丙辰朔以畿內歲饑增明年海運糧爲百二十萬石己巳緬王遣使入貢戊寅雲南武定路土官羣則獻方物壬午車駕還大都癸未太陰犯東井丙戌以歲饑禁釀酒弛山澤之禁聽民捕獵湖廣行省臣言海南海北道宣慰司都元帥府不與軍務遇有盜竊惟行文移比迴已不及事今乞以其長二人領軍務又鎭守官慢功當罰者已有定例獲功當賞者乞或加散官或授金銀符皆從之撥南陽府屯田地給新籍畏吾而戶俾耕以自贍仍給糧三月丁亥詔軍官既受命而不時赴者病故不行者被差事畢不

即還者准民官例違限六月選人代之被代者期年始敘改鄂州路爲武昌路遣使就調雲南四川福建廣東廣西官諭百司凡事關中書省者毋得輒奏權豪勢要之家佃戶貸糧者聽於來歲秋成還之癸巳分碉門黎雅軍戍蠻夷命陝西屯田萬戶也不干等將之辛卯夜有流星大如杯光燭地自北起近東分爲二星沒於危宿十一月己亥歲星犯東井詔諭中書近因禁酒聞年老需酒之人有預市而儲之者其無釀具者勿問罷湖南轉運司弘州種田提舉司以其事入有司降容象橫賓路爲州平灤金丹提舉司爲管勾陞昭州爲平樂府省泌縣入唐州丁未遣劉國傑及也先忽都魯將兵萬人入剌及阿塔赤將兵五千人征宋隆濟減直糶米賑京師貧民設肆三十六所其老幼單弱不能自存者廩給五月選六御扈從漢軍習武事仍禁萬戶以下毋令私代犯者斷罪有差戊申太陰犯昴猺人藍賴率丹陽三十六洞來降以賴等爲融州懷遠縣簿尉立長信寺秩三品十二月甲戌歲星犯司怪給安西王所部軍士食令各還其家候春調遣辛卯太陰犯南斗征東行省平章闊里吉思以不能和輯高

麗罷定強竊盜條格凡盜人孳畜者取一償九然後杖之是歲汴梁歸德南陽鄧州唐州陳州和州襄陽汝寧高郵揚州常州蝗峽州隨州安陸荆門泰州光州揚州滁州高郵安豐霖汴梁之封丘武陽蘭陽中牟延津河南澠池蘄州之蘄春廣濟蘄水旱大名宣德奉聖歸德寧海濟寧般陽登州萊州益都濰州博興東平濟南濱州保定河間真定大寧水是歲斷大辟六十一人

六年春正月癸卯詔千戶百戶等自軍逃歸先事而逃者罪死敗而後逃者杖而罷之沒入其男女乙巳中書省臣言廣東宣慰副使脫歡察而收捕盜賊屢有勞績近廉訪司劾其私置兵杖擅殺土寇等事遣官鞫問實無私罪乞加獎諭命賜衣二襲晉王甘麻剌薨命封其王印及內史府印丙午京畿二十一站闕食命賜鈔萬二千七百餘錠陝西旱禁民釀酒以雲南站戶貧乏增馬及鈔以優恤之中書省臣以朱清張瑄屢致人言乞罷其職徙其諸子官江南者于京丁未命江浙平章阿里專領其省財賦庚戌詔官吏犯罪已經赦宥者仍從覈問海道漕運船令探馬赤軍與江南水手相參教習以防海寇江南僧石祖

進告朱清張瑄不法十事命御史臺詰問之帝語臺臣曰朕聞江南富戶侵占
民田以致貧者流離轉徙卿等嘗聞之否臺臣言曰富民多乞護持璽書依倚
以欺貧民官府不能詰治宜悉追收爲便命卽行之毋越三日詔自今僧官僧
人犯罪御史臺與內外宣政院同鞫宣政院官徇情不公者聽御史臺治之增
諸王塔赤鐵木而歲賜銀二百五十兩雜幣百匹乙卯築渾河堤長八十里仍
禁豪家毋侵舊河令屯田軍及民耕種增劉國傑等軍仍令屯戍險隘俟秋進
師命札忽而帶阿里等整治江南影占稅民地土者中書省臣言御史臺廉訪
司體察體覆前後不同初立臺時止從體察後立按察司事無大小一皆體覆
由是憲司之事積不能行請自今除水旱災傷體覆餘依舊例體察爲宜從之
以大都平灤等路去年被水其軍應赴上都駐夏者免其調遣一年詔軍官除
邊遠出征其餘遇祖父母父母喪依民官例立限奔赴禁畜養鷹犬馬駞等人
擾民乙未以諸王眞童誣告濟南王謫置劉國傑軍中自效壬戌鎭星犯太微
垣上將二月庚午太陰犯昴謫諸王孛羅於四川八剌軍中自效癸酉增諸王

出伯軍三千人人備馬二匹官給其直丙戌遣陝西省平章也速帶而參政汪惟勤將川陝軍湖廣平章劉國傑將湖廣軍征亦乞不薛一切軍務並聽也速帶而劉國傑節制罷征八百媳婦右丞劉深等官收其符印驛劵以京師民乏食命省臺委官計口驗實以鈔十一萬七千一百餘錠賑之癸巳帝有疾釋京師重囚三十八人三月丁酉以旱溢爲災詔赦天下大都平灤被災尤甚免其差稅三年其餘災傷之地已經賑恤者免一年今年內郡包銀俸鈔江淮已南夏稅諸路鄉村人戶散辦門攤課程並蠲免之壬寅太陰犯輿鬼命僧設水陸大會七晝夜癸卯歲星犯井甲寅太陰犯鉤鈐合祭昊天上帝皇地祇于南郊遣中書左丞相答剌罕哈剌哈孫攝事夏四月乙丑朔太白犯東井丁卯詔曲赦雲南諸部蠻夷發通州倉粟三百石賑貧民釋輕重囚三十八人人給鈔五錠乙亥濬永清縣南河戊寅太陰犯心庚辰上都大水民飢減價糶糧萬石賑之戊子修盧溝上流石徑山河隄釋重囚車駕幸上都庚寅太白犯輿鬼真定大名河間等路蝗五月乙巳給貧乏漢軍地及五丁者一頃四丁者二頃三丁

者三頃其孤寡者存恤六年逃散者招諭復業戊申太廟寢殿災癸丑謫和林
潰軍征雲南其戰傷而歸及嘗奉晉王令旨諸王藥忽木而免者不遣丁巳福
州路饑賑以糧一萬四千七百石濟南路大水揚州淮安路蝗歸德徐州邳州
水六月癸亥朔日有食之太史院失於推筭詔中書議罪以聞填星犯太微西
垣上將甲子建文宣王廟於京師辛未享于太廟乙亥太陰犯斗安南國以馴
象二及朱砂來獻甲申賜諸王合答孫脫歡脫列鐵木而伯牙倫完者所部鈔
四萬五千八百餘錠湖州嘉興杭州廣德饒州太平婺州慶元紹興寧國等路
饑賑糧二十五萬一千餘石大同路寧海州亦饑以糧一萬六千石賑之廣平
路大水秋七月癸巳朔熒惑鎮星辰星聚井庚子太陰犯心己酉亦乞不薛土
官三人棄家來歸賜金銀符衣服戊午太陰犯熒惑辛酉賜諸王八八剌脫脫
灰也只里也滅干等鈔四萬三千九百餘錠以江浙行省參知政事忽都不丁
爲中書右丞建康民饑以米二萬石賑之大都諸縣及鎮江安豐濠州蝗順德
水八月甲子詔御史臺凡有司婚姻土田文案遇赦依例檢覆乙丑熒惑犯歲

星己巳熒惑犯輿鬼辛巳太陰犯昴壬午太白犯軒轅九月乙未遣阿牙赤撒罕禿會計稱海屯田歲入之數仍自今令宣慰司官與阿剌台共掌之甲午賜諸王兀魯思不花所部鈔六萬錠丙午熒惑犯軒轅丁未中書省臣言羅里等擾民宜依例決遣置屯田所從之賜諸王八撒而等鈔八萬六千三百餘錠己酉龍興民譌言括童男女至有殺其子者命誅其爲首者三人癸丑太陰犯輿鬼丁巳太白犯右執法賜諸王揑苦迭而等鈔五千八百四十錠冬十月甲子改浙東宣慰司爲宣慰司都元帥府徙治慶元鎮遏海道置大同路黄花嶺屯田罷軍儲所立屯儲軍民總管萬戸府設官六員仍以軍儲所宣慰使法忽魯丁掌之南人林都鄰告浙西廉訪使張珪收藏禁書及推算帝五行江浙運使合只亦言珪沮撓鹽法命省臺官同鞫之丙子車駕還大都壬午熒惑犯太微西垣上將濟南濱棣泰安高唐州霖雨米價騰湧民多流移發粟賑之併給鈔三萬錠十一月辛卯塡星犯左執法甲午劉國傑裨將宋光率兵大敗蛇節賜衣二襲仍授以金符乙未辰星犯房癸卯太陰犯昴己酉太陰犯軒轅庚戌禁

和林軍釀酒惟安西王阿難答諸王忽剌出脫脫不沙也只里駙馬蠻子台弘吉列帶燕里干許釀辛亥以同知樞密院事合荅知樞密院事詔江南寺觀凡續置民田及民以施入爲名者並輸租充役戊午籍河西寧夏善射軍隸親王阿木哥甘州軍隸諸王出伯己未詔諸驛使輒枉道者罪之十二月庚申朔熒惑犯填星辛酉御史臺臣言自大德元年以來數有星變及風水之災民間乏食陛下敬天愛民之心無所不盡理宜轉災爲福而今春霜殺麥秋雨傷稼五月太廟災尤古今重事臣等思之得非荷陛下重任者不能奉行聖意以致如此若不更新後難爲力乞令中書省與老臣識達治體者共圖之復請禁諸路釀酒減免差稅賑濟飢民帝皆嘉納命中書郎議行之雲南地震戊辰又震甲子衡州袁舜一等誘集二千餘人侵掠郴州湖南宣慰司發兵討之獲舜一及其餘黨命誅其首謀者三人餘者配洪澤芍陂屯田其脅從者招諭復業乙丑歲星犯輿鬼乙亥太陰犯輿鬼丙子劉國傑也先忽都魯來獻蛇節羅鬼等捷庚辰熒惑犯太微東垣上相命中書省更定略賣良人罪例癸未太陰犯房保

定等路饑以鈔萬錠賑之是歲斷大辟三人

元史卷二十

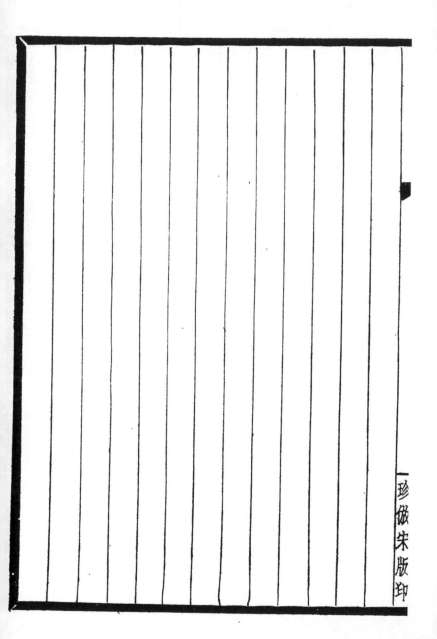

元史卷二十一

明翰林學士亞中大夫知制誥兼修國史宋　濂等修

本紀第二十一

成宗四

七年春正月戊戌，太陰犯昴。甲辰，太陰犯軒轅。丙午，定諸改補鈔罪例，爲首者杖一百有七，從者減二等，再犯從者杖與首同，爲首者流。己酉，以歲不登，禁河北、甘肅、陝西等郡釀酒。益都諸處牧馬之地爲民所墾者，畝輸租一斗，太重，減爲四升。弛饑荒所在山澤河泊之禁一年。賑那海貧乏戶米八千石。壬子，罷歸德府括田。乙卯，詔凡爲匿名書，辭語重者誅之，輕者流配，首告人賞鈔有差，皆籍沒其妻子充賞。命御史臺、宗正府委官遣發朱清、張瑄妻子來京師，仍封籍其家貲，拘收其軍器、海船等。丁巳，命樞密院選軍士習農業者十人，教軍前屯田。賜也梯忽而的台金五十兩、銀千兩、鈔千錠、幣帛百匹。二月壬戌，詔中書省汰諸有司冗員，仍令諭樞密院，除出征將帥外，掌署院事者定其員數以聞。辛未以平章政事行上都留守木八剌沙陝西行省平章阿老瓦丁並爲中書平章政事江南行臺御史中丞尙文爲中書左丞江浙行省參知政事董士珍爲中書參知政事壬申詔樞密院宗正府等自今每事與中書共議然後奏聞諸司不得擅奏遷調官員雖經特旨用之而於例未允者亦聽覆奏甲戌減杭州稅課提舉司冗員丙子詔和林軍以六年更戍仍給鈔以周其乏命西京也速迭而軍及大都所起軍皆以四月至上都五月赴北丁丑命諸王出伯非急務者勿遣乘驛詔中書省設官自左右丞相以下平章二員左右丞各一員參知政事二員定爲八府戊寅太陰犯心己卯盡除內郡饑荒所在差稅仍令河南省賑恤流民給北師鈔三十八萬錠以安南陳益稷久居鄂州賜鈔千錠以侍御史朶台爲中書參知政事御史臺臣言江浙行省平章阿里左丞高翥安祐僉省張祐等詭名買鹽萬五千引增價轉市於人乞遣省臺官按問從之太原大同平灤路饑並減直糶糧以賑之庚辰命陝西甘肅行省賑鳳翔秦鞏甘州合迷里貧乏戶監察御史杜肯構等言太傅右丞相完澤受朱清張瑄賄賂事

不報壬午帝語中書省臣曰比有以歲課增羨希求爵賞者此非掊刻於民何從而出自今除元額外勿以增羨作正數罷江南財賦總管府及提舉司禁內外中書省戶部轉運司官不得私買鹽引罷致用院禁諸人毋以金銀絲線等物下番罷江南都水庸田司行通政院併大都鹽運司入河間運司其所掌京師酒稅課令戶部領之禁諸人非奉旨毋得以寶貨進獻汰諸色人冒充宿衞及諸王駙馬妃主部屬濫請錢糧者真定路饑賑鈔五萬錠仍諭諸王小薛及鷹師等毋於真定近地縱獵擾民丙戌詔除征邊軍士及兩都站戶外其餘人戶均當徭役丁亥詔自今除樞密院御史臺宣政院依舊奏選諸司毋得擅奏其舉用人員並經中書省三月己丑朔保定路饑賑鈔四萬錠庚寅詔遣奉使宣撫循行諸道以郝天挺塔出往江南江北石珪往燕南山東耶律希逸劉賡往河東陝西鐵里脫歡戎益往兩浙江東趙仁榮岳叔謨往江南湖廣木八剌陳英往江西福建塔赤海牙劉敏中往山北遼東並給二品銀印仍降詔戒飭之江浙行省平章脫脫遣發朱清張瑄家屬其家以金珠重賂之脫脫以聞帝

諭之曰朕以江南任卿果能爾真男子事也其益恪勤乃事賜以黃金五十兩都城火命中書省與樞密院議增巡防兵甘肅行省供軍錢糧多弊詔徙廉訪司于甘州壬辰定大都南北兵馬司姦盜等罪六十七以下付本路七十七以上付也可札魯忽赤河間路禾稼不登命罷修建僧寺工役乙未真定路饑賑鈔六百六十餘錠中書平章伯顏粱德珪段真阿里渾撒里右丞八都馬辛左丞月古不花參政迭而火者張斯立等受朱清張瑄賄賂治罪有差詔皆罷之以洪君祥為中書右丞監察御史言其曩居宥密以貪賄罷黜乞別選賢能代之不報甲辰詔定贓罪為十二章京朝官月俸外增給祿米外任官無公田者亦量給之乙巳以征八百媳婦喪師誅劉深笞合剌帶鄭祐罷雲南征緬分省戊申小蘭禧岳鉉等進大一統志賜賚有差己酉追收元降除免和顧和市璽書以脫歡誣告諸王脫脫謫置湖廣省軍前自効罷甘肅行省差調民兵及取勘軍民站戶家屬孳畜之數庚戌以鐵哥察而所收愛牙合赤戶仍隸諸王脫脫癸丑樞密院臣及監察御史言中丞董士選貸朱清張瑄鈔非義帝曰臺臣

稱貸不必問也若言者不已後當杖之甲寅車駕幸上都丙辰賜諸王小薛所部等鈔六萬錠賑李陵臺等五站戶鈔一千四百餘錠遼陽等路饑賑鈔萬錠夏四月癸亥太陰犯東井詔省臺樞密院通政院凡呼召大都總管府官吏必用印帖其餘諸司不得輒召徵藩臣陳天祥張孔孫郭鈞至京師以天祥孔孫爲集賢大學士鈞爲昭文館大學士皆同議中書省事丙寅太陰犯軒轅庚午以中書文移太繁其二品諸司當呈省者命止關六部中書左丞相答剌罕言僧人修佛事畢必釋重囚有殺人及妻妾殺夫者皆指名釋之生者苟免死者負冤於福何有帝嘉納之辛未流朱清張瑄子孫於遠方仍給行費乙亥歲星犯輿鬼太陰犯南斗庚辰蛇節降令海剌孫將兵五千守之餘衆悉遣還各戍撥碉門四川軍人一千人鎮羅羅斯其土軍修治道路者悉令放還甲申熒惑犯太微垣右執法丁亥歲星犯輿鬼誅蛇節衛輝路辰州螟濟南路隕霜殺麥五月己丑給和林軍鈔三十八萬錠開上都大都酒禁其所隸兩都州縣及山後河東山西河南嘗告饑者仍悉禁之詔雲南行省整飭錢糧壬辰辰星犯東

井以大德五年戰功賞北師銀二十萬兩鈔二十萬錠幣帛各五萬九千匹賜
皇姪海山及安西王阿難答諸王脫脫八不沙駙馬蠻子台等各金五十兩銀
珠錦幣等物有差丙申遣征緬回軍萬四千人還各戍癸卯詔和林軍糧除歲
支十二萬石其餘非奉旨不得擅支丁未床兀兒來朝以戰功賜金五十兩銀
四百兩仍給其萬戶所隸貧乏軍鈔六十九萬餘錠辛亥奉使宣撫耶律希逸
劉賡言平陽僧察力威犯法非一有司憚其豪強不敢詰問聞臣等至潛逃京
師中書省臣言宜捕送其所令省臺宣政院遣官雜治從之甲寅濬上都灤河
乙卯以昌童王五戶絲分給諸王塔失鐵木而令甘州站戶爲僧人禿魯花等
隱藏者依例還役詔中外官吏無職田者驗俸給米有差其上都甘肅和林諸
處非產米地惟給其價禁諸王八不沙部於般陽等處圍獵擾民詔諸宿衛士
除官員子弟曾經奏准者留餘悉革去禁諸王駙馬毋輒杖州縣官吏違者罪
王府官立和林宣慰司都元帥府以忽剌出遙授中書省左丞爲宣慰使都元
帥賜諸王納忽里鈔千錠幣三十匹濟寧東昌濟南般陽益都蟲食麥太原龍

興南康袁瑞撫等路高唐南豐等州饑減直糶糧五萬五千石東平益都濟南等路蝗般陽路隕霜閏五月戊午朔日有食之以也奴鐵木而闊闊出晃兀沒於軍賜其家鈔有差壬戌詔禁犯曲阜林廟者丁卯平江等十五路民饑減直糶糧三十五萬四千石戊辰太陰犯心己巳以諸王孛羅真童皆討賊有功徵詣京師完澤薨庚辰雲南行省平章也速帶而入朝以所獲軍中金五百兩爲獻帝曰是金卿効死所獲者賜鈔千錠丁丑禁諸王駙馬等征北諸軍以奴爲代者罪之辛巳詔僧人與民均當差役癸未各道奉使宣撫言去歲被災人戶未經賑濟者宜免其差役從之命江浙行省右丞董士選發所籍朱清張瑄貨財赴京師其海外未還商舶至則依例籍沒甘肅行省平章合散等侵盜官錢十六萬三千餘錠鹽引五千餘道命省臺官徵之詔上都路應昌府亦乞列思和林等處依內郡禁酒丙戌罷營田提舉司汴梁開封縣蟲食麥六月己丑御史臺臣言瓜沙二州自昔爲邊鎮重地今大軍屯駐甘州使官民反居邊外非宜乞以蒙古軍萬人分鎮險隘立屯田以供軍實爲便從之罷四川宣慰司立

四川行中書省以雲南行省平章脫脫湖廣行省議事平章程鵬飛並爲平章
政事壬辰武岡路饑減價糶糧萬石以賑之給欽察千戶等貧乏者鈔三萬七
千八百餘錠癸巳叛賊雄挫來降乙未以亦乞不薛就平留探馬赤軍二千人
討阿永叛蠻餘悉放還庚子西京道宣慰使法忽魯丁以瑟瑟二千五百餘斤
鬻于官爲鈔一萬一千九百餘錠有旨除御榻所用外餘未用者宜悉還之命
阿伯阿忽台等整飭河西軍事癸卯詔凡軍官子弟年及二十者與民官子孫
同俸直一年方許襲職萬戶於樞密院千戶於行省百戶於本萬戶乙巳罷行
省僉省浙西淫雨民饑者十四萬賑糧一月仍免今年夏稅幷各戶酒醋課命
甘肅行省修阿合潭曲尤壕以通漕運大寧路蝗秋七月辛酉常德路饑減直
糶糧萬石以賑之壬戌御史臺臣言前河間路達魯花赤忽賽因轉運使朮甲
德壽皆坐贓罷今忽賽因以獻鷹犬復除大寧路達魯花赤朮甲德壽以迭里
迷失妄奏其被誣復除福寧知州並宜改正不敘以戢姦貪從之禁僧人以修
建寺宇爲名齎諸王令旨乘傳擾民汰宿衛士丙寅荅剌罕哈剌哈孫爲中書

右丞相知樞密院事戊寅歲星犯軒轅丙子給四川行省驛券十二道詔除集
賢翰林老臣預議朝政其餘三品以下年七十者各陞散官一等致仕立和林
兵馬司罷遼東宣慰司丁丑中省臣言大同稅課比奉旨賜乳母楊氏其家掊
斂過數擾民爲甚勑賜鈔五百錠其稅課依例輸官御史臺臣言湖南輸糧百
石者出驛馬一疋廣海地狹所輸不及百石者所出亦如之故官以鹽引助其
不給每馬一疋貴州以北給鹽十七引以南二十引近立榷鹽提舉司官價增
五之三元給二十引者宜與鈔十七錠十七引者十五錠從之罷江南白雲宗
攝所其田令依例輸租都哇察八而滅里鐵木而等遣使請息兵帝命安西王
慎飭軍士安置驛傳以俟其來戊寅賜諸王奴倫伯顏也不干等鈔九萬錠罷
諸王所設總管府叛賊麻你降貢金五百兩童男女二百人及馬牛羊却之己
卯太陰犯井乙酉熒惑犯房賜諸王曲而魯等部鈔幣有差八月己丑罷護國
仁王寺元設江南營田提舉司給安西王所部貧民米二萬石辛卯夜地震平
陽太原尤甚村堡移徙地裂成渠人民壓死不可勝計遣使分道賑濟爲鈔九

萬六千五百餘錠仍免太原平陽今年差稅山場河泊聽民採捕癸巳太白犯
氐月里不花將甕吉里軍赴雲南道卒以其子普而耶代之甲午熒惑犯東咸
太陰犯牽牛庚子中書省臣言法忽魯丁輸運和林軍糧其負欠計二十五萬
餘石近監察御史亦言其侵匿官錢十三萬餘錠臣等議遣官徵之不足則籍
沒其財產從之乙巳歲星犯軒轅庚戌緬王遣使獻馴象四辛亥熒惑犯天江
賜諸王脫鐵木而之子也先博怯所部等鈔六千九百餘錠九月戊午車駕還
大都丙寅太白晝見以太原平陽地震禁諸王阿只吉小薛所部擾民仍減太
原歲飼馬之半遣刑部尚書塔察而翰林直學士王約使高麗以其國相吳祈
專權徵詣闕問罪辛未熒惑犯南斗詔諭諸司賑恤平陽太原甲戌太陰犯東
井乙亥太白犯南斗丙子罷僧官有妻者壬午辰星犯氐復木八剌沙平章政
事冬十月丁亥太白經天御史臺臣劾言浙江行省平章阿里不法帝曰阿里
朕所信任臺臣屢以爲言非所以勸大臣也後有言者朕當不恕戊子弛太原
平陽酒禁以浙江年穀不登減海運糧四十萬石己丑詔從軍醫工止復其妻

子戶如故辛卯復立陝西行御史臺癸巳御史臺臣及諸道奉使言行省官久任與所隸編氓聯姻害政詔互遷之以只而合忽知樞密院事給大都文宣王廟洒掃戶五乙未發雲南叛寇餘黨未革心者來京師留蛇節養子阿闕于本境以撫其民改平灤爲永平路陞甘州爲上路設刑部獄吏一員以掌囚徒安西轉運司於常課外增算五萬七千四百錠人賜衣一襲以勸其功詔諸司凡錢糧不經中書省議者勿奏庚子改普定府爲路隸曲靖宣慰司以故知府容苴妻適姑爲總管佩虎符以敘州宣慰司爲敘南等處諸部蠻夷宣撫司辛丑太陰犯東井庚戌翰林國史院進 太祖太宗定宗睿宗憲宗五朝實錄辛亥詔軍戶貧乏者存恤六年增蒙古國子生百員十一月甲寅朔賜諸王阿只吉所部鈔二十萬錠糧萬石命鷹師圍獵毋得擾民以順元隸湖廣省併海道運糧萬戶府爲海道都漕運萬戶府給印二亦乞不薛賊黨魏傑等降人賜衣一襲遣還俾招其首亂者丁巳詔大同靜州隆興等路運糧五萬石入和林己未太白經天辛酉木冰甲子命依十二章斷僧官罪丙寅鎮星犯進賢戊辰太陰犯

井辛未陞全寧府爲路己卯太陰犯東咸遣諸王滅怯禿玉龍鐵木而使察八
而十二月甲申朔詔內郡比歲不登其民已免差者併蠲免其田租乙酉弛京
師酒課許貧民釀酒丙戌太白經天熒惑犯壘壁陣戊子以平宋隆濟功增諸
將秩賜銀鈔等物有差其軍士各賜鈔十錠放歸存恤一年丙申太陰犯東井
辛丑太陰犯明堂詔撫諭順元諸司免大德七年民間逋稅命江南浙西官田
奉特旨賜賚者許中書省迴奏賜皇姑魯國大長公主鈔一萬五千錠幣帛各
三百匹加封真武爲元聖仁威玄天上帝丁未太陰犯天江以轉輸軍餉勞免
思播二州及潭衡辰沅等路稅糧一年常澧三分之一淘金站戶無種佃者免
雜役一年七道奉使宣撫所罷贓污官吏凡一萬八千四百七十三人贓四萬
五千八百六十五錠審冤獄五千一百七十六事是歲斷大辟十人
八年春正月己未以災異故詔天下恤民隱省刑罰雜犯之罪當杖者減輕當
笞者並免私鹽徒役者減一年平陽太原免差稅三年隆興延安及上都大同
懷孟衛輝彰德真定河南安西等路被災人戶免二年大都保定河間路免一

年江南佃戶私租太重以十分爲率減二分永爲定例仍弛山場河泊之禁聽民採捕庚申以雲南順元同知宣撫事宋阿重生獲其叔隆濟來獻特陞其官賜衣一襲置掌薪司以供尙食令宣徽院掌其事癸亥禁錮朱清張瑄族屬乙丑復置遂平新蔡真陽太和沈丘潁上柘城城父郟舞陽十縣丙寅以御史中丞太僕卿塔思不花爲中書右丞江南行臺中丞趙仁榮爲中書參知政事陞教坊司三品庚午以輦真監藏爲帝師辛巳詔諸王妃主及諸路有馬者十取其一諸王駙馬往遼東捕海東鶻者毋給驛自榮澤至睢州築河防十有八所給其夫鈔人十貫駙馬也列干住所部民饑以糧二千石賑之是月平陽地震不止已修民屋復壞二月丙戌增置國子生二百員選宿衞大臣子孫充之降莊浪路爲州倂隴干縣入德順州辛卯命諸王出伯所部軍屯田于薛出合出谷甲午詔父子兄弟有才者許並居風憲徙江東建康道廉訪司治于寧國其建康路簿書命監察御史鉤考丙申分軍千人戍嘉定州甲辰翰林學士承旨撒里蠻進金書世祖實錄節文一冊漢字實錄八十冊減宿衞繁冗者丙午車

駕幸上都勑軍人姦盜詐僞悉歸有司賜太祖位怯憐口戶鈔萬八千二百錠布帛萬匹賜禿赤及塔剌海以所籍朱清張瑄田人六十頃近侍鷹坊怯憐口鈔二萬七千三百錠布帛萬二千匹賜平章政事王慶端玉帶半俸終身三月丁巳詔軍民官已除以地遠官卑不赴者奪其官不敘軍官擅離所部者悉遣還翼違者論如律軍人不告所部私歸者杖而還之乙丑去歲十二月庚戌彗星見約盈尺在室十一度入紫微垣至是滅凡七十四日戊辰中書左丞尙文以疾辭不允詔諸王駙馬所分郡邑達魯花赤惟用蒙古人三年依例遷代其漢人女直契丹名爲蒙古者皆罷之勑軍民逃奴有獲者卽付其主主在他所者赴所在官司給之仍追逃奴鈔充獲者賞逃及誘匿者論罪有差詔諸路牧羊及百至三十者官取其一不及數者勿取中書省臣言自內降旨除官者果爲近侍宿衞踐履年深依已除敘嘗宿衞未官者視散官敘始歷一考準爲初階無資濫進降官二級官高者量降各位下再任者從所隸用三任之上聽入常調蒙古人不在此限從之雲南黎州盜劫也速而帶家屬貲產命宣政院督

其郡邑捕之給諸王出伯所部馬萬三千五百疋庚辰詔内外使以軍務行者至其地有司給饋十五日自餘重事八日細事三日命凡爲衙兵者皆半隸屯田仍諭各衞屯官及屯田者視其勤惰以爲賞罰陞分寧縣爲寧州罷廬州路榷茶提舉司灤城濟陽等縣隕霜殺桑夏四月丙戌置千戶所戍定海以防歲至倭船永寧路叛寇雄挫來降命僧道爲商者輸税凡諸王駙馬徵索有司非奉旨輒給者罪且罷之詔諸路畏吾兒合迷里自相訟者歸都護府與民交訟者聽有司專決甲午詔朝廷諸王駙馬進捕鷹鶻皆有定戶自今非鷹師而乘傳冒進者罪之庚子以永平清滄柳林屯田被水其逋租及民貸食者皆勿徵丁未分教國子生於上都賜西平王奧魯赤合帶等部民鈔萬錠朵耳思等站戶鈔二千二百錠銀三百九十兩有奇益都臨朐德州齊河蝗五月癸未朔日有食之辛酉以所籍朱清張瑄江南財產隸中政院己巳以平宋隆濟功賜諸王脫脫亦吉里平章床兀而等銀鈔金幣玉帶及大理金齒曲靖烏撒烏蒙宣慰等官銀鈔各有差壬申罷福建都轉運鹽使司以其歲課併隸宣慰司中書

省臣言吳江松江實海口故道潮水久淤凡湮塞良田百有餘里況海運亦由是而出宜於租戶役萬五千人濬治歲免租人十五石仍設行都水監以董其程從之追收諸王驛券癸酉定館陶等十七倉官品級諸糧十萬石以上者從七品五萬石以上者正八品不及五萬者從八品庚辰以去歲平陽太原地震宮觀摧圮者千四百餘區道士死傷者千餘人命賑恤之是月蔚州之靈仙太原之陽曲隆興之天城懷安大同之白登大風雨雹傷稼人有死者大名之濬滑德州之齊河霖雨汴梁之祥符太康衛輝之獲嘉太原之陽武河溢六月癸未開和林酒禁立酒課提舉司丁酉汝寧妖人李曹驢等妄言得天書惑衆事覺伏誅益津蝗汴梁祥符開封陳州霖雨蠲其田租扶風岐山寶鷄諸縣旱烏撒烏蒙益州忙部東川等路饑疫並賑恤之秋七月辛酉罷江淮等處財賦總管府癸亥諸王合贊自西域遣使來貢珍物賜諸王也孫鐵木而等鈔二十萬錠戍北千戶十五萬錠怯憐口等九萬餘錠西平王奧魯赤二萬錠以順德恩州去歲霖雨免其民租四千餘石八月太原之交城陽曲管州嵐州大同之懷

仁雨雹隕霜殺禾杭州火發粟賑之以大名高唐去歲霖雨免其田租二萬四千餘石九月癸丑車駕至自上都庚申伯顏梁德珪並復爲中書平章政事八都馬辛復爲中書右丞迭而火者復爲中書參知政事以江浙行省平章阿里爲中書平章政事庚午以戶部尚書張祐爲中書參知政事癸酉諸王察八而朵瓦等遣使來附以幣帛六百匹給之詔諸王凡泉府規營錢非奉旨毋輒支貸給諸王出伯所部帛四百匹四川雲南鎭戍軍家居太原平陽被災者給鈔有差潮州颶風起海溢漂民廬舍溺死者衆給其被災戶糧兩月以冀孟輝雲內諸州去歲霖雨免其田租二萬二千一百石冬十月辛卯有事于太廟辛巳給諸王阿只吉所部馬料價鈔三千九百錠以宣徽使大都護長壽爲中書右丞陜西行省右丞脫歡爲中書參知政事丁亥安南遣使入貢詔諸王駙馬毋乘驛以獵庚寅封皇姪海山爲懷寧王賜金印仍割瑞州戶六萬五千隸之歲給五戶絲直鈔二千六百錠幣帛各千匹戊戌命省臺院官鞫高麗國相吳祈及千戶石天輔等以祈離間王父子天輔謀歸日本皆笞之徙安西十一月壬

子詔內郡江南人凡為盜黥三次者謫戍遼陽諸色人及高麗三次免黥謫戍
湖廣盜禁籞馬者初犯謫戍再犯者死以平陽太原去歲地大震免其稅課一
年遺制用院使忽鄰翰林直學士林元撫慰高麗放遼陽民樂亦等三百九十
戶為兵者還民籍丁卯復免僧人租戊辰以武備卿鐵古迭而為御史大夫壬
申詔凡僧姦盜殺人者聽有司專決寧遠王闊闊出以馬萬五百餘疋給軍命
以鈔五萬二千五百餘錠償其直增海漕米為百七十萬石十二月庚子復立
益都淘金總管府辛丑封諸王出伯為威武西寧王賜金印賜安西王阿難答
諸王阿只吉也速不干等鈔一萬四千錠
九年春正月丁巳太陰犯天關戊午帝師輦真監藏卒賻金五百兩銀千兩幣
帛萬匹鈔三千錠仍建塔寺甲子太陰犯明堂以瓮吉剌部民張道奴等舊權
為軍者復隸民籍己巳太陰犯東咸壬申弛大都酒禁甲戌賜諸王完澤撒都
失里別不花等所部鈔五萬六千九百錠幣帛有差鷹師等百五十萬錠二月
癸未勑軍匠等戶元隸東宮者有司毋得奪之中書省臣言近侍自內傳旨凡

除授賞罰皆無文記懼有差違乞自今傳旨者悉以文記付中書從之甲午免天下道士賦稅乙未建大天壽萬寧寺丁酉封諸王完澤爲衛安王定遠王岳木忽而爲威定王並賜金印陞翰林國史院爲正二品賜朵瓦使者幣帛五百匹庚子命中書議行郊祀禮辛丑詔赦天下令御史臺翰林集賢院六部於五品以上各舉廉能識治體者三人行省行臺宣慰司廉訪司各舉五人免大都上都隆興差稅內郡包銀俸鈔一年江淮以南租稅及佃種官田者均免十分之二致仕官止有一子應承廕者其傔使並免之家貧者給半俸終其身丙午賜宿衞怯憐口鈔一百萬錠以歸德頻歲被水民饑給糧兩月平陽太原地震站戶被災給鈔一萬二千五百錠三月丁未朔車駕幸上都給還安西王積年所減歲賜金五百兩絲一萬一千九百斤仍賜其所部鈔萬錠勑遼陽行省毋專決大辟以和林所貯幣帛給懷寧王所部軍庚戌以吃剌八思斡節兒姪相加班爲帝師詔梁王勿與雲南行省事賜鈔千錠甲寅熒惑犯氐戊午歲星犯左執法以樞密副使高興爲平章政事仍樞密副使賜親王脫脫鈔二千錠奴

兀倫孛羅等金五百兩銀千兩鈔二萬錠以濟寧去歲霖雨傷稼常寧州饑並
賑恤之河間益都般陽屬縣隕霜殺桑撫之宜黃興國之大冶等縣火給被災
者糧一月夏四月庚辰太陰犯井雲南行省請益戍兵不許遣使詣諸路閱其
當戍者遣之乙酉大同路地震有聲如雷壞官民廬舍五千餘間壓死二千餘
人懷仁縣地裂二所湧水盡黑漂出松柏朽木遣使以鈔四千錠米二萬五千
餘石賑之是年租賦稅課徭役一切除免戊子賜察八而朶瓦所遣使者銀千
四百兩鈔七千八百餘錠己丑東川路蠻官阿葵以馬二百五十匹金二百五
十兩及方物來獻壬辰太白犯井中書省臣言前代郊祀以祖宗配享臣等議
今始行郊禮專祀昊天爲宜詔依所議行之以汴梁歸德安豐去歲被災潭州
郴州桂陽東平等路饑並賑恤之五月丁未詔諸王駙馬部屬及各投下凡市
傭徭役與民均輸遣官調雲南四川福建兩廣官大都旱遣使持香禱雨戊申
徵陝西儒學提舉蕭䣄赴闕命有司給以安車戊午改各道肅政廉訪司爲詳
刑觀察使聽省臺辟人用之立衍慶司正二品癸亥歲星掩左執法以地震改

平陽爲晉寧太原爲冀寧復立洪澤芍陂屯田令河西行省平章阿散領其事省欝林縣入貴州以晉寧冀寧累歲被災給鈔三萬五千錠寶慶路饑發粟五千石賑之以陝西渭南櫟陽諸縣去歲旱蠲其田租道州旱六月丙子朔以立皇太子遣中書右丞相答剌罕哈剌哈孫告昊天上帝御史大夫鐵古迭而告太廟庚辰立皇子德壽爲皇太子詔告天下賜高年帛八十者一匹九十者二匹孝子順孫堪從政者量才任之親年七十別無侍丁者從近遷除外任官五品以下並減一資諸處罪囚淹繫五年以上除惡逆外疑不能決者釋之流竄遠方之人量移內地甲午潼川霖雨江溢漂沒民居溺死者衆勑有司給糧一月免其田租以瓊州屢經叛寇隆興撫州臨江等路水汴梁霖雨爲災並給糧一月桓州宣德雨雹鳳翔扶風旱通泰靜海武清蝗秋七月乙巳朔禁晉寧冀寧大同釀酒蠲晉寧冀寧今年商稅之半丙午熒惑犯氐辛亥築郊壇於麗正文明門之南丙位設郊祀署令丞各一員太祝三員奉禮郎二員協律郎一員法物庫官二員癸丑以黑水新城爲靖安路陞祕書監拱衞司並正三品罷福

建蒙古字提舉司及醫學提舉司賜安西王阿難答子月魯鐵木而鈔二千錠甲寅太白經天庚申陞大府監爲大府院壬戌以金千兩銀七萬五千兩鈔十三萬錠賜與聖太后及宿衛臣出居懷州復置懷寧王王府官賜威遠王岳木忽而鈔萬錠給大都至上都十二驛鈔一萬一千二百錠丁卯熒惑犯房以大司徒段貞中書右丞八都馬辛並爲中書平章政事參知政事合剌蠻子爲右丞參知政事迷而火者爲左丞參議中書省事也先伯爲參知政事給脫脫所部乞而言思民糧五月沔陽之玉沙江溢陳州之西華河溢嶧州水賑米四千石揚州之泰興江都淮安之山陽水蠲其田租九千餘石潭郴衡雷峽滕沂寧海諸郡饑減直糶糧五萬一千六百石八月乙亥朔省孛可孫冗員孛可孫專治芻粟初惟數人後以各位增入遂至繁冗至是存十二員餘盡革之丙子給大都車站戶粟千四百七十餘石丁丑給曲阜林廟洒掃戶以尚珍署田五十頃供歲祀己卯以冀寧歲復不登弛山澤之禁聽民採捕命太常卿丑問昭文館大學士靳德進祭星于司天臺辛巳太陰犯東咸丙戌商胡塔乞以寶貨來

獻以鈔六萬錠給其直癸巳復立制用院乙未熒惑犯天江賜寧遠王闊闊出鈔萬錠及其所部三萬錠是月涿州東安州河間嘉興蝗象州融州柳州旱歸德陳州河溢大名大水揚州饑九月戊申聖誕節帝駐蹕于壽寧宮受朝賀丁巳熒惑犯斗庚申車駕至自上都賜威武西寧王出伯所部鈔三萬錠冬十月丁丑朔陞都水監正三品辛巳有事于太廟丙戌太白經天己丑命兩廣以南軍與土人同戍庚寅駙馬按替不花來自朶瓦賜銀五十兩鈔二百錠乙未帝諭中書省樞密院御史臺臣曰省中政事聽右丞相哈剌哈孫答剌罕總裁自今用人非與答剌罕共議者悉罷之戊戌詔芍陂洪澤等屯田爲豪右占據者悉令輸租辛丑復以詳刑觀察司爲廉訪司常州僧錄林起祐以官田二百八十頃冒爲己業施河西寺敕募民耕種輸其租于官御史臺臣請增官吏俸命與中書省共議以聞括兩淮地爲豪民所占者令輸租賦賜安南王陳益稷湖廣地五百頃諸王忽剌出及昔而吉思來賀立皇太子賜鈔及衣服弓矢等有差十一月丁未以鈔萬錠給雲南行省命與貝參用其貝非出本土者同僞鈔

論拘收諸王妃主驛券置大都南城警巡院黃勝許遣其屬來獻方物請復其子官帝不允曰勝許反側不足信如其悔罪自至則官可得命賜衣服遣之以去年冀寧地震站戶貧乏詔諸王駙馬毋妄遣使乘驛復立雲南屯田命伯顏察而董其事給四川征戍軍士其家居大同爲地震壓死者戶鈔五錠庚戌歲星太白鎭星聚於亢癸丑歲星犯亢丙寅歲星晝見庚午祀昊天上帝于南郊牲用馬一蒼犢一羊豕鹿各九其文舞曰崇德之舞武舞曰定功之舞以攝太尉右丞相哈剌哈孫左丞相阿忽台御史大夫鐵古迭而爲三獻官壬申太白經天十二月乙亥賜冀寧路鈔萬錠鹽引萬紙以給歲費丙子太白犯西咸地震庚寅熒惑犯壘壁陣皇太子德壽薨己亥辰星犯建星

十年春正月壬寅朔高麗王王昛遣使來獻方物甲辰詔詢訪莊聖皇后昭睿順聖皇后徽仁裕聖皇后儀範中外之政以備紀錄丙午濬吳松江等處漕河四川行省臣言所在驛傳舊制以各路達魯花赤兼督今沿江水驛迂遠宜令所隸州縣官統治之從之增置甘肅行省王渾木敦等處驛傳立福建鹽課提

舉司隸宣慰司庚戌濬真揚等州漕河令鹽商每引輸鈔二貫以爲傭工之費丁巳太白犯建星戊午罷江南白雲宗都僧錄司汰其民歸州縣僧歸各寺田悉輸租壬戌發河南民十萬築河防丙寅以沙都而所部貧乏給糧兩月丁卯命諸王駙馬妃主奏請錢穀者與中書議行之陞巡檢爲九品命近侍無輒驛召外郡官弛大同路酒禁封駙馬合伯爲昭武郡王營國子學於文宣王廟西偏詔各道禁沮擾鹽法以京畿雷家站戶貧乏給鈔五百錠奉聖州懷來縣民饑給鈔九百錠閏正月癸酉太白犯牽牛甲戌賑合民所部留處鳳翔者糧三月壬午給諸王也先鐵木而所部米二千石賑暗伯拔突軍屯東地者糧兩月丁亥免大都今年租賦己丑太白犯壘壁陣甲午以前中書平章政事鐵哥江浙行省平章闍里河南行省平章阿散並爲中書平章政事行宣政院使張閭四川行省左丞杜思敬並爲中書左丞參議中書省事劉源爲參知政事是月以曹之禹城去歲霖雨害稼民饑發陵州糧二千餘石賑之晉寧冀寧地震不止二月壬寅賑金蘭站戶不能自贍者糧兩月賑遼陽千戶小薛干所部貧匱

者糧三月辛亥中書省臣言近侍傳旨以文記至省者凡一百五十餘人令臣擢用其中犯法妄進者實多宜加遴選制曰可陞行都水監爲正三品諸路提控案牘爲九品駙馬濟寧王蠻子帶以所部用度不足乞預貸歲得五戶絲從之遣六衛漢軍貧乏者還家休息一年丙辰封孛羅爲鎭寧王錫以金印朵瓦遣使來朝賜衣幣遣之戊午太陰犯氐己未江西福建道奉使宣撫塔不帶坐贓遇赦釋其罪終身不敘丁卯以月古不花爲中書左丞戊辰車駕幸上都賜安西王阿難答西平王奧魯赤不里亦鈔三萬錠南哥班萬錠從者三萬二千錠鎭西武靖王搠思班所部民饑發甘肅糧賑之是月大同路暴風大雪壞民廬舍明日雨沙陰霾馬牛多斃人亦有死者三月戊寅歲星犯亢己卯崆古王遣使來貢方物乙未慮大都囚釋上都死囚三人賜駙馬蠻子帶鈔萬錠道州營道等處暴雨江溢山裂漂蕩民廬溺死者衆復其田租以濟州任城縣民饑賑米萬石給千家木思答伯部糧三月柳州民饑給糧一月河間民王天下奴弑父磔裂於市夏四月庚子朔詔凡匿鷹犬者沒家貲之半笞三十來獻者給

之以賞甲辰樞密院臣言太和嶺屯田舊置屯儲總管府專督其程人給地五十畝歲輸糧三十石或佗役不及耕作者悉如數徵之人致重困乞令軍官統治以宣慰使玉龍失不花總其事視軍民所收多寡以爲賞罰從之丁未命威武西寧王出伯領甘肅等地軍站事辛酉塡星犯亢壬戌雲南羅雄州軍火主阿邦龍少結豆温匡虜普定路諸蠻爲寇右丞汪惟能進討賊退據越州諭之不服遣平章也速帶而率兵萬人往捕之兵至曲靖與惟能合從諸王昔寶赤亦里吉帶等進壓賊境獲阿邦龍少斬之餘衆皆潰命也速帶而留軍二千戍之其從軍有功者皆加賞賚癸亥置崑山嘉定等處水軍上萬戶府甲子倭商有慶等抵慶元貿易以金鎧甲爲獻命江浙行省平章阿老瓦丁等備之賜梁王松山鈔千錠是月以廣東諸郡吉州龍興道州柳州漢陽淮安民饑贛縣暴雨水溢賑糧有差鄭州暴風雨雹大若鷄卵麥及桑棗皆損蠲今年田租真定河間保定河南蝗五月辛未大都旱遣使持香禱雨壬午增河間山東兩浙兩淮福建廣海鹽運司歲賣鹽二十五萬餘引癸未詔西番僧往還者不許馳驛

給以舟車禁御史臺宣慰司廉訪司官毋買鹽引乙酉以同知樞密院事塔魯
忽台塔刺海並知樞密院事遣高麗國王王昛還國仍署行省以鎮撫之其國
僉議密直司等官並授以宣敕封駙馬脫鐵木而爲濮陽王賜以金印公主忙
哥台爲鄆國大長公主丁亥詔命右丞相哈刺哈孫答刺罕左丞相阿忽台等
整飭庶務凡銓選錢穀等事一聽中書裁決百司勤怠者悉以名聞賜威武西
寧王出伯鈔三萬錠遼陽益都民饑賑貸有差大都真定河間蝗平江嘉興諸
郡水傷稼六月癸卯御史臺臣言江南行臺監察御史教化劾江浙行省宣使
李元不法行省亦遣人撫拾教化不令檢覈案牘中書省臣復言教化等不循
法度擅遣軍士守衛其門搒掠李元誣指行省等官實溫省事詔省臺及也可
札魯忽赤同訊之癸丑太陰犯羅堰上星己未歲星犯亢壬戌來安路總管岑
雄叛湖廣行省遣宣慰副使忽都魯鐵木而招諭之雄令其子世堅來降賜衣
物遣之復淮西道廉訪司大名益都易州大水景州霖雨龍興南康諸郡蝗秋
七月庚辰太陰犯牽牛辛巳釋諸路罪囚常赦所不原者不與宣德等處雨雹

害稼大同之渾源隕霜殺禾平江大風海溢漂民廬舍道州之武昌永州之興國黃州沅州饑減直賑糶米七萬七千八百石八月壬寅歲星犯氐熒惑犯太微垣上將開成路地震王宮及官民廬舍皆壞壓死故秦王妃也里完等五千餘人以鈔萬三千六百餘錠糧四萬四千一百餘石賑之辛亥賜王姪阿木哥鈔三千錠丁巳京師文宣王廟成行釋奠禮牲用太牢樂用登歌製法服三襲命翰林院定樂名樂章成都等縣饑減直賑糶米七千餘石九月己巳熒惑犯太微垣右執法壬申以聖誕節朵瓦遣款徹等來賀壬午熒惑犯太微垣左執法冬十月甲辰太白犯斗丁未有事于太廟辛亥太陰犯畢甲寅太陰犯井丁卯安南國遣黎亢宗來貢方物青山叛蠻紅犵獠等來附仍貢方物賜金幣各一吳江州大水民乏食發米萬石賑之十一月己巳車駕還大都辛未歲星犯房壬申太陰犯虛甲戌熒惑犯亢丁亥武昌路火給被災者糧一月戊子熒惑犯氐辛卯太陰犯熒惑丙申安西王阿難答西平王奧魯赤所部皆乏食給米有差益都揚州辰州歲饑減直賑糶米二萬一千餘石十二月壬寅太白晝見

乙巳歲星犯東咸壬子速哥察而等十三站乏食給糧三月乙卯帝有疾禁天下屠宰四十二日丙辰遣宣政院使沙的等禱于太廟諸王合而班答部民潰散詔諭所在敢匿者罪之戊午太陰犯氐癸亥瓊州臨高縣那蓬洞主王文何等作亂伏誅磁州民田雲童弒母磔裂于市是歲斷大辟四十四人

十一年春正月丙辰朔帝大漸免朝賀癸酉崩于玉德殿在位十有三年壽四十有二乙亥靈駕發引葬起輦谷從諸帝陵是年九月乙丑諡曰欽明廣孝皇帝廟號成宗國語曰完澤篤皇帝成宗承天下混壹之後垂拱而治可謂善於守成者矣惟其末年連歲寢疾凡國家政事內則決于宮壼外則委於宰臣然其不致於廢墜者則以去世祖爲未遠成憲具在故也

元史卷二十一

元史卷二十一考證

七年冬十月以故知府容苴妻適姑爲總管○臣宗楷按滇志云容苴効順賊未平而沒其妻能宣力戎行故有是命

九年十一月丁未以鈔萬錠給雲南行省命與貝參用○臣宗萬按通考云貝作䝰雲南䝰以一爲莊四莊爲手四手爲苗四苗爲䨝

元史卷二十一考證

珍做朱版印

明翰林學士亞中大夫知制誥兼修國史宋　濂等修

本紀第二十二

武宗一

武宗仁惠宣孝皇帝諱海山順宗答剌麻八剌之長子也母曰興聖皇太后弘吉剌氏至元十八年七月十九日生成宗大德三年以寧遠王闊闊出總兵北邊怠於備禦命帝卽軍中代之四年八月與海都軍戰于闊別列之地敗之十二月軍至按台山乃蠻帶部落降五年八月朔與海都戰于迭怯里古之地海都軍潰越二日海都悉合其衆以來大戰于合剌合塔之地師失利親出陣力戰大敗之盡獲其輜重悉援諸王駙馬衆軍以出明日復戰軍少却海都乘之帝揮軍力戰突出敵陣後全軍而還海都不得志去旋亦死八年十月封帝懷寧王賜金印置王傅官食瑞州六萬五千戶十年七月自脫忽思圈之地踰按台山追叛王斡羅思獲其妻孥輜重執叛王也孫禿阿等及駙馬伯顏八月至

也里的失之地受諸降王禿滿明里鐵木兒阿魯灰等降海都之子察八兒逃于都瓦部盡俘獲其家屬營帳駐冬按台山降王禿曲滅復叛與戰敗之北邊悉平十一年春聞成宗崩三月自按台山至於和林諸王勳戚畢會皆曰今阿難答明里鐵木兒等熒惑中宮潛有異議諸王也只里昔嘗與叛王通今亦預謀既辭服伏誅乃因闔辭勸進帝謝曰吾母吾弟在大都俟宗親畢會議之先是成宗違豫日久政出中宮命仁宗與皇太后出居懷州至是仁宗聞訃以二月辛亥與太后俱至京師安西王阿難答與諸王明里鐵木兒已於正月庚午先至左丞相阿忽台平章八都馬辛前中書平章伯顏中政院使怯烈道興等潛謀推成宗皇后伯要真氏稱制阿難答輔之仁宗以右丞相哈剌哈孫之謀言於太后曰太祖世祖創業艱難今大行晏駕德壽已薨諸王皆疎屬而懷寧王在朔方此輩潛有異圖變在朝夕俟懷寧王至恐亂生不測不若先事而發遂定計誅阿忽台怯列等而遣使迎帝五月至上都乙丑仁宗侍太后來會左右部諸王畢至會議乃廢皇后伯要真氏出居東安州賜死執安西王阿難答

諸王明里鐵木兒至上都亦皆賜死甲申皇帝卽位於上都受諸王文武百官朝於大安閣大赦天下詔曰昔我太祖皇帝以武功定天下世祖皇帝以文德洽海內列聖相承丕衍無疆之祚朕自先朝肅將天威撫軍朔方殆將十年親御甲冑力戰却敵者屢矣方諸藩內附邊事以寧遽聞宮車晏駕迺有宗室諸王貴戚元勳相與定策於和林咸以朕爲世祖曾孫之嫡裕宗正派之傳以功以賢宜膺大寶朕謙讓未遑至於再三還至上都宗親大臣復請於朕聞者姦臣乘隙謀爲不軌賴祖宗之靈母弟愛育黎拔力八達禀命太后恭行天罰內難既平神器不可久虛宗祧不可乏祀合辭勸進誠意益堅朕勉徇輿情於五月二十一日卽皇帝位任大守重若涉淵冰屬嗣服之云初其與民更始可大赦天下存恤征戍軍士及供給繁重州郡免上都大都隆興差稅三年其餘路分量重輕優免雲南八番田楊地面免差發一年其積年逋欠者蠲之逃移復業者免三年被災之處山場湖泊課程權且停罷聽貧民採取站赤消乏者優之經過軍馬勿得擾民諸處鐵冶許諸人煽辦勉勵學校蠲儒戶差役存問鰥

寡孤獨是日追尊皇考曰皇帝尊太母元妃曰皇太后丁亥陞通政院秩正二品陞儀鳳司爲玉宸樂院秩從二品壬辰加知樞密院事朶兒朶海太傅中書右丞相哈剌哈孫答剌罕太保並錄軍國重事知樞密院事塔剌海爲中書左丞相預樞密院宣徽院事同知徽政院事床兀兒也可扎魯忽赤阿沙不花江浙行省平章政事明里不花並爲中書平章政事江浙行省左丞劉正爲中書左丞遙授中書左丞欽察福建道宣慰使也先帖木兒並爲中書參知政事中書右丞行御史中丞塔思不花爲御史大夫平章政事床兀兒爲知樞密院事特授乞台普濟中書平章政事延慶使抄兒赤中書右丞同知和林等處宣慰司事塔海中書右丞阿里中書左丞脫脫御史大夫以大都迤北六十二驛戶罷乏給鈔賙之是月封皇太子乳母李氏爲壽國夫人其夫燕家奴爲壽國公以中書平章政事合散爲遼陽行省平章政事建州大雨雹真定河間順德保定等郡蝗六月癸巳朔詔立母弟愛育黎拔力八達爲皇太子受金寶陞武備寺爲武備院秩從二品甲午建行宮于旺兀察都之地立宮闕爲中都丁酉

中書右丞相哈剌哈孫答剌罕左丞相塔剌海言臣等與翰林集賢太常老臣集議皇帝嗣登寶位詔追尊皇考爲皇帝皇考大行皇帝同母兄也大行皇帝祔廟之禮尚未舉行二帝神主依兄弟次序祔廟爲宜今擬請謚皇考昭聖衍孝皇帝廟號順宗大行皇帝曰欽明廣孝皇帝廟號成宗太祖之室居中睿宗西第一室世祖西第二室裕宗西第三室順宗東第一室成宗東第二室先元妃弘吉剌氏失憐答里宜謚曰貞慈靜懿皇后祔成宗廟室制曰可又言前奉旨命臣等議諸王朝會賜與臣等議憲宗世祖登寶位時賞賜有數成宗即位承世祖府庫充富比先例賜金五十兩者增至二百五十兩銀五十兩者增至百五十兩有旨其遵成宗所賜之數賜之戊戌哈剌哈孫答剌罕言比者諸王駙馬會于和林已蒙賜與者今不宜再賜帝曰和林之會國事方殷已賜者其再賜之己亥御史大夫脫脫翰林學士承旨三寶奴言舊制皇太子官屬省臺參用請以羅羅斯宣慰使斡羅思任之中書詔以爲中書右丞班朝諸司聽皇太子各置一人以拱衛直都指揮使馬謀沙角觝屢勝遙授平章政事壬寅塔

剌海加太保錄軍國重事太子太師癸卯置詹事院甲辰樞密院請以軍二千
五百人繕治上都鷹坊及諸官廨有旨自今非奉旨軍勿輒役以平章政事行
和林等處宣慰使都元帥憨剌合兒通政使武備卿鐵木兒不花並知樞密院
事乙巳以金二千七百五十兩銀十二萬九千二百兩鈔萬錠幣帛二萬二千
二百八十匹奉興聖宮賜皇太子亦如之中書省臣言中書宰臣十四員御史
大夫四員前制所無詔與翰林集賢諸老臣議擬以聞丙午太陰犯南斗杓星
徽政使佡頭等言拜布哈以私錢建寺爲國祝釐其父爲諸王斡忽所害請賜
以斡忽所得歲賜命以五年與之爲銀四千一百餘兩絲三萬一千二百九十
斤織幣金百兩絹七百一十疋戊申特授尚乘卿布呼齊綽和爾並平章政事
大同屯儲軍民總管府達嚕噶齊怯里木丁中書右丞辛亥以中書平章政事
托克托爲江西行省平章政事壬子封皇妹祥哥剌吉爲魯國大長公主駙馬
堈阿不剌爲魯王特穆爾布哈哈喇格爾等言舊制樞密院銓調軍官公議以
聞比者近侍自擇名分從內降旨恐壞世祖定制且誤國事在成宗時嘗有旨

輒奏樞密事者許本院再陳臣等以爲自今用人宜一遵世祖成憲帝曰其遵前制餘人勿輒有請又言軍官與民官不同父子兄弟許其相襲此世祖定制比者近侍輒有以萬戶千戶之職請於上者內降聖旨臣等未敢奉行帝曰其依例行之甲寅敕內郡江南高麗四川雲南諸寺僧誦藏經爲三宮祈福乙卯遣伊克扎爾古齊瑪喇勒赴北軍以印給之丙辰御史大夫塔斯布哈言殿中司所職中書而下奏事必使隨之以入不在奏事之列者聽其引退班朝百官朝會失儀者得糾劾病故者必以告請如舊制又言舊制內外風憲官有所彈劾諸人勿預而近有受贓爲監察御史所劾者獄具貪緣奏請託言事入覲以避其罪臣等以爲今後有罪者勿聽至京待其對辯事竟果有所言方許奏陳皆從之塔思不花又言皇太子有旨有司贓罪不須刑部定議受敕者從廉訪司處決省臺遣人檢覈廉訪司文案則私意沮格非便平章阿沙不花因言此省臺同議之事臺臣不宜獨奏帝曰此御史臺事阿沙不花勿妄言臺臣言是也如所奏行之塔思不花脫脫並遙授左丞相戊午進封高麗王王晅爲瀋陽

王加太子太傅駙馬都尉置皇太子家令司府正司延慶司典寶署典膳署己
未封寧遠王闊闊出爲寧王賜金印庚申遙授左丞相行御史大夫塔思不花
右丞相辛酉汴梁南陽歸德江西湖廣水保定屬縣蝗秋七月癸亥朔封諸王
禿剌爲越王諸王出伯言瓜州沙州屯田逋戶漸成丁者乞拘隸所部中書省
臣言瓜州雖諸王分地其民役於驛傳出伯言宜勿從陞章佩監爲章佩院秩
從二品賜阿剌納八剌鈔萬錠甲子命御史臺大夫鐵古迭兒知樞密院事塔
魯忽帶中書平章政事床兀兒以即位告謝南郊丙寅以禮店蒙古萬戶屬土
番宣慰司非便命仍舊隸脫思麻宣慰司防守陜州諸王駙馬入覲者非奉旨
不許給驛以中書參知政事趙仁榮爲太子詹事以阿保功授明里大司徒封
其妻梅仙爲順國夫人賜床兀兒軍士鈔六萬錠幣帛二萬匹遣肥兒牙兒迷
的里及鐵肐膽諸西域取佛鉢舍利肥兒牙兒迷的里遙授宣政使鐵肐膽遙
授平章政事以並命太傅右丞相哈剌哈孫答剌罕太保左丞相塔剌海綜理
中書庶務詔諭中外己巳太陰犯亢置宮師府設太子太師少師太傅少傅太

保少保賓客左右諭德贊善庶子洗馬率更令丞司經令丞中允文學通事舍人校書正字等官壬申命御史大夫鐵古迭兒中書平章政事床兀兒樞密副使孛蘭奚以即位祇謝太廟以安西平江吉州三路爲皇太子分地越州路爲越王禿剌分地賜諸王八不沙鈔萬錠癸酉罷和林宣慰司置行中書省及青海等處宣慰司都元帥府和林總管府以太師月赤察兒爲和林行省右丞相中書右丞相哈剌哈孫答剌罕爲和林行省左丞相依前太傅錄軍國重事江浙水民饑詔賑糧三月酒醋門攤課程悉免一年乙亥以永平路爲皇妹魯國長公主分地租賦及土產悉賜之賜越王禿剌鈔萬錠諸王兀都思不花所部三萬五千二百二十錠丙子以江浙行省平章政事塔失海牙知樞密院事床兀兒並爲中書平章政事丁丑封諸王八不沙爲齊王朵列納爲濟王迭里哥兒不花爲北寧王太師月赤察兒爲淇陽王加平章政事脫虎脫太尉以中書左丞相塔剌海爲中書右丞相監修國史御史大夫塔思不花爲中書左丞相江浙行省平章政事教化河南江北行省平章政事法忽魯丁並爲中書平章

政事平章政事鐵木迭兒爲江西行省平章政事戊寅以儀鳳司大使火失海牙鐵木兒不花教坊司達魯花赤沙的並遙授平章政事爲玉宸樂院使己卯以集賢院使別不花爲中書平章政事七月庚辰以御史中丞只兒合郎爲御史大夫辛巳加封至聖文宣王爲大成至聖文宣王右丞相塔剌海左丞相塔思不花言中書庶務同僚一二近侍往往不俟公議即以上聞非便今後事無大小請共議而後奏帝曰卿等言是自今庶政非公議者勿奏置行工部於旺元察都以遙授左丞相同知樞密院事也兒吉尼知樞密院事御史中丞王壽江浙行省左丞郝天挺並爲中書左丞壬午熒惑犯南斗命御史大夫鐵古迭兒知樞密院事塔魯忽帶中書平章政事牀兀兒以即位告社稷癸未陞利用監爲利用院秩從二品甲申遣贍思丁使西域遙授福建道宣慰使乙酉賜壽寧公主鈔萬錠丙戌以內郡歲歉令諸王衞士還大都者揀汰以入從和林省臣請乞如甘肅省例給鈔二千錠歲收子錢以佐供給仍以網罟賜貧民御史大夫月兒魯言舊制中書省樞密院御史臺宣政院許得自選其人他司悉從

中書銓擇近臣不得輒奏如此則紀綱不紊帝嘉納之以同知宣徽院事孛羅答失爲中書左丞中書參知政事欽察爲四川行省左丞浙江湖廣江西屬郡饑詔行省發粟賑之丁亥使完澤偕乞兒乞帶亦難往徵乞兒吉思部秃魯花驟馬鷹鶻山東河北蒙古軍告饑遣官賑之賜晉王部貧民鈔五萬錠己丑塔剌海塔思不花言前乃顏叛其繫虜之人奉世祖旨俱隸版籍比者近臣請以歸之諸王脫脫彼卽遣人拘括臣等以爲此事具有先制今已歸脫脫所部宜令遼陽省臣薛闍干等往諭之已拘之人悉還其主從之安西等郡旱饑以糧二萬八千石賑之庚寅置延福司秩正三品辛卯詔唐兀秃魯花戶籍已定其入諸王駙馬各部避役之人及冒匿者皆有罪發卒二千人爲晉王也孫鐵木兒治邸舍是月江浙湖廣江西河南兩淮屬郡饑於鹽茶課鈔內折粟遣官賑之詔富家能以私粟賑貸者量授以官保定河間晉寧等郡水德州蝗八月甲午中書省臣言內降旨與官者八百八十餘人已除三百未議者猶五百餘請自今越奏者勿與帝曰卿等言是自今不由中書奏者勿與官又言外任官帶

相銜非制也請勿與制可又言以朝會應賜者爲鈔總三百五十萬錠已給者百七十萬未給猶百八十萬兩都所儲已虛自今特奏乞賞者宜暫停有旨自今凡以賞爲請者勿奏御史臺臣言中書省樞密院御史臺宣政院得自選官具有成憲今監察御史廉訪司官非本臺公選而從諸臣所請自內降旨非祖宗成法帝曰凡若此者卿等其勿行浙東浙西湖北江東郡縣饑遣官賑之賜山後驛戶鈔每驛五百錠置掌儀署秩五品設令丞各一員乙未賜諸王按灰阿魯灰北寧王迭里哥兒不花金三百五十兩銀三千七百兩以治書侍御史烏伯都剌爲中書參知政事戊戌御史大夫脫脫封秦國公辛丑徙北之民新附者置傳輸粟以賑之癸卯改也里合牙營田司爲屯田運糧萬戶府甲辰以納蘭不剌所儲糧萬石賑其旁近饑民丙午建佛閣於五臺寺江南饑以十道廉訪司所儲贓罰鈔賑之己酉從皇太子請陞詹事院從一品置參議斷事官如樞密院辛亥中書右丞孛羅鐵木兒以國字譯孝經進詔曰此乃孔子之微言自王公達於庶民皆當由是而行其命中書省刻板模印諸王而下皆賜之

癸丑唐元禿魯花軍乏食發粟賑之丙辰陞闌遺監秩三品丁巳以中書左丞王壽爲御史中丞戊午中書平章政事乞台普濟床兀兒別不花並加太尉中書右丞塔海加太尉平章政事以中書左丞孛羅鐵木兒爲中書右丞東昌汴梁唐州延安潭沅歸澧與國諸郡饑發粟賑之冀寧路地震河間真定等郡蝗隆平文水平遙祁霍邑靖海容城束鹿等縣水九月甲子車駕至自上都乙丑請謚皇考皇帝大行皇帝于南郊命中書右丞相塔剌海攝太尉行事庚午陞御史臺從一品辛未加塔剌海塔思不花並太尉壬申命塔剌海奉玉冊玉寶上皇考及大行皇帝尊謚廟號又上先元妃弘吉烈氏尊謚祔于成宗廟室陞尚舍監秩正三品癸酉太白犯右執法甲戌改太常寺爲太常禮儀院秩正二品陞侍儀司秩正三品丙子置皇太子位典牧監秩正三品中書省臣言內外選法向者有旨一遵世祖成制兩宮近侍還敘爲上所命比有應入常調者夤緣驟遷其已仕廢黜及未嘗入仕者亦復請自內降旨臣等奏請禁止蒙賜允從是後所降內旨復有百餘臣等已嘗銓擇奉行第中書政務他人又得輒請

責以整飭其效寔難自今銓選錢穀請如前制非由中書議者毋得越奏制從之又言比怯來木丁獻寶貨敕以鹽萬引與之仍許市引九萬臣等竊謂所市寶貨旣估其直止宜給鈔若以引給之徒壞鹽法帝曰此朕自言非臣下所請其給之餘勿視爲例江浙饑中書省臣言請令本省官租於九月先輸三分之一以備賑給又兩淮漕河淤澀官議疏濬鹽一引帶收鈔二貫爲傭費計鈔二萬八千錠今河流已通宜移以賑饑民杭州一郡歲以酒糜米麥二十八萬石禁之便河南益都諸郡亦宜禁之制可塔剌海言比蒙聖恩賜臣江南田百頃今諸王公主駙馬賜田還官臣等請還所賜從之仍諭諸人賜田悉令還官命張留孫知集賢院事領諸路道教事丁丑中書省臣言比議省臣員數奉旨依舊制定爲十二員右丞相塔剌海左丞相塔思不花平章床兀兒乞台普濟如故餘令臣等議臣等請以阿沙不花塔失海牙爲平章政事孛羅答失劉正爲右丞郝天挺也先鐵木兒爲左丞于璋兀伯都剌爲參知政事其班朝諸司冗員並宜揀汰從之己卯太白犯左執法壬午改尙乘寺爲衛尉院秩從二品甲

申詔立尚書省分理財用命塔剌海塔思不花仍領中書以脱虎脱教化法魯忽丁任尚書省仍俾其自舉官屬命鑄尚書省印敕弛江浙諸郡山澤之禁丙戌陞掌謁司秩三品皇太子建佛寺請買民地益之給鈔萬七百錠有奇戊子陞延慶司秩從二品己丑遣使錄囚晉王也孫鐵木兒以詔賜鈔萬錠止給八千爲言中書省臣言帑藏空竭常賦歲鈔四百萬錠各省備用之外入京師者二百八十萬錠常年所支止二百七十餘萬錠自陛下卽位以來已支四百二十萬錠又應求而未支者一百萬錠臣等慮財用不給敢以上聞帝曰卿之言然自今賜予宜暫停諸人毋得奏請可給晉王鈔千錠餘移陝西省給之以中書平章政事別不花爲江浙行省平章政事辛卯御史臺臣言至元中阿合馬綜理財用立尚書省三載併入中書其後桑哥用事復立尚書省事敗又併入中書粤自大德五年以來四方地震水災歲仍不登百姓重困便民之政正在今日頃又聞爲總理財用立尚書省如是則必增置所司濫設官吏殆非益民之事也且綜理財用在人爲之若止命中書整飭未見不可臣等隱而不言懼

將獲罪帝曰卿言良是此三臣願任其事姑聽其行焉是月襄陽霖雨民饑敕河南省發粟賑之十月乙未陞典寶署爲典寶監秩正三品庚子中書省奏初置中書省時太保劉秉忠度其地宜裕宗爲中書令嘗至省署勑其後桑哥還立尚書省不四載而罷今復還中書於舊省乞涓吉徙中書令位仍請皇太子一至中書制可壬寅陞典瑞監爲典瑞院秩從二品封知樞密院事牀兀兒爲容國公癸卯以舊制諸王駙馬事務皆內侍宰臣所領命中書右丞孛羅鐵木兒領之乙巳太白犯亢敕方士日者毋游諸王駙馬之門丙午詔整飭臺綱布告中外封御史大夫鐵古迭兒爲鄆國公以中衛親軍都指揮使買奴知樞密院事壬子從中書省臣言凡事不由中書輒遣使幷移文者禁止之甲寅太陰犯明堂陞集賢院秩從一品將作院秩從二品丙辰以行省平章總督軍馬得佩虎符其左丞等所佩悉追納中書省奏常歲海漕糧百四十五萬石今江浙歲儉不能如數請仍舊例湖廣江西各輸五十萬石並由海道達京師從之已未塔思不花上疏言政事且辭太尉職還所降制書及印是月杭州平江水民

饑發粟賑之十一月癸亥封諸王牙忽都爲楚王賜金印置王傅建佛寺於五臺山乙丑中書省臣言宿衞廩給及馬駝芻料父子兄弟世相襲者給之不當給者請令孛可孫汰之今會是年十月終馬駝九萬三千餘至來春二月關芻六百萬束料十五萬石比又增馬五萬餘匹此國重務臣等敢以上聞有旨不當給者勿給丙寅帝朝隆福宮上皇太后玉冊玉寶丁卯太白犯房闊兒伯牙里言更用銀鈔銅錢便命中書與樞密院御史臺集賢翰林諸老臣集議以聞己巳中書省臣阿沙不花孛羅鐵木兒言臣等與闊兒伯牙里面論折銀鈔銅錢非便有旨卿等以爲不便勿行可也詔中書省官十二員脫虎脫仍領宣政院教化留京師其餘各任以職庚午盧龍灤河遷安昌黎撫寧等縣水民饑給鈔千錠以賑之辛未以塔剌海領中政院事乙亥中書省臣言大都路供億浩繁槩於屬郡取之其軍站鷹坊控鶴等戶恃其雜徭無與冒占編氓請降璽書依祖宗舊制悉令均當或輒奏請者亦宜禁止制可皇太子言近蒙恩以安西吉州平江爲分地租稅悉以賜臣臣恐宗親昆弟援例自五戶絲外餘請輸之

內帑其陝西運司歲辦鹽十萬引向給安西王以此錢斟酌與臣惟陛下裁之中書計會三路租稅及鹽課所入鈔四十萬錠有旨皇太子所思甚善歲以十萬錠給之不足則再賜樂工毆人刑部捕之玉宸樂院長謂玉宸與刑部秩皆三品官皆榮祿大夫留不遣中書以聞帝曰凡諸司視其資級授之散官不可超越其閑冗職名官高者遵舊制降之建康路屬州縣饑詔免今年酒醋課丙子太陰犯東斗丁丑中書省臣言前爲江南大水以茶鹽課折收米賑饑民今商人輸米中鹽以致米價騰湧百姓雖獲小利終爲無益臣等議茶鹽之課當如舊從之戊寅授皇太子玉冊己卯以皇太子受冊禮成帝御大明殿受諸王百官朝賀庚辰中書省臣言皇太子謂臣等曰吾之分地安西平江吉州三路遵舊制自達魯花赤之外悉從常選其常選宜速擇才能有旨其擇人任之乙酉太陰犯亢詔皇太后軍民人匠等戶租賦傜役有司勿與並隸徽政院陛太僕院秩從二品丁亥杭州平江等處大饑發糧五十萬一千二百石賑之庚寅賜太師月赤察兒江南田四十頃時賜田悉奪還官中書省爲言有旨月赤察

兒自世祖時積有勳勞非餘人比宜以前後所賜合百頃與之仍敕行省平章別不花領其歲入辛卯辰星犯歲星從皇太子請御史臺檢覈詹事院文案十二月壬辰朔中書省臣言舊制金虎符及金銀符典瑞院掌之給則由中書事已則復歸典瑞院今出入多不由中書下至商人結託近侍奏請以致泛濫出而無歸臣等請覈之自後除官及奉使應給者非由中書省勿給從之又言今國用甚多帑藏已乏用及鈔母非宜鹽引向從運司與民爲市今權時制宜從戶部鬻鹽引八十萬便有旨今歲姑從所請後勿復行又言太府院爲內藏世祖成宗朝遇重賜則取給中書今所賜有踰千錠至萬錠者皆取之太府比者太府取五萬錠已支二萬矣今復以乏告請自後內府所用數多者仍取之中書帝曰此朕特旨後當從所奏乙未赤塔塔兒等擾檀州民強取米粟六百餘石詔官訊之辛丑幸大聖壽萬安寺授吏部尚書察乃平章政事領工部事癸卯以漢軍萬人屯田和林命留守司以來歲正月十五日起燈山於大明殿後延春閣前庚戌陞行泉府司爲泉府院秩正二品以蒙古萬戶禿監鐵木兒有

平內難功加鎮國上將軍陞皇太子典醫署爲典醫監秩正三品山東河南江浙饑禁民釀酒丁巳以中書省言國用浩穰民貧歲歉詔宣政院併省佛事大都上都二驛設敕授官二員餘驛一員敕諸王公主駙馬使臣給璽書驛券不許輒用圓符乘驛中書省臣言驛戸疲乏宜量事給驛今經費浩大其收售寶貨權宜停罷又陛下卽位詔書不許越職奏事比者近侍奏除官丐賞者皆自內降旨請今不經中書省勿行又刑法者譬之權衡不可偏重世祖已有定制自元貞以來以作佛事之故放釋有罪失於太寬故有司無所遵守今請凡內外犯法之人悉歸有司依法裁決又各處民饑除行宮外工役請悉停罷皆從之又言律令者治國之急務當以時損益世祖嘗有旨金泰和律勿用令老臣通法律者參酌古今從新定制至今尚未行臣等謂律令重事未可輕議請自世祖卽位以來所行條格校讎歸一遵而行之制可庚申詔曰仰惟祖宗應天撫運肇啓疆宇華夏一統罔不率從逮朕嗣服丕圖纘膺景命遵承詒訓恪慕洪規祗揚畏競未知攸濟永思創業艱難之始煢然軫念而守成萬事之統在

予一人故自卽位以來溥從寬大量能授官俾勤乃職夙夜以永康兆民爲急
務間者歲比不登流民未還官吏並緣侵漁上下因循和氣乖戾是以責任股
肱耳目大臣思所以盡瘁贊襄嘉猷朝夕入告朕命惟允庶事克諧樂與率土
之民共享治安之化邇寧遠肅顧不韙歟可改大德十二年爲至大元年誕布
惟新之令式孚永固之休存恤征戍蒙古漢軍拯治站赤消乏弛山場河泊蘆
蕩禁囿獵飛放毋得騷擾百姓招誘流移人戶禁投屬怯薛歹鷹房避役濫請
錢糧勸農桑與學校議貢舉旌賞孝弟力田懲戒游惰政令得失許諸人上書
陳言僧道也里可溫答失蠻並依舊制納稅凡選法錢糧刑名造作一切公事
近侍人員毋得隔越聞奏敕內庭作佛事毋釋重囚以輕囚釋之
至大元年春正月辛酉朔曲赦御史臺見繫犯贓官吏罪止徵贓罷職癸亥敕
樞密院發六衞軍萬八千五百人供旺兀察都建宮工役甲子授中書平章政
事阿沙不花右丞相行御史大夫丙寅從江浙行省請罷行都水監以其事隸
有司立皇太子位典幄署承和署秩並正五品丁卯以中書右丞也罕的斤爲

平章政事議陝西省事己巳紹與台州慶元廣德建康鎭江六路饑死者甚衆饑戶四十六萬有奇戶月給米六斗以沒入朱清張瑄物貨隸徽政院者鬻鈔三十萬錠賑之特授乳母夫壽國公楊燕家奴開府儀同三司己巳緬國進馴象六辛未樞密院臣言先奉旨以中衞親軍隸皇太子位皇太子謂臣等曰世祖立五衞以應五方去一不可宜各翼選漢軍萬人別立一衞帝以爲然敕知院事鐵木兒不花等摘漢軍萬人別立衞甲戌中書省臣言進海東青鶻者當乘驛馬五百不敷敕遣怯列應童括民間車馬兵部請以各驛馬陸續而進勿括爲便從之改徽政院人匠總管府爲繕珍司秩正三品己卯陞中尙監爲中尙院秩從二品豳王出伯進玉六百一十五斤賜金千五百兩銀二萬兩鈔萬錠從人四萬錠寬闍也先孛可等金二千三百兩銀一萬七百兩鈔三萬九千一百錠甲申勅床兀兒除登極恩例外特賜金五百兩銀千兩鈔二千錠戊子皇太子請以阿沙不花復入中書脫脫復入御史臺己酉中書省臣言阿失鐵木兒請遣教化的詣河西地采玉馱攻玉沙需馬四十餘匹采玉人千餘臣等

以爲不急之務勞民乞罷之又言近百姓艱食盜賊充斥苟不嚴治將至滋蔓宜遣使巡行遇有罪囚卽行決遣與隨處官吏共議弭盜方略明立賞罰或匿盜不聞或期會不至或踰期不獲者官吏連坐又言江浙行省海賊出沒殺虜軍民其已獲者例合結案待報宜從中書省也可扎魯忽赤遣官同行省行臺宣慰司廉訪司審錄無冤棄之於市其未獲者督責追捕自首者原罪給粟能禽其黨者加賞有旨弭盜安民事爲至重宜卽議行之封諸王也先鐵木兒爲營王以乳母夫斡耳朵爲司徒二月癸巳立鷹坊爲仁虞院秩正一品以右丞相脫脫遙授左丞相禿剌鐵木兒也可扎魯忽赤月里赤並爲仁虞院使汝寧歸德二路旱蝗民饑給鈔萬錠賑之甲午增泉府院副使同僉各一員益都濟寧般陽濟南東平泰安大饑遣山東宣慰使王佐同廉訪司覈實賑濟爲鈔十萬二千二百三十七錠有奇糧萬九千三百四十八石乙未中書省臣言陛下登極以來錫賞諸王恤軍力賑百姓及殊恩泛賜帑藏空竭豫賣鹽引今和林甘肅大同隆興兩都軍糧諸所營繕及一切供億合用鈔八百二十餘萬錠往

者或遇匱急奏支鈔本臣等固知鈔法非輕曷敢輒動然計無所出今乞權支鈔本七百一十餘萬錠以周急用不急之費姑後之帝曰卿等言是汎賜者不以何人毋得蒙蔽奏請陞尚舍監爲尚舍寺秩正三品丙申立甄用監秩正三品隸徽政院淮安等處饑從河南行省言以兩浙鹽引十萬貿粟賑之戊戌以上都衛軍三千人赴旺兀察都行宮工役壬寅中書省臣言貴赤擾害檀州民敕遣人往訊其辭伏者宜加罪有旨勿問臣等以爲非宜已辭伏者先爲決遣帝曰俟其獵畢治之從皇太子請改詹事院使爲詹事副詹事爲少詹事院判爲丞立尚服院秩從二品中書省臣言陝西行省言開成路前者地震民力重困已免賦二年請再免今年從之甲辰賜國王和童金二百五十兩銀七百五十兩立皇太子衛率府發軍千五百人修五臺山佛寺命有司市邸舍一區以賜丞相赤因鐵木兒爲鈔萬九千四百錠丁未用丞相佪頭言設尚冠尚衣尚鑾尚沐尚輦尚飾六奉御秩五品凡四十八員隸尚服院甲寅和林貧民北來者衆以鈔十萬錠濟之仍於大同隆興等處糴糧以賑就令屯田諸內侍太醫

陰陽樂人毋援常選散官以網罟給和林饑民戊午遣不達達思等送瓜哇使
還己未以皇太子建佛寺立營繕署秩五品三月庚申朔中書省臣言鄃王拙
忽難人戶散失詔有司括索臣等議昔阿只吉括索所失人戶成宗慮其爲例
不許今若括索未免擾民且諸王必多援例乞寢其事從之又莊聖皇后及諸
王忽禿禿人戶散入他郡阿都赤脫歡降璽書俾括索陝西行省及真定等路
言百姓均在國家版籍今所遣使輒奪軍驛編民等戶非宜中書省臣以聞帝
曰彼奏誤也卿等速追以還賜鎮南王老章金五百兩銀五千兩鈔二千錠幣
帛八百匹也先不花牙兒昔金各二百五十兩銀七百五十兩鈔二千錠乙丑
太陰犯井以北來貧民八十六萬八千戶仰食於官非久計給鈔百五十萬錠
幣帛準鈔五十萬錠命太師月赤察兒太傅哈剌哈孫分給之罷其廩給賜諸
王八亦忽金百五十兩銀七百五十兩丁卯建興聖宮給鈔五萬錠絲二萬斤
遣使祀五嶽四瀆名山大川賜諸王八不沙金五百兩銀五千兩復立白雲宗
攝所秩從一品設官三員戊寅車駕幸上都建佛寺於大都城南立虁用資武

二庫秩正五品隸府正司陞太史院秩從二品司天臺秩正四品封中書右丞相行平章政事阿沙不花爲康國公以甘肅行省右丞脫脫木兒爲中書平章政事加大司徒賜晉王所部五百四十七人鈔五萬二千九百六十錠定王藥木忽兒金千五百兩銀三萬兩鈔萬錠衞士五十三人鈔萬六百錠乙卯命翰林國史院纂脩順宗成宗實錄壬午嗣漢天師張與材來朝加金紫光祿大夫封留國公夏四月戊戌中書省臣言請依元降詔敕勿超越授官泛濫賜賚帝曰卿等言是朕累有旨止之又復蒙蔽以請自今縱有旨卿等其覆奏罪之詔以永平路鹽課賜祥哥剌吉公主中書省臣執不可從之賜諸王木南子金五十兩銀千兩鈔千錠賜皇太子位鷹坊鈔二十萬錠戊戌封三寶奴爲渤國公香山爲賓國公加鐵木迭兒右丞相都護買住中書右丞立皇太子位人匠總管府秩正三品癸卯加授平章政事教化太子太保太尉平章軍國重事魏國公甲辰陞典瑞監爲典瑞院秩從二品知樞密院事也兒吉尼遙授右丞相辛亥樞密院臣言諸王各用其印符乘驛使臣旁午驛戶困乏宜準舊制量其馬

數降以璽書奏可乙卯遣米楫等使蘇魯國丙辰高麗國王王晅言陛下令臣還國復設官行征東行省事高麗歲數不登百姓乏食又數百人仰食其土則民不勝其困且非世祖舊制帝曰先請立者以卿言今請罷亦以卿言其準世祖舊制速遣使往罷之五月丙寅降英德路爲州知樞密院事塔魯忽台遙授左丞相丁卯御史臺臣言成宗朝建國子監學迄今未成皇太子請畢其功制可己巳管城縣大雨雹緬國進馴象六乙亥知樞密院事憨剌合兒遙授左丞相丙子以諸王及西番僧從駕上都途中擾民禁之禁白蓮社毀其祠宇以其人還隸民籍御史臺臣言比奉旨罷不急之役今復爲各官營私宅臣等以爲侯旺兀察都行宮及大都五臺寺畢工然後從事爲宜有旨除佩頭三寶奴所居餘悉罷之授右丞相塔思不花上柱國監修國史加左丞相乞台普濟太子太傅辛巳中書省臣言舊制樞密院御史臺宣政院得自選官諸官府必由中書省奏聞遷調宜申嚴告諭制可癸未濟南般陽雨雹甲申立大同侍衛親軍都指揮使司以丞相赤因鐵木兒爲使摘通惠河漕卒九百餘人隸之漕事如

故渭源縣旱饑給糧一月真定大名廣平有蟲食桑寧夏府水晉寧等處蝗東平東昌益都蝝六月己丑渤國公三寶奴加錄軍國重事中書右丞相應國公太子詹事平章軍國重事大司農曲出加太子太保左丞相脫脫加上柱國太尉遙授參知政事行詹事丞大慈都加平章軍國重事甲午改太子位承和署爲典樂司秩正三品丁酉鞏昌府隴西寧遠縣地震雲南烏撒烏蒙三日之中地大震者六戊戌大都饑發官廩減價糶貧民戶出印帖委官監臨以防不均之弊中書省臣言江浙行省管內饑賑米五十三萬五千石鈔十五萬四千錠麪四萬斤又流民戶百三十三萬九百五十有奇賑米五十三萬六千石鈔十九萬七千錠鹽折直爲引五千令行省行臺遣官臨視內郡江淮大饑免今年常賦及夏稅益都水民饑采草根樹皮以食免今歲差徭仍以本路稅課及發朱汪利津兩倉粟賑之封欒木忽兒爲定王駙馬阿失爲昌王並賜金印以司徒平章政事領大司農李邦寧遙授左丞相辛丑以沒入朱清張瑄田產隸中宮立江浙財賦總管府提舉司己酉減太常禮儀院官二十七員爲八員河南

山東大饑有父食其子者以兩道沒入贓鈔賑之加乞台普濟錄軍國重事是月保定真定蝗秋七月庚申流星起自勾陳南行圓若車輪微有鋭經貫索滅敕以金銀歲入數少自今毋問何人以金銀爲請奏及托之奏者皆抵罪又各處行省宣慰司等官多以結托來京師今後非奉朝命毋赴闕雲南湖廣河南四川盜賊竊發諭軍民官用心撫治立廣武康里侍衛親軍都指揮使司以中書平章政事阿沙不花爲都指揮使壬戌皇子和世㻋請立總管府領提舉司四括河南歸德汝寧境內瀕河荒地約六萬餘頃歲收其租令河南省臣高興總其事中書省臣言瀕河之地出沒無常遇有退灘則爲之主先是有亦馬罕者妄稱省委括地蠶食其民以有主之田俱爲荒地所至騷動民高榮等六百人訴於都省追其驛券方議其罪遇赦獲免今乃獻其地于皇子且河南連歲水災人方闕食若從所請設立官府爲害不細帝曰安用多言其止勿行禁鷹坊於大同隆興等處縱獵擾民築呼鷹臺於漷州澤中發軍千五百人助其役旺兀察都行宮成立中都留守司兼開寧路都總管府丙寅復置泰安州之新

泰縣辛卯濟寧大水入城詔遣官以鈔五千錠賑之己巳真定淫雨水溢入自南門下及槀城溺死者百七十七人發米萬七百石賑之辛未立御香局秩正五品壬申太白犯左執法香山加太子太傅遣塔察兒等九人使諸王寬闍遣月魯等十二人使諸王脫脫癸酉詔諭安南國曰惟我國家以武功定天下文德懷遠人乃眷安南自乃祖乃父世修方貢朕甚嘉之邇者先皇帝晏駕朕方撫軍朔方爲宗室諸王貴戚元勳之所推戴以謂朕乃世祖嫡孫裕皇正派宗藩効順於外臣民屬望於下人心所共神器有歸朕俯徇輿情大德十一年五月二十一日卽皇帝位於上都今遣少中大夫禮部尚書阿里灰朝請大夫吏部侍郎李京朝列大夫兵部侍郎高復禮諭旨尚體同仁之視益堅事大之誠輯寧爾邦以稱朕意又以管祝思監爲禮部侍郎朶兒只爲兵部侍郎使緬國遣脫里不花等二十人使諸王合兒班答弛上都酒禁壬午置皇太子司議郎秩正五品封乃蠻帶爲壽王癸未樞密院臣言世祖時樞密臣六員成宗時增至十三員今署事者三十二員乞省之敕罷塔思帶等一十一人甲申太師淇

陽王月赤察兒請置王傅中書省臣謂異姓王無置傅例不許乙酉以豢虎人徹兒怯思爲監察御史是月以左丞相塔思不花爲中書右丞相太保乞台普濟爲中書左丞相內外大小事務並聽中書省區處諸王公主駙馬勢要人等毋得攙擾沮壞近侍臣員及內外諸衙門毋得隔越聞奏各處行省宣慰司及在外諸衙門等官非奉聖旨幷中書省明文毋得擅自離職乘驛赴京營幹私事江南江北水旱饑荒已嘗遣使賑恤者至大元年差發官稅並行除免八月戊子大寧雨雹丙申御史臺臣言奉勑逮監察御史撒都丁赴上都世祖成宗迄於陛下累有明旨監察御史乃朝廷耳目中外臣僚作姦犯科有不職者聽其糾劾治事之際諸人毋得與焉邇者鞫問刑部尚書烏剌沙贓罪蒙玉音獎諭諸御史皆被錫賚臺綱益振今撒都丁被逮同列皆懼所係非小乞寢是命申明臺憲之制諸人毋得與聞制可辛丑以中都行宮成賞官吏有勞者工部尚書黑馬而下並陞二等賜塔剌兒銀二百五十兩同知察乃通政使塔利赤同知留守蕭珍工部侍郎答失蠻金二百兩銀一千四百兩軍人金二百兩銀

八百兩死於木石及病沒者給鈔有差癸卯加中書右丞領將作院呂天麟大司徒戊申立中都萬億司寧夏立河渠司秩五品官二員參以二僧爲之特授⿰亻瓜頭太師賜諸王脫歡金二百兩銀二千五百兩鈔二千錠阿里不花金百兩銀千兩鈔千錠己酉大同隕霜殺禾甲寅李邦寧以建香殿成賜金五十兩銀四百五十兩乙卯中書省臣言外臺行省及諸人應詔言事亦敢一一上煩聖聽請集朝臣議擇其切於事者小則輒行大則以聞從之揚州淮安蝗九月丙辰以內郡歲不登諸都人馬之入都城者減十之五中書省臣言夏秋之間鞏昌地震歸德暴風雨泰安濟寧眞定大水廬舍蕩析人畜俱被其災江浙饑荒之餘疫癘大作死者相枕籍父賣其子夫鬻其妻哭聲震野有不忍聞臣等不才猥當大任雖欲竭盡心力而聞見淺狹思慮不廣以致政事多舛有乖陰陽之和百姓被其災殃願退位以避賢路帝曰災害事有由來非爾所致汝等但當慎其所行立怯憐口提舉司秩正五品設官四員高麗國王王昛卒命雪尼台鐵木察使薛迷思干部己未陞中政院秩從一品辛酉遣人使諸王察八兒

寬闍所壬戌太尉脫脫奏泉州大商合只鐵卽剌進異木沉檀可構宮室者敕江浙行省驛致之癸亥萬戶也列門合散來自薛迷思干等城進呈太祖時所造戶口青冊賜銀鈔幣帛有差丙寅蒲縣地震癸酉陞內史府爲內史院秩正二品乙亥車駕至自上都弛諸路酒禁戊寅泉州大商馬合馬丹的進珍異及寶帶西域馬庚辰以高麗國王王章嗣高麗王諸王禿滿進所藏太宗玉璽封禿滿爲陽翟王賜金印中書省臣言奉旨連歲不登從駕四衞一衞約四百人所給芻粟自如常例給各部者減半臣等議大都去歲飼馬九萬四千疋今請減爲五萬疋外路飼馬十一萬九千餘疋今請減爲六萬疋自十月十五日爲始又言薛迷思干塔剌思塔失玄等城三年民賦以輸縣官今因薛尼台鐵木察往彼宜令以二年之賦與寬闍給與元輸之人以一年者上進並從之癸未太陰犯熒惑立中都虎賁司特授承務郎直省舍人藏吉沙資善大夫行泉府院使冬十月庚寅爲太師伽頭建第給鈔二萬錠癸巳蒲縣陵縣地震甲午以阿沙不花知樞密院事丁酉以大都艱食復糶米十萬石減其價以賑之以其

鈔於江南和糴罷大都榷酤賜皇太子金千兩辛丑太白犯南斗癸卯中書省臣請以湖廣米十萬石貯於揚州江西江浙海漕三十萬石內分五萬石貯朱汪利津二倉以濟山東饑民從之敕凡持內降文記買河間鹽及以諸王駙馬之言至運司者一切禁之持內降文記不由中書者聽運司以聞禁奉符長清泗水章丘霑化利津無棣七縣民田獵甲辰從帝師請以釋教都總管朵兒只八兼領囊八地產錢物爲都總管府達魯花赤總其財賦以西番僧教瓦班爲翰林承旨左丞相知樞密院事鐵木兒不花加錄軍國重事中書右丞司徒禿忽魯河南江北行省右丞也速內史脫孛花並知樞密院事乙巳改護國仁王寺昭應規運總管府爲會福院秩從二品丙午立興聖宮掌醫監秩正三品十一月己未中書省臣言世祖時省院臺及諸司皆有定員後略有增者成宗已嘗有旨併省遡者諸司遞陞四品者三品三品者二品二品者一品一司甚至二三十員事不改舊而官日增請依大德十年已定員數冗濫者從各司自與減汰衙門既陞諸吏止從舊秩出官果應例者自如選格從之庚申太白晝見

以軍五千人供造寺工役增官吏俸以至元鈔依中統鈔數給之止其祿米歲該四十萬石吏員以九十月出身如舊制詔免紹興慶元台州建康廣德田租紹興被災尤甚今歲又旱凡佃戶止輸田主十分之四山場河濼商稅截日免之諸路小稔審被災者免之乙丑賜諸王南木忽里金印丁卯中書省臣言今銓選錢糧之法盡壞廩藏空虛中都建城大都建寺及爲諸貴人營私第軍民不得休息邇者用度愈廣每賜一人輒至萬錠惟陛下矜察又言銓選錢糧諸司乞毋干預帝曰已降制書令諸人毋干中書之政他日或有乘朕忽忘持內降文記及傳旨至中書省其執之以來朕將加罪以也兒吉兒爲御史大夫己巳以乞台普濟爲右丞相脫脫爲左丞相既又從脫脫言以塔思不花與乞台普濟俱爲右丞相中書省臣言國用不給請沙汰宣徽太府利用等院籍定應給人數其在上都行省者委官裁省又行泉院專以守寶貨爲任宜禁私獻寶貨者又天下屯田百二十餘所由所用者多非其人以致廢弛除四川甘州應昌府雲南爲地絕遠餘當選習農務者往與行省宣慰司親履其地可興者與

可廢者廢各具籍以聞並從之詔開寧路及宣德雲州工役供億浩繁其賦稅除前詔已免三年外更免一年辛巳罷益都諸處合剌赤等狩獵以銀七百五十兩鈔二千二百錠幣帛三百疋施昊天寺爲水陸大會癸未皇太后造寺五臺山摘軍六千五百人供其役閏十一月己丑以大都米貴發廩十萬石減其價以糶賑貧民北來饑民有鬻子者命有司爲贖之乙未賜故中書右丞相完澤妻金五百兩銀千五百兩丙申罷江南進沙糖止富民輸粟賑饑補官丁酉禁江西湖廣汴梁私捕鴛鵝己亥罷遼陽省進雕豹責赤衞受烏江縣達魯花赤獻私戶萬令隸縣官壬寅乞台普濟乞賜固安田二百餘頃從之乙巳中書省臣言回回商人持璽書佩虎符乘驛馬名求珍異既而以一豹上獻復邀回賜似此甚衆臣等議虎符國之信器驛馬使臣所需今以畀諸商人誠非所宜乞一概追之制可罷順德廣平鐵冶提舉司聽民自便有司稅之如舊丁未復立汴梁路之項城縣以杭州紹興建康等路歲比饑饉今年酒課免十分之三勑河西僧戶準先朝定制從軍輸稅一與民同甲寅答剌罕哈剌哈孫卒十一

月庚申封和郎撒爲𨻳王賜金印平江路民有隸謹的里部者依舊制差賦與民一體均當雲南畏吾兒一千人居荆襄雲南省臣言世祖有旨使歸雲南以佐征討中書省臣議發還爲是從之中都立開寧縣降隆興爲源州陞蔚州爲蔚昌府省河東宣慰司以大同路隸中都留守司冀寧晉寧二路隸中書省甲戌以平章政事商議中書省事太子賓客王太亨行太子詹事平章軍國重事太子少詹事大慈都爲太子詹事賜御史臺官及監察御史宴服

元史卷二十二

元史卷二十三

明翰林學士亞中大夫知制誥兼修國史宋　濂等修

本紀第二十三

武宗二

二年春正月己丑從皇太子請罷宮師府設賓客諭德贊善如故庚寅越王禿剌有罪賜死禁日者方士出入諸王公主近侍及諸官之門辛卯皇太子諸王百官上尊號曰統天繼聖欽文英武大章孝皇帝乙未恭謝太廟丙申詔天下弛山澤之禁恤流移毋令見戶包納差稅被災百姓內郡免差稅一年江淮免夏稅內外大小職官普覃散官一等有出身人考滿者加散官一等己亥封知樞密院事容國公床兀兒爲句容郡王乙巳塔思不花乞台普濟言諸人恃恩徑奏璽書不由中書直下翰林院給與者今覈其數自大德六年至至大元年所出凡六千三百餘道皆于田土戶口金銀鐵冶增餘課程進貢奇貨錢穀選法詞訟造作等事害及於民請盡追奪之今後有不由中書者乞勿與制可丙

午定制大成至聖文宣王春秋二丁釋奠用太牢戊申迭里帖木兒不花進鷹
犬命歲以幣帛千匹鈔千錠與之二月戊午鑄金印賜句容郡王床兀兒賑真
定路饑民糧萬石塔塔境六千石癸亥皇太子幸五臺佛寺罷行泉府院以市
舶歸之行省乙丑以和林屯田去秋收九萬餘石其宣慰司官吏部校軍士給
賞有差己巳太陰犯亢辛未太陰犯氐詷國王部及忽里合赤兀魯帶朵來等
軍九千五百人赴和林壬申令各衛董屯田官三年一易甲戌弛中都酒禁三
月己丑遼陽行省右丞洪重喜訴高麗國王王章不奉國法恣暴等事中書省
臣請令重喜與高麗王辯對敕中書毋令辯對令高麗王從太后之五臺山梁
王在雲南有風疾以諸王老的代梁王鎮雲南賜金二百五十兩銀七百五十
兩從者幣帛有差庚寅車駕幸上都摘五衛軍五十人隸中都虎賁司封諸王
也不干爲襄寧王辛卯罷杭州白雲宗攝所立湖廣頭陀禪錄司丙寅賜雲南
王老的金印戊戌太陰犯氐己亥熒惑犯歲星封公主阿剌的納八剌爲趙國
公主駙馬注安爲趙王甲辰中書省臣言國家歲賦有常頃以歲儉所入曾不

及半而去歲所支鈔至千萬錠糧三百萬石陛下嘗命汰其求芻粟者而宣徽院孛可孫竟不能行視去歲反多三十萬石請用知錢穀者二三員於宣徽院佐而理之又中書省斷事官大德十年四十三員今皇太子位增二員諸王闊闊出剌馬甘禿剌亦各增一員非舊制臣等以爲皇太子位所增宜存諸王者宜罷並從之陞掌醫署爲典醫監乙巳中書省臣言中書爲百司之首宜先汰冗員帝曰百司所汰卿等定議省臣去留朕自思之己酉濟陰定陶雹夏四月甲寅中書省臣言江浙杭州驛半歲之間使人過者千二百餘有桑兀寶合丁等進獅豹鴉鶻留二十有七日人畜食肉千三百餘斤請自今遠方以奇獸異寶來者依驛遞其商人因有所獻者令自備資力從之辛酉立興聖宮江淮財賦總管府詔諭中外癸亥摘漢軍五千給田十萬頃於直沽沿海口屯種又益以康里軍二千立鎮守海口屯儲親軍都指揮使司壬午詔中都創皇城角樓中書省臣言今農事正殷蝗蝝徧野百姓艱食乞依前旨罷其役帝曰皇城若無角樓何以壯觀先畢其功餘者緩之以建新寺鑄提調監造三品銀印益都

東平東滄濟寧河間順德廣平大名汴梁衛輝泰安高唐曹濮德揚滁高郵等
處蝗五月丁亥以通政院使憨剌合兒知樞密院事董建興聖宮令大都留守
養安等督其工丁酉以陰陽家言自今至聖誕節不宜興土功敕權停新寺工
役甲辰御史臺臣言乘輿北幸而京師工役正興加之歲旱乏食民愚易惑所
關甚重乞留一丞相鎮京師後爲例制可六月癸亥選官督捕蝗從皇太子言
禁諸賜田者馳驛徵租擾民庚午中書省臣言奉旨既停新寺工役其亭苑鷹
坊諸役乞幷罷又太醫院遣使取藥材於陝西四川雲南費公帑勞驛傳臣等
議事千錢糧隔越中書省徑行乞禁止並從之以益都濟南般陽三路寧海一
州屬宣慰司餘並令直隸省部以大都隸儒籍者四十戶充文廟樂工從皇太
子請改典樂司提點大使等官爲卿少卿丞甲戌以宿衛之士比多冗雜遵舊
制存蒙古色目之有閥閱者餘皆革去皇太子言宣政院先奉旨毆西番僧者
截其手詈之者斷其舌此法昔所未聞有乖國典且於僧無益僧俗相犯已有
明憲乞更其令又言宣政院文案不檢覈於憲章有礙遵舊制爲宜並從之乙

亥中書省臣言河南江浙省言宣政院奏免僧道也里可温答失蠻租稅臣等議田有租商有稅乃祖宗成法今宣政院一體奏免非制有旨依舊制徵之是月金城崞州源州雨雹延安之神木碾谷盤西神川等處大雨雹霸州檀州涿州良鄉舒城歷陽合肥六安江寧句容溧水上元等處蝗秋七月癸未河決歸德府境壬辰宣政院臣言武靖王搠思班與朵思麻宣慰司言松潘疊宕威茂州等處安撫司管內西番禿魯卜降胡漢民四種人雜處昨遣經歷蔡懋昭往蛇谷隴迷招之降其八部戶萬七千皆數百年負固頑獷之人酋長令真巴等八人已嘗廷見今令真巴謂其地鄰接四川未降者尚十餘萬宣撫司官皆他郡人不知蠻夷事宜纔至成都灌州畏懼卽返何以撫治宜改安撫司爲宣撫司遷治茂州徙松州軍千人鎮遏爲便臣等議宜從其言詔改松潘疊宕威茂州安撫司爲宣撫司遷治茂州汶川縣秩正三品以八兒思的斤爲宣撫司達魯花赤蔡懋昭爲副使並佩虎符乙未復置贛州龍南安遠二縣以河西二十驛往來使多馬數旣少民力耗竭命中書省樞密院通政院於諸部撥戶增馬

以濟之樂實言鈔法大壞請更鈔法圖新鈔式以進又與保八議立尚書省詔與乞台普濟塔思不花赤因鐵木兒脫虎脫集議以聞己亥河決汴梁之封丘甲辰改昔保赤八剌合孫總管府爲奉時院乙巳保八言臣與塔思不花乞台普濟等集議立尚書省事臣今竊自思之政事得失皆前日中書省臣所爲今欲舉正彼懼有累孰願行者臣今不言誠以大事爲懼陛下若矜憐保八樂實所議請立尚書省舊事從中書新政從尚書省請以乞台普濟脫虎脫爲丞相三寶奴樂實爲平章保八爲右丞王羆參知政事姓江者畫鈔式以爲印鈔庫大使並從之塔思不花言此大事遽爾更張乞與老臣更議帝不從是月濟南濟寧般陽曹濮德高唐河中解絳耀同華等州蝗八月壬子中書省臣言甘肅省僻在邊垂城中蓄金穀以給諸王軍馬世祖成宗嘗修其城池近撒的迷失擅與兵甲掠豳王出伯輜重民大驚擾今撒的迷失已伏誅其城若不修慮啓寇心又沙瓜州摘軍屯田歲入糧二萬五千石撒的迷失叛不令其軍入屯遂廢今乞仍舊遣軍屯種選知屯田地利色目漢人各一員領之皆從之癸酉

立尚書省以乞台普濟爲太傅右丞相脫虎脫爲左丞相三寶奴樂實爲平章政事保八爲右丞忙哥鐵木兒爲左丞王羆爲參知政事中書左丞劉楫授尚書左丞商議尚書省事詔告天下甲寅敕以海剌孫昔與伯顏阿朮平江南知兵事可授平章政事商議樞密院事以阿速衞軍五百人隸諸王怯里不花駐和林給鈔萬五千錠人備四馬己未立皇太子右衞率府秩正三品命尚書右丞相脫虎脫御史大夫不里牙敦並領右衞率府事尚書省臣言中書省尚有逋欠錢糧應追理者宜存斷事官十人餘皆併入尚書省又言往者大辟獄具尚書省議定令中書省裁酌以聞宜依舊制從之以江西等處行中書省參知政事郝彬爲尚書省參知政事甲戌賜太師佤頭名脫兒赤顏丁丑永平路隕霜殺禾己卯三寶奴言尚書省立更新庶政變易鈔法用官六十四員其中宿衞之士有之品秩未至者有之未歷仕者有之此皆素習於事既已任之乞勿拘例授以宣敕制可詔天下敢有沮撓尚書省事者罪之真定保定河間順德廣平彰德大名衞輝懷孟汴梁等處蝗九月庚辰朔以尚書省條畫詔天下改

各行中書省爲行尚書省詔朝廷得失軍民利害臣民有上言者皆得實封上
聞在外者赴所屬轉達各處人民饑荒轉徙復業者一切逋欠並行蠲免仍除
差稅三年田野死亡遺骸暴露官爲收拾頒行至大銀鈔詔曰昔我世祖皇帝
既登大寶始造中統交鈔以便民用歲久法隳亦既更張印造至元寶鈔逮今
又復二十三年物重鈔輕不能無弊迺循舊典改造至大銀鈔頒行天下至大
銀鈔一兩準至元鈔五貫白銀一兩赤金一錢隨路立平準行用庫買賣金銀
倒換昏鈔或民間絲綿布帛赴庫回易依驗時估給價隨處路府州縣設立常
平倉以權物價豐年收糴粟麥米穀值青黃不接之時比附時估減價出糶以
遏沸湧金銀私相買賣及海船興販金銀銅錢綿絲布帛下海者並禁之平準
行用庫常平倉設官皆於流官內銓注以二年爲滿中統交鈔詔書到日限一
百日盡數赴庫倒換茶鹽酒醋商稅諸色課程如收至大銀鈔以一當五頒行
至大銀鈔二兩至一釐定爲一十三等以便民用壬午江南行臺劾平章政事
教化詐言家貧冒受賜貨物折鈔二萬錠且其人素行無一善可稱魏國公尊

爵也豈宜授之請追奪爲宜制可癸未尚書省臣言古者設官分職各有攸司方今地大民衆事益繁冗若使省臣總挈綱領庶官各盡厥職其事豈有不治頃歲省務壅塞朝夕惟署押文案事皆廢弛天裁民困職此之由自今以始省部一切皆令從宜處置大事或須上請得旨卽行用成至治上順天道下安民心又言國家地廣民衆古所未有累朝格例前後不一執法之吏輕重任意請自太祖以來所行政令九千餘條删除繁冗使歸於一編爲定制並從之以大都城南建佛寺立行工部領行工部事三人行工部尚書二人仍令尚書右丞相脫虎脫兼領之丙戌車駕至大都戊子尚書省臣言翰林國史院先朝御容實錄皆在其中鄉置之南省今尚書省復立倉卒不及營建請買大第徙之制可壬辰賜高唐王注安金五千兩銀五萬兩癸巳以薪價貴禁權豪畜鷹犬之家不得占據山場聽民樵采三寶奴言冀寧大同保定真定以五臺建寺所須皆直取於民宜免今年租稅從之丙申御史臺臣言頃年歲凶民疫陛下哀矜賑之獲濟者衆今山東大饑流民轉徙乞以本臺沒入贓鈔萬錠賑救之制可

丁酉御史臺臣言比者近幸爲人奏請賜江南田千二百三十頃爲租五十萬
石乞拘還官從之己亥尚書省臣言今國用需中統鈔五百萬錠前者嘗借支
鈔本至千六十萬三千一百餘錠今乞罷中統鈔以至大銀鈔爲母至元鈔爲
子仍撥至元鈔本百萬錠以給國用大都立資國院秩正二品山東河東遼陽
江淮湖廣川漢立泉貨監六秩正三品產銅之地立提舉司十九秩從五品尚
書省臣言三宮內降之旨曩中書省奏請勿行臣等謂宜仍舊行之儻於大事
有害則復奏請帝是其言又言中書之務乞以盡歸臣等至元二十四年凡宣
敕亦尙書省掌之今臣等議乞從尙書省任人而以宣敕散官委之中書從之
占八國王遣其弟扎剌奴等來貢白面象伽藍木合魯納答思禿堅鐵木兒桑
加失里等奏請遣人使海外諸國以禿堅張也先伯顏使不憐八孫薛徹兀李
唐徐伯顏使八昔察罕亦不剌金楊忽答兒阿里使占八以陝西行臺大夫大
司徒沙的爲左丞相行土蕃等處宣慰使都元帥甲辰尚書省言每歲芻粟費
鈔五十萬錠請廢孛可孫立度支院秩二品設使同知僉院僉判各二員從之

乙巳以盜多徙上都中都大都舊盜於木達達亦剌思等地耕種丁未三寶奴言養豹者害民爲甚有旨禁之有復犯者雖貴幸亦加罪冬十月庚戌朔以皇太子爲尙書令詔天下令州縣正官以九年爲任詔天下又以行銅錢法詔天下辛亥皇太子言舊制百官宣敕散官皆歸中書以臣爲中書令故也自今敕牒宜令尙書省給降宣命仍委中書制可丙辰樂實言江南平垂四十年其民止輸地稅商稅餘皆無與其富室有蔽占王民奴使之者動輒百千家有多至萬家者其力可知乞自今有歲收糧滿五萬石以上者令石輸二升於官仍質一子而軍之其所輸之糧移其半入京師以養御士半留於彼以備凶年富國安民無善於此帝曰如樂實言行之辛酉弛酒禁立酒課提舉司尙書省以錢穀繁劇增戶部侍郎員外郎各一員又增禮部侍郎郎中各一員凡言時政者屬之立太廟廩犧署設令丞各一員癸亥以翰林學士承旨不里牙敦爲御史大夫乙丑以皇太后有疾詔天下釋大辟百人丁卯以御史大夫只兒合郎及中書左丞相脫脫尙服院使大都並知樞密院事壬申太陰犯左執法癸酉尙

書省臣言比來東汰冗官之故百官俸至今未給乞如大德十年所設員數給之餘弗給從之加知樞密院事禿忽魯左丞相丁丑以遼陽行尚書省平章政事合散爲左丞相行中書省平章政事中書參知政事伯都爲平章政事行中書右丞商議中書省事忽都不丁爲右丞行中書省左丞參議中書省事鐵里脫歡買鈞並中書參知政事戊寅御史臺臣言常平倉本以益民然歲不登遽立之必反害民罷之便又言至大銀鈔始行品目繁碎民猶未悟而又兼行銅錢慮有相妨又言民間拘銅器甚急弗便乞與省臣詳議又言歲凶乏食不宜遽弛酒禁有旨其與省臣議之十一月庚辰朔以徐邳連年大水百姓流離悉免今歲差稅增吏部郎中員外郎主事各一員令考功以行黜陟東平濟寧薦饑免其民差稅之半下戶悉免之尚書省臣言比年衛士大濫率多無賴請充衛士者必廷見乃聽從之雲南行省言八百媳婦大徹里小徹里作亂威遠州谷保奪據木羅甸詔遣本省右丞算只兒威往招諭之仍令威楚道軍千五百人護送入境而算只兒威受谷保賂金銀各三錠復進兵攻劫谷保弓弩亂發

遂以敗還匪惟敗事反傷我人惟陛下裁度帝曰大事也其速擇使復齎璽書
往招諭算只兒威雖遇赦可嚴鞫之甲申賜寧肅王脫脫金印陛皇太子府正
司爲從二品乙酉尙書省及太常禮儀院言郊祀者國之大禮今南郊之禮已
行而未備北郊之禮尙未舉行今年冬至祀天南郊請以太祖皇帝配明年夏
至祀地北郊請以世祖皇帝配制可丁亥以湖廣行省左丞散朮帶爲平章政
事商議樞密院事丁酉太尉尙書右丞相脫虎脫監脩國史己亥太陰犯右執
法庚子太陰犯上相辛丑尙書省臣言臣等竊計國之糧儲歲費浸廣而所入
不足今歲江南頗熟欲遣使和糴恐米價暴增請以至大鈔二千錠分之江浙
河南江西湖廣四省於來歲諸色應支糧者視時直予以鈔可得百萬不給則
聽以各省錢足之制可丙午諸王孛蘭奚以私怨殺人當死大宗正也可扎魯
忽赤議孛蘭奚貴爲國族乞杖之流北鄙從軍從之丁未擇衞士子弟充國子
學生十二月己卯親饗太廟上太祖聖武皇帝尊謚廟號及光獻皇后尊謚又
上睿宗景襄皇帝尊謚廟號及莊聖皇后尊謚執事者人陞散階一等賜太廟

禮樂戶鈔帛有差和林省右丞相太師月赤察兒言臣與哈剌哈孫答剌罕共
事時錢穀必與臣議自哈剌哈孫沒凡出入不復關聞予奪失當而右丞曩家
帶反相凌侮輒託故赴京師有旨其鎖曩家帶詰和林鞫之武昌婦人劉氏詣
御史臺訴三寶奴奪其所進亡宋玉璽一金椅一夜明珠二奉旨令尚書省臣
及御史中丞冀德方也可扎魯忽赤别鐵木兒中政使搠只等雜問劉氏稱故
翟萬戶妻三寶奴謫武昌時與劉往來及三寶奴貴劉託以追逃婢來京師謁
三寶奴於其家不答入其西廊見榻上有逃婢所竊寶鞍及其手縫錦帕以問
三寶奴又不答忿恨而出即求書狀人喬瑜爲狀乃因尹榮往見察院吏李節
入訴於臺獄成以劉氏爲妄有旨斬喬瑜笞李節杖劉氏及尹榮歸之元籍丙
辰併中書省左右司遣使往諸路分揀逋負合徵者徵之合免者免之庚申太
陰犯參尚書省臣言鹽價每引宜增爲至大銀鈔四兩廣西者如故其煮鹽工
本請增爲至大銀鈔四錢制可辛酉申禁漢人執弓矢兵仗壬戌陽曲縣地震
有聲如雷封西僧迭不韻子爲寧國公賜金印丁丑詔增百官俸定流官封贈

等第應封贈者或使遠死節臨陣死事於見授散官上加之若六品七品死節死事者驗事特贈官封贈內外百官三品以上者許請諡凡請諡者許其家具本官平日勳勞政績德業藝能經由所在官司保勘與本家所供相同轉申吏部考覆呈都省都省準擬令太常禮儀院驗事蹟定諡若勳戚大臣奉旨賜諡者不在此例

三年春正月癸未省中書官吏自客省使而下一百八十一員賜諸王那木忽里等鈔萬二千錠賜宣徽院使拙忽難所隸酒人鈔萬五百八十八錠乙酉特授李孟榮祿大夫平章政事集賢大學士同知徽政院事丁亥白虹貫日戊子禁近侍諸人外增課額及進他物有妨經制罷五臺寺役工匠千四百人軍三千五百人己丑以紐隣參議尚書省事庚寅立司禋監秩正三品掌巫覡以丞相鐵木迭兒領之辛卯立皇后弘吉列氏遣脫虎脫攝太尉持節授玉冊玉寶壬辰陞中政院爲從一品癸巳立中瑞司秩正三品掌皇后寶甲午太陰犯右執法乙未定稅課法諸色課程並係大德十一年考較定舊額元增總爲正額折至

元鈔作數自至大三年爲始恢辦餘止以十分爲率增及三分以上爲下酬五
分以上爲中酬七分以上爲上酬增及九分爲最不及三分爲殿所設資品官
員以二周歲爲滿定稅課官等第萬錠之上設正提舉同提舉副提舉各一員
一千錠之上設提領大使副使各二員五百錠之上設提領大使副使各一員
一百錠之上設大使副使各一員丙申立資國院泉貨監命以歷代銅錢與至
大錢相參行用復立廣平順德路鐵冶都提舉司戊戌詔湖廣行省招諭叛人
上思州知州黃勝許辛丑降詔招諭大徹里小徹里樞密院臣言湖廣省乖西
帶蠻阿馬等連結萬人入寇已遣萬戶移剌四奴領軍千人及調思播土兵併
力討捕臣等議事勢緩急地里要害四奴備知乞聽其便宜調遣制可壬寅詔
諭八百媳婦遣雲南行省右丞算只兒威招撫之癸卯改太子少詹事爲副詹
事乙巳令中書省官吏如安童居中書時例存設其已汰者尙書省遷敘省樞
密院官存知樞密院七員同知樞密院事二員樞密副使二員僉樞密院事二
員同僉樞密院事一員增御史臺官二員御史大夫御史中丞侍御史治書侍

御史各二員省通政院官六員存十二員汰廣武康里衞軍非其種者還之元籍凡隸諸王阿只吉火郎撒及迤南探馬赤者令樞密院遣人卽其處簽定爲籍去歲朝會諸王伯鐵木兒阿剌鐵木兒並賜金二百五十兩銀一千兩鈔四百錠丙午詔令知樞密院事大都僉院合剌合孫復職丁未立右衞阿速親軍都指揮使司秩正三品二月庚戌以皇后受冊遣官告謝太廟辛亥熒惑犯月星賜鷹坊馬速忽金百兩銀五百兩己未浚會通河給鈔四千八百錠糧二萬一千石以募民命河南省平章政事塔失海牙董其役遣商議尙書省事劉楫整治鈔法增大都警巡院二分治四隅壬戌太陰犯左執法甲子以上皇太后尊號告祀南郊乙丑復以僉樞密院事買鈞爲中書參知政事尙書省臣言官階差等已有定制近奉聖旨懿旨令旨要索官階者率多躐等願依世祖皇帝舊制次第給之制可丁卯尙書省臣言昔至元鈔初行卽以中統鈔本供億及銷其板今既行至大銀鈔乞以至元鈔輸萬億庫銷毀其板止以至大鈔與銅錢相權通行爲便又言今夏朝會上都供億請先發鈔百萬錠以往並從之楚

王牙忽都所隸戶貧乏以米萬石鈔六千錠賑之己巳寧王闊闊出謀爲不軌越王秃剌子阿剌納失里許助力事覺闊闊出下獄賜其妻完者死竄阿剌納失里及其祖母母妻於伯鐵木兒所以畏吾兒僧鐵里等二十四人同謀或知謀不首並磔於市鞫其獄者並陞秩二等賞牙忽都金千兩銀七千五百兩三寶奴賜號答剌罕以闊闊出食邑清州賜之自達魯花赤而下並聽舉用辛未脫兒赤顏加錄軍國重事賜故中書右丞相塔剌海妻也里干金七百五十兩銀一千五百兩鈔四百錠壬申樂實爲尚書左丞相駙馬都尉封齊國公癸酉以左丞相行中書省平章政事合散商議遼陽行省事乙亥太白犯月星以上皇太后尊號告祀太廟三月己卯朔樞密院臣言國家設官分職都省治金穀樞密治軍旅各有定制邇者尚書省弗遵成憲易置本院官令依大德十年員數聞奏臣等議以鐵木兒不花朵而赤顏牀兀兒也速脫脫也兒吉尼脫不花大都知樞密院事撒的迷失史弼同知樞密院事吳元珪樞密副使塔海姑令爲副樞有旨令樞密院如舊制設官十七員乙酉以知樞密院事只兒合郎爲

陝西行尙書省平章政事遣刑部尙書馬兒往甘肅和市羊馬分賚諸王那木忽里蒙古軍給鈔七萬錠庚寅太陰犯氐尙書省臣言昔世祖有旨以叛王海都分地五戶絲爲幣帛俟彼來降賜之藏二十餘年今其子察八兒向慕德化歸覲闕廷請以賜之帝曰世祖謀慮深遠若是待諸王朝會頒賞旣畢卿等備述其故然後與之使彼知愧辛卯發康里軍屯田永平官給之牛壬辰車駕幸上都立興聖宮章慶使司秩正二品丙申太陰犯南斗丁未太白犯井夏四月己酉興聖宮鷹坊等戶四千分處遼陽建萬戶府以統之容米洞官田墨紏合蠻酋殺千戶及戍卒八十餘人俘掠良民改永順保靖南渭安撫司爲永順等處軍民安撫司以安撫副使梓材爲使往招之賜高麗國王王章功臣號改封瀋王改大承華普慶寺總管府爲崇祥監庚戌以鈔九千一百五十八錠有奇市耕牛農具給直沽酸棗林屯田軍戊辰太白晝見己巳立怯憐口諸色人匠都總管府秩正三品提舉司二分治大都秩正五品江浙等處財賦提舉司秩從五品瑞州等路營民都提舉司秩從四品並隸章慶使司辛未賜角觝者阿

里銀千兩鈔四百錠丙子立管領軍匠千戶所秩正五品割左都威衛軍匠八百隸之備與聖宮營繕增國子生爲三百員靈壽平陰二縣雨雹鹽山寧津堂邑茌平陽穀高唐禹城等縣蝗五月甲申封諸王完者爲衛王癸巳東平人饑賑米五千石乙未加尙書參知政事王羆大司徒是月合肥舒城歷陽蒙城霍丘懷寧等縣蝗六月丁未朔詔太尉尙書右丞相脫虎脫太保尙書左丞相三寶奴總治百司庶務並從尙書省奏行戊申省上都留守司官七員以行中書左丞忽都不丁爲中書右丞己酉立上都中都等處銀冶提舉司秩正四品尙書省臣言別都魯思云雲州朝河等處產銀令往試之得銀六百五十兩詔立提舉司以別都忽思爲達魯花赤庚戌立規運都總管府秩正三品領大崇恩福元寺錢糧置提舉司資用庫大益倉隸之乙卯太陰犯氐和林省言貧民自迤北來者四年之間糜粟六十萬石鈔四萬餘錠魚網三千農具二萬詔尙書樞密差官與和林省臣覈實給賜農具田種俾自耕食其續至者戶以四口爲率給之粟丁巳敕今歲諸王妃主朝會頒賚一如至大元年例甲子以太子詹

事斡赤爲中書左丞集賢使領典醫監事戊辰遣使諸道審決重囚賜太師淇陽王月赤察兒清州民戶萬七千九百一十九安吉王乞台普濟安吉州民戶五百壬申以西北諸王察八兒等來朝告祀太廟賜脫虎脫三寶奴珠衣封三寶奴爲楚國公以常州路爲分地乙亥陞晉王延慶司秩正二品是月襄陽峽州路荊門州大水山崩壞官廨民居二萬一千八百二十九間死者三千四百六十六人汝州大水死者九十二人六安州大水死者五十二人沂州莒州兗州諸縣水沒民田威州洺水肥鄉鷄澤等縣旱秋七月戊寅太陰犯右執法己卯太陰犯上相庚辰封皇伯晉王長女寶答失憐爲韓國長公主丙戌循州大水漂廬舍二百四十四間死者四十三人發米賑之庚寅罷稱海也可札魯忽赤定王藥木忽兒乞如例設王府官六員從之癸巳給親民長吏考功印曆令監治官歲終驗其行蹟書而上之廉訪司御史臺尚書禮部考校以爲陞黜增尚書省客省使副各一員直省舍人十四員立河南打捕鷹坊魚課都提舉司秩正四品乙未中都立光祿寺丁酉汜水長林當陽夷陵宜城遠安諸縣水令

尙書省賑恤之己亥禁權要商販挾聖旨懿旨令旨阻礙會通河民船者壬寅
詔禁近侍奏降御香及諸王駙馬降香者磁州威州諸縣旱蝗八月丁未以江
浙行尙書省左丞相忽刺出遙授中書右丞相釐日並爲御史大夫詔諭中外
甲寅白虹貫日陞尙服院從一品丙辰以行用銅錢詔諭中外甲子獵於昻兀
腦兒之地己巳以諸王只必鐵木兒貧仍以西涼府田賜之尙書省臣言今歲
頒賚已多凡各位下奉聖旨懿旨令旨賜財物者請分汰有旨卿等但具名以
進朕自分汰之汴梁懷孟衞輝彰德歸德汝寧南陽河南等路蝗九月己卯平
伐蠻酋不老丁遣其姪與甥十人來降陞平伐等處蠻夷軍民安撫司同知陳
思誠爲安撫使佩金虎符御史臺臣言江浙省丞相答失蠻於天壽節日毆其
平章政事孛蘭奚事屬不敬詔遣使詰問之內郡饑詔尙書省如例賑恤辛巳
太陰犯建星立宣慰司都元帥府於察罕腦兒之地丙戌車駕至大都保八遙
授平章政事辛卯太陰犯天廩壬辰皇太子言司徒劉夔乘驛省親江南大擾
平民二年不歸詔罷之庚子以潭州隸中宮上都民饑敕遣刑部尙書撒都丁

發粟萬石下其價賑糶之壬寅敕諸司官濫設者毋給月俸詔諭三寶奴等去歲中書省奏諸司官員遵大德十年定制濫者汰之今聞員冗如故有不以聞而徑之任者有旨不奏而擅令之任及之任者並逮捕之朕不輕釋冬十月甲辰朔太白經天丙午太白犯左執法三寶奴及司徒田忠良等言曩奉旨舉行南郊配位從祀北郊方丘朝日夕月典禮臣等議欲祀北郊必先南郊今歲冬至祀圜丘尊太祖皇帝配享來歲夏至祀方丘尊世祖皇帝配享春秋朝日夕月寔合祀典有旨所用儀物其令有司速備之又言太廟祠祭故用瓦尊乞代以銀從之戊申帝率皇太子諸王羣臣朝興聖宮上皇太后尊號冊寶曰儀天興聖慈仁昭懿壽元皇太后庚戌恭謝太廟癸丑熒惑犯亢甲寅敕諭中外民戶託名諸王妃主貴近臣僚規避差徭已嘗禁止自今違者俾充軍驛及築城中都郡縣官不覺察者罷職封僧亦憐真乞烈思爲文國公賜金印御使臺臣言江浙省平章烏馬兒遣人從使臣昵匝馬丁枉道馳驛取贓吏紹興獄中釋之敕臺臣遣官往鞫毋徇私情山東徐邳等處水旱以御史臺沒入贓鈔四千

餘錠賑之丁巳尚書省臣言宣徽院廩給日增儲偫雖廣亦不能給宜加分減
帝曰比見後宮飲膳與朕無異有是理耶其令伯答沙與宣徽院官覈實分減
之庚申敕尚書省事繁重諸司有才識明達者並從尚書省選任樞密院御史
臺及諸有司毋輒奏用違者論罪其或私意請托罷之不敘辛酉以皇太后受
尊號赦天下大都上都中都比之他郡供給繁擾與免至大三年秋稅其餘去
處今歲被災人戶曾經體覆依上蠲免內外不急之役截日停罷至大二年已
前民間負欠差稅課程並行蠲免闊闊出餘黨未發覺者並原其罪隨處官民
田土各有所屬諸人勿得陳獻三寶奴言省部官不肯勤恪署事敕自今晨集
暮退苟或怠弛不必以聞便宜罪之其到任或一再月辭以病者杖罷不敘又
言故丞相和禮霍孫時參議府左右司斷事官六部官日具一膳不然則抱饑
而還稽誤公事今則無以爲資乞各賜鈔二百錠規運取其息錢以爲食制可
丁卯封諸王水八剌子買住韓爲兗王壬申晉王也孫鐵木兒言世祖以張鐵
木兒所獻地土金銀銅冶賜臣後以成宗拘收諸王所占地土民戶例輸縣官

乞回賜從之仍賜鈔三千錠賑其部貧民江浙省臣言曩者朱清張瑄海漕米
歲四五十萬至百十萬時船多糧少顧直均平比歲賦斂橫出漕戶困乏逃亡
者有之今歲運三百萬漕舟不足遣人於浙東福建等處和顧百姓騷動本省
左丞沙不丁言其弟合八失及馬合謀但的澉浦楊家等皆有舟且深知漕事
乞以爲海道運糧都漕萬戶府官各以己力輸運官糧萬戶千戶並如軍官例
承襲寬恤漕戶增給顧直庶有成効尚書省以聞請以馬合謀但的爲遙授右
丞海外諸蕃宣慰使都元帥領海道運糧都漕運萬戶府事設千戶所十每所
設達魯花赤一千戶三副千戶二百戶四制可雲南省丞相鐵木迭兒擅離職
赴都有旨詰問以皇太后旨貸免令復職以丞相鐵古迭兒爲陝西行御史臺
御史大夫詔諭陝西四川雲南甘肅詔諭大司農司勸課農桑十一月甲戌朔
太白犯亢戊寅濟寧東平等路饑免曾經賑恤諸戶今歲差稅其未經賑恤者
量減其半詔諭釐日移文尚書省凡憲臺除官事後勿與庚辰河南水死者給
槥漂廬舍者給鈔驗口賑糧兩月免今年租賦停逋責辛巳尚書省臣言今歲

已卯至大鈔本一百萬錠乞增二十萬錠及銅錢兼行以備侍衛及鷹坊急有所須又言上都中都銀冶提舉司達魯花赤别都魯思去歲輸銀四千二百五十兩今秋復輸三千五百兩且言復得新礦銀當增辦乞加授嘉議大夫並從之加脫虎脫爲太師錄軍國重事封義國公壬午改大崇恩福元寺規運總管府爲隆禧院秩從二品丁亥太陰犯畢戊子改皇太子妃怯憐口都總管府爲典内司以益都寧海等處連歲饑罷鷹坊縱獵其餘獵地並令禁約以俟秋成尚書省臣言雲南省臨安大理等處宣慰司麗江宣撫司及晉定路所隸部曲連結蠻寇殺掠良民諭之不服且方調兵討八百媳婦軍力消耗今擬蒙古軍人給馬一漢軍十人給馬二計直與之乞賜鈔三萬錠又言四川行省紹慶路所隸容米洞田墨連結諸蠻攻劫麻寮等寨方調兵討捕遣千戶塔朮往諭田墨施什用等來降宜立黄沙寨以田墨施什用爲千戶塔朮爲河東陜西等處萬戶府千戶所達魯花赤廖起龍爲來寧州判官田思遠爲懷德府判官賞賚遣還皆從之以朱清子虎張瑄子文龍往治海漕以所籍宅一區田百頃給之

尙書省臣言昔世祖命皇子脫歡爲鎭南王居揚州今其子老章出入導衞僭竊上儀勑遣官詰問仍以所僭儀物來上從之敕城中都以牛車運土令各部衞士助之限以來歲四月十五日畢集失期者罪其部長自願以車牛輸運者別賞之江浙省左丞相答失蠻江西省左丞相別不花來朝賜世祖宮人伯牙倫金七百五十兩銀二千五百兩鈔六百錠丙申有事於南郊尊太祖皇帝配享昊天上帝己亥尙書省以武衞親軍都指揮使鄭阿兒思蘭與兄鄭榮祖段叔仁等圖爲不軌置獄鞫之皆誣服詔叔仁等十七人並正典刑籍沒其家十二月甲辰朔以建大崇恩福元寺乞失剌遙授左丞曲列劉艮遙授參知政事並領行工部事立崇輝署隸中政院戊申冀寧路地震己未諭中外應避役占籍諸王者俾充軍驛鎭南王老章僭擬儀衞究問有驗召老章赴闕

四年春正月癸酉朔帝不豫免朝賀大赦天下庚辰帝崩於玉德殿在位五年壽三十一壬午靈駕發引葬起輦谷從諸帝陵夏五月乙未文武百官也先鐵木兒等上尊謚曰仁惠宣孝皇帝廟號武宗國語曰曲律皇帝是日請謚南郊

閏七月丙午祔於太廟武宗當富有之大業慨然欲創治改法而有爲故其封爵太盛而遙授之官衆錫賚太隆而泛賞之恩溥至元大德之政於是稍有變更云

元史卷二十三

元史卷二十三考證

武宗仁惠宣孝皇帝紀至大二年九月頒行至大銀鈔○臣祖庚按元鈔法至是凡三變大抵至元鈔五倍於中統至大鈔又五倍於至元未及期年仁宗卽位卽罷銀鈔而中統至元二鈔終元之世蓋常行焉

三年春正月癸未省中書官吏自客省使而下一百八十一員○通考作三百員

元史卷二十三考證

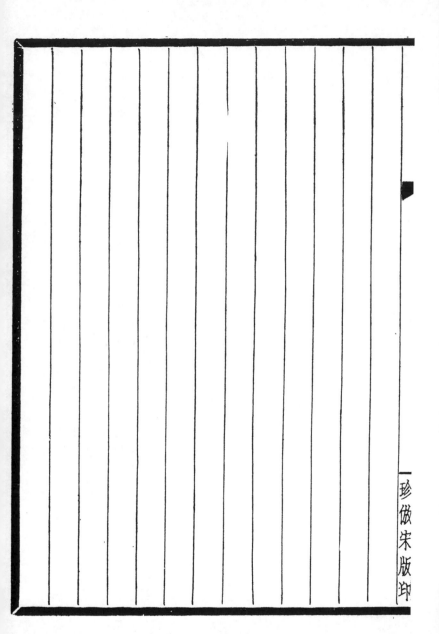

元史卷二十四

明翰林學士亞中大夫知制誥兼修國史宋　濂等修

本紀第二十四

仁宗一

仁宗聖文欽孝皇帝諱愛育黎拔力八達，順宗次子，武宗之弟也。母曰興聖太后，弘吉剌氏。至元二十二年三月丙子生。大德九年冬十月，成宗不豫，中宮秉政，詔帝與太后出居懷州。十年冬十二月，至懷州，所過郡縣供帳華侈，悉令撤去，嚴飭扈從毋擾於民。且諭僉事王毅察而言之，民皆感悅。十一年春正月，成宗崩，時武宗爲懷寧王，總兵北邊。戊子，帝與太后聞哀奔赴。庚寅，至衞輝，經比干墓，顧左右曰：「紂內荒於色，毒痛四海，比干諫，紂剖其心，遂失天下。」令祠比干於墓，爲後世勸。至漳河，值大風雪，田叟有以盂粥進者，近侍卻不受。帝曰：「昔漢光武嘗爲寇兵所迫，食豆粥，大丈夫不備嘗艱阻，往往不知稼穡艱難，以致驕惰。」命取食之，賜叟綾一匹，慰遣之。行次邯鄲，諭縣官曰：「吾慮衞士不法，胥吏科

斂重爲民困乃命王傳巡行察之二月辛亥至大都與太后入內哭盡哀復出
居舊邸日朝夕入哭奠左丞相阿忽台等潛謀推皇后伯要真氏稱制安西王
阿難答輔之時左丞相哈剌哈孫荅剌罕稱疾守宿掖門凡三月密持其機陽
許之夜遣人啓帝曰懷寧王遠不能猝至恐變生不測當先事而發三月丙寅
帝率衛士入內召阿忽台等責以亂祖宗家法命執之鞫問辭服戊辰伏誅諸
王闊闊出牙忽都等曰今罪人斯得太子寔世祖之孫宜早正天位帝曰王何
爲出此言也彼惡人潛結宮壺構亂我家故誅之豈欲作威覬望神器耶懷寧
王吾兄也正位爲宜乃遣使迎武宗於北邊五月乙丑帝與太后會武宗於上
都甲申武宗卽位六月癸巳詔立帝爲皇太子受金寶遣使四方旁求經籍識
以玉刻印章命近侍掌之時有進大學衍義者命詹事王約等節而譯之帝曰
治天下此一書足矣因命與圖象孝經列女傳並刊行賜臣下十一月戊寅受
玉冊領中書省樞密院至大元年七月帝諭詹事曲出曰汝舊事吾其與同僚
協議務遵法度凡世祖所未嘗行及典故所無者愼勿行二年八月立尙書省

詔太子兼尚書令戒飭百官有司振紀綱重名器夙夜以赴事功詹事院臣啓金州獻瑟瑟洞請遣使采之帝曰所寶惟賢瑟瑟何用焉若此者後勿復聞先是近侍言賈人有售美珠者帝曰吾服御雅不喜飾以珠璣生民膏血不可輕耗汝等當廣進賢才以恭儉愛人相規不可以奢靡蠹財相導言者慚而退淮東宣慰使撒都獻玉觀音七寶帽頂寶帶寶鞍卻之戒諭如初詹事王約啓事二宦者侍側帝問自古宦官壞人家國有諸約對曰宦官善惡皆有之但恐處置失宜耳帝然之九月河間等路獻嘉禾有異畝同穎及一莖數穗者命集賢學士趙孟頫繪圖藏諸祕書四年春正月庚辰武宗崩壬午罷尚書省以丞相脫虎脫三寶奴平章樂實右丞保八左丞忙哥帖木兒參政王羆變亂舊章流毒百姓命中書右丞相塔思不花知樞密院事鐵木兒不花等參鞫丙戌脫虎脫三寶奴樂實保八王羆伏誅忙哥帖木兒杖流海南壬子日赤如赭罷城中都召世祖朝諳知政務素有聲望老臣平章程鵬飛董士選太子少傅李謙少保張驢右丞陳天祥尚文劉正左丞郝天挺中丞董士珍太子賓客蕭𣂏參政

劉敏中王思廉韓從益侍御趙君信廉訪使程鉅夫杭州路達魯花赤阿合馬給傳詣闕同議庶務甲午宥阿附脫虎脫等左右司六部官罪乙未禁百官役軍人營造及守護私第丁酉以雲南行中書省左丞相鐵木迭兒爲中書右丞相太子詹事完澤集賢大學士李孟並平章政事戊戌以塔思不花及徽政院使沙沙並爲御史大夫己亥改行尚書省爲行中書省庚子減價糶京倉米日千石以賑貧民停各處營造罷廣武康里衛追還印符驛券璽書及其萬戶等官宣敕辛丑以塔失鐵木兒知樞密院事壬寅禁鷹坊馳驛擾民敕中書凡傳旨非親奉者勿行以諸王朝會普賜金三萬九千六百五十兩銀百八十四萬九千五十兩鈔二十二萬三千二百七十九錠幣帛四十七萬二千四百八十疋二月復玉宸樂院爲儀鳳司改延慶司爲都功德使司乙巳命和林江浙行省依前設左丞相餘省唯置平章二員遙授職事勿與戊申罷運江南所印佛經辛亥禁諸王駙馬權豪擅據山場聽民樵採罷阿老瓦丁買賣浙鹽供中政食羊禁宣政院違制度僧甲寅遣使檢覈小雲石不花所獻河南荒田司徒

蕭珍以城中都徼功毒民命追奪其符印令百司禁錮之還中都所占民田罷江南行通政院行宣政院甲子太陰犯填星陞典內司爲典內院秩從二品命中書平章李孟領國子監學諭之曰學校人材所自出卿等宜數詣國學課試諸生勉其德業敕諸王駙馬戶在縉山懷來永興縣者與民均服徭役諸司擅奏除官者毋給宣敕御史臺臣言白雲宗總攝所統江南爲僧之有髮者不養父母避役損民乞追收所受璽書銀印勒還民籍從之罷福建繡匠河南魚課兩提舉司省宣徽院參議斷事官丙寅監察御史言比者尚書省臣盡國亂政已正典刑其餘黨附之徒布在百司亦須次第沙汰今中書奏用孛羅鐵木兒爲陝西平章烏馬兒爲江浙平章闊里吉思爲甘肅平章塔失帖木兒爲河南參政萬僧爲江浙參政各人前任皆受重贓或挾勢害民咸乞罷黜制曰可丁卯命西番僧非奉璽書驛券及無西番宣慰司文牒者勿輒至京師仍戒黃河津吏驗問禁止罷總統所及各處僧錄僧正都綱司凡僧人訴訟悉歸有司罷仁虞院復置鷹坊總管府庚子命廣西靜江融州軍民官鎮守三載無虞者民

官減一資軍官陞一階著爲令思州軍民宣撫司招諭官唐銓以洞蠻楊正思
等五人來朝賜金帛有差立淮安忠武王伯顏祠於杭州仍給田以供祀事是
月帝謂侍臣曰郡縣官有善有惡其命臺官選正直之人爲廉訪司官而體察
之果有廉能愛民者不次擢用則小人自知激厲矣旌表漳州長泰縣民王初
應孝行三月庚辰召前樞密副使吳元珪左丞拜降兀伯都剌至京師同諸老
臣議事丙戌太陰犯太微上相罷五臺行工部己丑命毋赦十惡大逆等罪復
典瑞院爲典瑞監庚寅卽皇帝位於大明殿受諸王百官朝賀詔曰惟昔先帝
事皇太后撫朕眇躬孝友天至由朕得託順考遺體重以母弟之嫡加有削平
內難之功於其踐阼曾未踰月授以皇太子寶領中書令樞密使百揆機務聽
所總裁於今五年先帝奄棄天下勳戚元老咸謂大寶之承既有成命非與前
聖賓天而始徵集宗親議所宜立者比當稽周漢晉唐故事正位宸極朕以國
恤方新誠有未忍是用經時今則上奉皇太后勉進之命下徇諸王勸戴之勤
三月十八日於大都大明殿卽皇帝位凡尚書省誤國之臣先已伏誅同惡之

徒亦已放殛百司庶政悉歸中書命丞相鐵木迭兒平章政事李道復等從新拯治可大赦天下敢以赦前事相告言者罪以其罪諸衙門及近侍人等毋隔越中書奏事諸上書陳言者量加旌擢其僥倖獻地土并山場窰冶及中寶之人並禁止之諸王駙馬經過州郡不得非理需索應和顧和買隨即給價毋困吾民辛卯禁民間製金箔銷金織金以御史中丞李士英爲中書左丞壬辰發京倉米減價以糶賑貧民丁酉命月赤察兒依前太師宣徽使鐵哥爲太傅集賢大學士曲出爲太保敕百司改陞品級者悉復至元舊制己亥增置左翼右翼指揮各一員寧夏路地震是月帝諭省臣曰卿等裒集中統至元以來條章擇曉法律老臣斟酌重輕折衷歸一頒行天下俾有司遵行則抵罪者庶無冤抑又諭太府監臣曰財用足則可以養萬民給軍旅自今雖一繒之微不言於朕毋輒與人以陝西行尚書省左丞兀伯都剌爲中書右丞昭文館大學士察罕參知政事中書平章政事知樞密院事床兀兒欽察親軍都指揮使脫火赤拔都兒中書右丞相知樞密院事鐵木兒不花錄軍國重事知樞密院事也速

知樞密院事兼山東河北蒙古軍都萬戶也先鐵木兒遙授左丞相仁虞院使也兒吉太子詹事月魯鐵木兒並知樞密院事賜大都路民年九十者二千三百三十一人人帛二匹八十者八千三百三十一人人帛一匹夏四月壬寅詔分汰宿衞士漢人高麗南人冒入者還其元籍癸卯禜星於回回司天臺以即位恩賜太師太傅太保人金五十兩銀三百五十兩衣四襲行省臣預朝會者賞銀有差丁未以太子少保張驢爲江浙平章戒之曰以汝先朝舊人故命汝往民爲邦本無民何以爲國汝其上體朕心下愛斯民戊申以即位告天地於南郊庚戌拘收下番將校不典兵者虎符銀牌癸丑詔路府州縣官三年爲滿罷典醫監甲寅太陰犯亢熒惑犯壘壁陣丙辰詔諭宣徽使亦列赤諸蒙古民有貧乏者發廩濟之丁巳罷中政院戊午以即位告於太廟辛酉敕國子監師儒之職有才德者不拘品級雖布衣亦選用癸亥敕諸使臣非軍務急速者毋給金字圓牌定四宿衞士歲賜鈔二十四萬二百五錠罷中都留守司復置隆興路總管府凡創置司存悉罷之乙丑封知樞密院事鐵木兒不花爲宣寧王

賜銀印丁卯詔曰我世祖皇帝參酌古今立中統至元鈔法天下流行公私蒙利五十年於茲矣比者尚書省不究利病輒意變更既創至大銀鈔又鑄大元至大銅錢鈔以倍數太多輕重失宜錢以鼓鑄弗給新舊恣用曾未再期其弊滋甚爰咨廷議允協輿言皆願變通以復舊制其罷資國院及各處泉貨監提舉司買賣銅器聽民自便應尚書省已發各處至大鈔本及至大銅錢截日封貯民間行使者赴行用庫倒換仍免大都上都隆興差稅三年命中書省賑濟甘肅過川軍罷僧道也里可温荅失蠻頭陀白雲宗諸司改封親王迭里哥兒不花爲湘寧王賜金印食湘鄉州寧鄉縣六萬五千戶拘還甘肅陝西遼陽省臣所佩虎符禁鷹坊擾民罷通政院以其事歸兵部增置尚書員外郎各一員罷回回合的司屬帝御便殿李孟進曰陛下御極物價頓減方知聖人神化之速敢以爲賀帝蹙然曰卿等能盡力贊襄使兆民乂安庶幾天心克享至於秋成尚未敢必今朕踐阼曾未踰月寧有物價頓減之理朕托卿甚重茲言非所賴也孟愧謝帝諭集賢學士忽都魯都兒迷失曰向召老臣十人所言治政汝

其詳譯以進仍諭中書悉心舉行南陽等處風雹五月壬申以宦者鐵昔里爲
利用監卿癸酉八百媳婦蠻與大小徹里蠻寇邊命雲南王及右丞阿忽台以
兵討之改封乳母夫壽國公楊德榮爲雲國公丙子命翰林國史院纂脩先帝
實錄及累朝皇后功臣列傳俾百司悉上事蹟丁丑禁毋以毒藥釀酒庚辰敕
中書省裁省冗司置高昌王傅復度支院爲監罷泉府司長信院司禋監辛巳
賜大長公主祥哥剌吉鈔一萬錠壬午制定翰林國史院承旨五員學士侍讀
侍講直學士各二員拘諸王駙馬及有司驛券自今遣使悉從中書省給降置
祥和署掌伶人金齒諸國獻馴象癸未太陰犯氐賜國師板的荅鈔萬錠以建
寺於舊城戊子羅鬼蠻來獻方物甲午復太常禮儀院爲太常寺是月禁民捕
鴛鵝六月癸卯敕宣政院凡西番軍務必移文樞密院同議以聞吐蕃犯永福
鎮敕宣政院與樞密院遣兵討之乙巳命侍臣咨訪內外才堪佐國者悉以名
聞仍戒敕諸王恪恭乃職丙午以內侍楊光祖爲祕書卿譚振宗爲武備卿闊
居仁爲尚乘卿並授弘文館學士置湘寧王迭里哥兒不花王傅丁未太陰犯

太微東垣上相己酉詔存恤軍人庚戌太陰犯氐壬子敕甘肅省給過川軍牛種農器令屯田癸丑復太府院爲太府監省上都兵馬指揮爲五員甲寅封亦思丹爲懷仁郡王賜銀印丁巳敕翰林國史院春秋致祭太祖太宗睿宗御容歲以爲常命和林行省右丞孛里馬速忽經理稱海屯田大同路宣寧縣民家產犢而死頗類麒麟車載以獻左右曰古所謂瑞物也帝曰五穀豐熟百姓安業乃爲瑞也己未復置長信寺封樞密使孛羅爲澤國公庚申敕自今諸司白事須殿中侍御史侍側癸亥賜晉王也孫鐵木兒鈔五千錠幣帛各二千匹太尉不花金百兩復雲州銀場提舉司置儀鸞局秩皆五品甲子請大行皇帝謚於南郊上尊謚曰仁惠宣孝皇帝廟號武宗丙寅拘收泉府司元給諸商販璽書丁卯罷只合赤八剌合孫所造上供酒戊辰敕諸王朝會後至者如例給賜己巳衞王阿木哥入見帝諭省臣曰朕與阿木哥同父而異母朕不撫育彼將誰賴其賜鈔二萬錠他勿援例帝覽貞觀政要諭翰林侍講阿林鐵木兒曰此書有益於國家其譯以國語刊行俾蒙古色目人誦習之濟寧東平歸德高唐

徐邳諸州水給鈔賑之河間陝西諸縣水旱傷稼命有司賑之仍免其今年租
諸王塔剌馬的遣使進馴象秋七月辛未朔拘還遼陽省官提調諸事圓符璽
書驛券裁減虎賁司職員賜上都宿衛士貧乏者鈔十三萬九千錠丁丑鞏昌
寧遠縣暴雨山土流涌敕內外軍官並覃官一等癸未甘州地震大風有聲如
雷以朝會恩賜諸王禿滿金百五十兩銀五千二百五十兩幣帛三千匹乙酉
賜湘寧王迭里哥兒不花所部鈔三萬二千錠癸巳太陰掩畢甲午置經正監
掌蒙古軍牧地秩正三品官五員丁酉太陰犯鬼距星己亥詔諭省臣曰朕前
戒近侍毋輒以文記傳旨中書自今敢有犯者不須奏聞直捕其人付刑部究
治敕御史臺臣選吏事老成者爲監察御史超授中散大夫典內院史李叔榮
祿大夫是月江陵屬縣水民死者衆太原河間真定順德彰德大名廣平等路
德濮恩通等州霖雨傷稼大寧等路隕霜敕有司賑恤閏七月辛丑命國子祭
酒劉賡詣曲阜以太牢祠孔子甲辰車駕將還大都太后以秋稼方盛勿令鷹
坊馳人衞士先往庶免害稼擾民敕禁止之樞密院奏居庸關古道四十有三

軍吏防守之處僅十有三舊置千戶位輕責重請置隆鎮萬戶府俾嚴守備制
曰可祭五星於司天臺以故魯王刁斡八剌適子阿禮嘉世禮襲其封爵分地
乙巳以朝會恩賜月赤察兒床兀兒金二百兩銀二千八百兩幣帛有差丙午
奉武宗神主祔於太廟戊申封李孟秦國公命亦憐真乞剌思爲司徒己酉吐
番寇禮店文州命總帥亦憐真等討之辛亥以西僧藏不班八爲國師賜玉印
戊午復置司禋監己未詔諭省臣曰國子學世祖皇帝深所注意如平章不忽
木等皆蒙古人而教以成才朕今親定國子生額爲三百人仍增陪堂生二十
人通一經者以次補伴讀著爲定式敕軍官七十致仕始聽子弟承襲其有未
老即託疾引年令幼弱子弟襲職者除名不敘其巧計求還者以違制論壬戌
命賑䘏嶺北流民上都立通政院領蒙古諸驛秩正二品甲子寧夏地震乙丑
魯國大長公主祥哥剌吉進號皇姊大長公主遣使招諭黑水白水等蠻十二
萬餘戶來降丙寅太陰犯軒轅賜諸王阿不花等金二百兩銀七百五十兩鈔
一萬三千六百三十錠幣帛各有差丁卯完澤李孟等言方今進用儒者而老

成日以凋謝四方儒士成才者請擢任國學翰林祕書太常或儒學提舉等職俾學者有所激勸帝曰卿言是也自今勿限資級果才而賢雖白身亦用之敕直省舍人以其半給事殿庭半聽中書差遣禁醫人非選試及著籍者毋行醫藥大同宣寧縣雨雹積五寸苗稼盡殞八月己巳朔裁定京朝諸司員數並依至元三十年舊額楚王牙忽都所部乏食給鈔萬錠出粟五千石賑之賜環衛圉人鈔三萬錠以近侍曲列失爲戶部尚書甲戌賜皇姊大長公主鈔萬錠丙戌安南世子陳日燇奉表以方物來貢敕西番軍務隸宣政院九月己亥朔遙授左丞相不花進太尉丙午遙授湖廣平章安南國王陳益稷入見言臣自世祖朝來歸妻子皆爲國人所害朝廷授以王爵又賜漢陽田五百頃俾自贍以終餘年今臣年幾七十而有司拘臣所授田就食無所帝謂省臣曰安南國王慕義來歸宜厚其賜以懷遠人其進勳爵受田如故戊申禁民彈射飛鳥殺馬牛羊當乳者禁衛士不得私衣侍宴服及以質於人庚戌命樞密院閱各省軍馬壬子改元皇慶詔曰朕賴天地祖宗之靈纂承聖緒永惟治古之隆羣生咸

遂國以乂寧朕夙興夜寐不敢怠遑任賢使能興滯補闕庶其臻茲斂時五福用敷錫厥庶民朕之志也踰年改元厥有彝典其以至大五年爲皇慶元年都水監卿木八剌沙傳旨給驛往取杭州所造龍舟省臣諫曰陛下踐祚誕告天下凡非宣索毋得擅進誠取此舟有乖前詔詔止之復置中宮位下怯憐口諸色民匠打捕鷹坊都總管府秩正三品乙卯太陰犯畢丁巳奉太后旨以永平路歲入除經費外悉賜魯國大長公主給雲南王老的部屬馬價一萬二千錠丙寅敕省部官勿托以宿衛廢職罷西番茶提舉司是月江陵路水漂民居溺死十有八人冬十月戊辰朔有事於太廟己巳敕繪武宗御容奉安大崇恩福元寺月四上祭辛未賜大普慶寺金千兩銀五千兩鈔萬錠西錦綵緞紗羅布帛萬端田八萬畝邸舍四百間丁丑禁諸僧寺毋得冒侵民田辛巳罷宣政院理問僧人詞訟以蘄縣萬戶府鎮慶元紹興沿海萬戶府鎮處州宿州萬戶府兼鎮台州戊子省海道運糧萬戶爲六員千戶爲七所特授故太師月兒魯子木剌忽榮祿大夫知樞密院事辛卯罷諸王斷事官其蒙古人犯盜詐者命所

隸千戶鞫閭壬辰詔收至大銀鈔敕諸衛漢軍練習武事置羣牧監秩正三品
掌輿聖宮位下畜牧癸巳詔置汴梁平江等處田賦提舉司掌大承華普慶寺
貲產給雲南增戍軍鈔二萬五千錠丙申太白犯壘壁陣十一月戊戌封司徒
買僧爲趙國公辛丑命延安鳳翔安西軍屯田紅城者還陝西屯田敕商稅官
盜稅課者同職官贓罪立乖西府以土官阿馬知府事佩金符李孟奏錢糧爲
國之本世祖朝量入爲出恆務撙節故倉庫充牣今每歲支鈔六百餘萬錠又
土木營繕百餘處計用數百萬錠內降旨賞賜復用三百餘萬錠北邊軍需又
六七百萬錠今帑藏見貯止十一萬餘錠若此安能周給自今不急浮費宜悉
停罷帝納其言凡營繕悉罷之辛亥諸王不里牙屯等誣八不沙以不法詔竄
不里牙屯禿干於河南因忽乃於楊州納里於湖廣太那於江西班出兀那於
雲南壬子賑欽察衛糧五千七百五十三石甲寅太陰犯輿鬼戊午禁漢人回
回術者出入諸王駙馬及大臣家己未以遼陽省平章政事合撒爲中書平章
政事甲子敕增置京城米肆十所日平糶八百石以賑貧民丙寅加徽政使羅

源爲大司徒賑諸軍糧七千六十石十二月辛未增置經正監官爲八員置尚牧所秩五品掌太官羊癸酉封宣政會福院使暗普爲秦國公增置兵部侍郎郎中各一員庚辰太白經天復以陝西屯田軍三千隸紅城萬戶府壬午詔曰今歲不登民何以堪春蒐其勿令供億癸未太白經天甲申太陰犯太微西垣上將浙西水災免漕江浙糧四分之一存留賑濟命江西湖廣補運輸京師占城遣使奉表貢方物庚寅申禁漢人持弓矢兵器田獵曲赦大都大辟囚一人幷流以下罪辛卯裁宗正府官爲二十八員遣官監視焚至大鈔壬辰太白經天敕搬設邊遠官員俟到任方降敕牒乙未命李孟整飭國子監學中書省臣言世祖定立選法陞降以示激勸今官未及考或無故更代或躐等進階僭受國公丞相等職諸司已裁而復置者有之今春以內降旨除官千餘人其中欺僞豈能悉知壞亂選法莫此爲甚帝曰凡內降旨一切勿行賜濟王朵列納印以和林稅課建延慶寺詔諭安南國世子陳日燇曰惟我祖宗受天明命撫有萬方威德所加柔遠能邇乃者先皇帝龍馭上賓朕以王侯臣民不釋之故於

至大四年三月十八日卽皇帝位遵踰年改元之制以至大五年爲皇慶元年今遣禮部尚書乃馬台等齎詔往諭仍頒皇慶元年曆日一本卿其敬授人時益修臣職毋替爾祖事大之誠以副朕不忘柔遠之意

皇慶元年春正月庚子帝諭御史大夫塔思不花曰凡大臣不法卿等劾奏毋避朕自裁之癸卯敕諸僧犯奸盜詐僞鬬訟仍令有司專治之甲辰授太師錄軍國重事知樞密院事脫兒赤顏開府儀同三司嗣淇陽王戊申改隆鎭萬戶府爲隆鎭衞庚戌封知樞密院事醜漢爲安遠王出總北軍壬子敕軍不滿五千者勿置萬戶癸丑太陰犯太微東垣上將旌表廣州路番禺縣孝子陳韶孫戊午制諸王設王傅六員銀印其次設官四員改封濟王朶列納爲吳王賜衞王阿木哥慶元路定海縣六萬五千戶加崇福使也里牙秦國公己未陞崇祥監爲崇祥院秩正二品壬戌陞翰林國史院秩從一品帝諭省臣曰翰林集賢儒臣朕自選用汝等毋輒擬進人言御史臺任重朕謂國史院尤重御史臺是一時公論國史院實萬世公論二月丁卯朔徙大都路學所置周宣王石鼓於

國子監敕稱海屯內漢軍存恤二年庚午西北諸王也先不花遣使貢珠寶皮幣馬駝賜鈔一萬三千六百錠辛未改安西路爲奉元路吉州路爲吉安路壬申以霸州文安縣屯田水患遣官疏決之遣使賜西僧金五千兩銀二萬五千兩幣帛三萬九千九百匹甲戌制定封贈名爵等級著爲令改和林省爲嶺北省丙子給稱海屯田牛二千賜晉王也孫鐵木兒南康路戶六萬五千世祖諸王子也先鐵木兒福州路福安縣脫歡之子不荅失里福州路寧德縣忽都魯鐵木兒之子泉州路南安縣愛牙赤之子邵武路光澤縣戶並一萬三千六百有四食其歲賦己卯置衞龍都元帥府秩正二品以古阿速衞隸之八百媳婦來獻馴象二壬午太陰犯亢封孛羅爲永豐郡王置德安府行用鈔庫罷莊浪州唐兀千戶所丙戌省樞密斷事官爲八員庚寅敕嶺北省賑給闕食流民敕兩淮民種荒田者如例輸稅遣官同江西江浙省整治茶鹽法賜韓國公主普達實憐鈔萬錠詔勉勵學校賑山東流民至河南境者通漷州饑賑糧兩月三月丁酉朔熒惑犯東井陞給事中秩正三品罷諸王大臣私第營繕戊戌右丞

相鐵木迭兒言自今左右司六部官有不盡心初則論決不悛則黜而不敘制
曰可省女直水達達萬戶府冗員敕諸王脫脫所招戶其未籍者俾隸有司己
亥以生日爲天壽節庚子加御史大夫火尼赤開府儀同三司罷衞龍都元帥
府壬寅太陰犯東井敕歸德亳州以憲宗所賜不憐吉帶地一千七十三頃還
其子孫丙子敕北邊使者非軍機毋給驛丁未置內正司秩正三品卿少卿丞
各一員戊申陞典內院秩正二品以前河南行省平章政事塔失海牙爲御史
大夫改翰林國史院司直司爲經歷司置經歷都事各一員置五臺寺濟民局
秩從五品賜安王完澤及其子金三百兩銀一千二百五十兩鈔三千五百錠
賜汴梁路上方寺地百頃遼陽省增置灤陽寬河驛甲寅西北諸王也先不花
等遣使以槖駞方物入貢丙辰封同知徽政院事常不蘭奚爲趙國公庚申敕
簡汰大明宮與聖宮宿衞甲子給北軍幣帛二十萬匹遣戶部尚書馬兒經理
河南屯田乙丑命河南省建故丞相阿朮祠堂封諸王塔思不花爲恩平王夏
四月丁卯簡汰控鶴還本籍以都水監隸大司農寺置察罕腦兒捕盜司秩從

七品庚午命浙東都元帥鄭祐同江浙軍官教練水軍辛未給鈔萬錠修香山永安寺趙王汝安郡告饑賑糧八百石陞保定路萬戶府爲上萬戶癸酉車駕幸上都丙子太白晝見封鄆國大長公主忙哥台爲大長公主賜金印增也可扎魯忽赤爲四十二員壬午熒惑犯輿鬼敕皇子碩德八剌置四宿衞敕僧人田除宋之舊有并世祖所賜外餘悉輸租如制阿速衞指揮那懷等冒增衞軍六百名盜支糧七千二百石幣帛一千二百匹鈔二百八錠敕中書樞密按治封知樞密院事木剌忽爲廣平王癸未熒惑犯積尸氣庚寅太白經天大崇恩福元寺成置隆禧院龍興新建縣霖雨傷禾彰德安陽縣蝗五月丙申朔以中書平章政事合散爲中書左丞相江浙行省平章張驢爲中書平章政事知樞密院事也先鐵木兒授開府儀同三司壬寅諸王脫忽思海迷失以農時出獵擾民敕禁止之自今十月方許出獵改和林路爲和寧路賜諸王阿木哥鈔萬錠速速迭兒按麻思等各千錠以蒙古驛隸通政院置濮陽王脫脫木兒王傅官四員給上都灤陽驛馬三百匹丁未縉山縣行宮建涼殿己酉以西寧州田

租稅課賜大長公主忙古台賑宿衞士糧二萬石陞回回司天臺秩正四品彰
德河南隴西雹六月乙丑朔日有食之丁卯天雨毛己巳太陰犯天關敕李孟
博選中外才學之士任職翰林給羊馬鈔價濟嶺北甘肅戍軍之貧者壬申減
四川鹽額五千引賜崇福寺河南官地百頃丁亥敕罷封贈誡左右守法度勤
職業勿妄僥倖加官賜安遠王醜漢金百兩銀五百兩鈔千錠鞏昌河州等路
饑免常賦二分秋七月辛丑定內正司官爲六員禁諸王徑宣旨於各路徙中
都內帑金銀器歸太府監賜新店諸驛鈔三千八百錠充使者餼廩癸卯詔獎
勵御史臺丙午陞大司農司秩從一品帝諭司農曰農桑衣食之本汝等舉諳
知農事者用之敕諸王小薛部歸晉寧路襄垣縣民田中書參政賈鈞以病請
告賜鈔三百錠給安車還鄉戊午太陰犯東井八月丁卯敕探馬赤軍羊馬牛
依舊制百稅其一戊辰太白犯軒轅辛未太陰犯填星丁丑罷司禋監己卯以
吏部尚書許師敬爲中書參知政事庚辰車駕至自上都壬午辰星犯右執法
置少府監隸大都留守司甲申賜諸王闊闊出金束帶一銀百五十兩鈔二百

錠乙酉太白犯右執法辛卯敕雲南省右丞阿忽台等領蒙古軍從雲南王討
八百媳婦蠻濱州旱民饑出利津倉米二萬石減價賑糶寧國路涇縣水賑糧
二月安南國王陳益稷來朝九月丁酉增江浙海漕糧二十萬石戊戌罷征八
百媳婦蠻大小徹里蠻以璽書招諭之辛丑命司徒田忠良等詣真定玉華宮
祀睿宗御容八百媳婦大小徹里蠻獻馴象及方物甲辰陞參議中書省事阿
卜海牙爲參知政事拘火者等所佩國公司徒印丁巳太陰犯亢壬戌瓊州黎
賊嘯聚遣官招諭冬十月甲子有事於太廟改隆興路爲興和路賜銀印雲南
行省右丞算只兒威有罪國師搠思吉斡節兒奏請釋之帝斥之曰僧人宜誦
佛書官事豈當與耶癸未以中書參知政事察罕爲中書平章政事商議中書
省事丁亥太陰犯平道戊子太陰犯亢翰林學士承旨玉連赤不花等進順宗
成宗武宗實錄罷造船提舉司辛卯赦天下賜李孟潞州田二十頃十一月戊
戌調汀漳畬軍代亳州等翼漢軍於本處屯田己亥太陰犯壘壁陣甲辰捕滄
州羣盜阿失荅兒等擒之支解以徇丙午諭六部官毋踰越中書奏事丙辰封

駙馬脫脫木兒爲岐王庚申賜諸王寬徹忽荅迭失金百五十兩銀一千五百兩鈔三千錠幣帛有差占城國進犀象緬國主遣其壻及雲南不農蠻酋長岑福來朝十二月癸亥中書平章政事李孟致仕以樞密副使張珪爲中書平章政事癸酉遣使分道決囚壬申晉王也孫鐵木兒所部告饑賑鈔一萬五千錠庚辰知樞密院事荅失蠻罷省海道運糧萬戶一員增副萬戶爲四員甲申熒惑塡星辰星聚斗鷹坊不花卽列請往河南湖廣括取孔雀珍禽敕以擾民不允丁亥遣官祈雪於社稷嶽鎭海瀆省臣言中書職在總挈綱維比者行省六部諸司應決不決者往往作疑咨呈以致文繁事弊詔體世祖立中書初意定擬程式以聞俾遵行之敕回回合的如舊祈福凡詞訟悉歸有司仍拘還先降璽書戊子太陰犯熒惑己丑宗王女班丹給驛取江南田租命拘還驛券是月諸王春丹叛

二年春正月甲午以察罕腦兒等處宣慰使伯忽爲御史大夫辛丑封前尙書右丞相乞台普濟爲安吉王丙午寧王闊闊出薨丁未以太府卿禿忽魯爲中

書右丞相戊申太陰犯三公己未置遼陽行省儒學提舉司二月壬戌改典內
院爲中政院秩正一品甲子以皇后受冊寶遣官祭告天地於南郊及太廟丁
丑日赤如赭己卯免徵益都饑民所貸官糧二十萬石各寺修佛事日用羊九
千四百四十敕遵舊制易以蔬食命張珪綱領國子學庚辰冀寧路饑禁釀酒
辛巳詔以錢糧造作訴訟等事悉歸有司以清中書之務壬午西北諸王也先
不花進馬駝璞玉丁亥敕外任官應有公田而無者皆以至元鈔給之以乖西
府隸播州宣撫司功德使亦憐真等以佛事奏釋重囚不允帝諭左右曰回回
以寶玉鬻於官朕思此物何足爲寶唯善人乃可爲寶善人用則百姓安茲國
家所宜寶也丙申以御史中丞脫歡荅剌罕爲御史大夫庚子熒惑犯壘壁陣
以晉寧大同大寧四川鞏昌甘肅饑禁酒丙午冊立皇后弘吉剌氏詔天下丁
未彗出東井壬子禿忽魯言臣等職專燮理去秋至春亢旱民間乏食而又隕
霜雨沙天文示變皆由不能宣上恩澤致茲災異乞黜臣等以當天心帝曰事
豈關汝輩耶其勿復言御史中丞郝天挺上疏論時政帝嘉納之賜西僧搠思

吉斡節兒鈔萬錠丙辰以皇后受冊寶遣官恭謝太廟以亢旱既久帝於宮中焚香默禱遣官分禱諸祠甘雨大注詔敦諭勸課農桑夏四月甲子熒星於司天臺癸酉賜壽寧公主橐駞三十六乙亥車駕幸上都丙子高麗王辭位以其世子王燾為征東行中書省左丞相上柱國封高麗國王辛巳加御史大夫伯忽開府儀同三司太傅壬午置中瑞司秩正四品甲申詔遴選賢士纂修國史乙酉御史臺臣言富人貪緣特旨濫受官爵徽政宣徽用人率多罪廢之流近侍託為貧乏互奏恩賞西僧以作佛事以故累釋重囚外任之官身犯刑憲輒營求內旨以免罪諸王駙馬寺觀臣僚土田每歲徵租亦極為擾民請悉革其弊制曰可詔罷不急之役真定保定河間大寧路饑並免今年田租十之三仍禁釀酒安南國遣使來貢方物五月辛丑陞中書右丞兀伯都剌為平章政事左丞八剌脫因為右丞參知政事阿卜海牙為左丞參議中書省事禿魯花鐵木兒為參知政事順德冀寧路饑辰州水賑以米鈔仍禁釀酒檀州及獲鹿縣蝻六月己未朔京師地震癸亥禿忽魯等以災異乞賜放黜不允丙寅京師地

震辛未以參知政事許思敬綱領國子學乙亥詔諭僧俗辯訟有司及主僧同問續置土田如例輸稅丙子賜諸王按灰金五十兩銀七百五十兩金束帶一幣帛各四十匹己卯河東廉訪使趙簡言請選方正博洽之士任翰林侍讀侍講學士講明治道以廣聖聽從之御史臺臣言比年廉訪司多不悉心奉職宜令監察御史檢覈名實而黜陟之廣海及雲南甘肅地遠遷調者憚弗肯往乞今後加一等官之制曰可壬午命監察御史檢察監學官考其殿最癸未命委官簡汰衞士甲申建崇文閣於國子監給馬萬匹與豳王南忽里等軍士之貧乏者以宋儒周敦頤程顥顥弟頤張載邵雍司馬光朱熹張栻呂祖謙及故中書左丞許衡從祀孔子廟廷上都民饑出米五千石減價賑糶河決陳亳睢州開封陳留縣沒民田廬秋七月己丑朔歲星犯東井辛卯太白晝見癸巳以作佛事釋囚徒二十九人賜宣寧王鐵木兒不花幣帛百二十匹安遠王亦思丹等各百匹保定真定河間民流不止命所在有司給糧兩月仍悉免今年差稅諸被災地並弛山澤之禁獵者毋入其境甲午置榷茶批驗所幷茶由局官乙

未太白晝見庚子立長秋寺掌武宗皇后宮政秩三品敕衞王阿木哥歲賜外
給鈔萬錠賜駙馬脫鐵木兒金百五十兩銀七百五十兩鈔二千錠幣帛五十
匹辛丑復立四川等處儒學提舉司壬寅京師地震免大寧路金歲鹽課丁未
賜諸王火羅思迷脫歡南忽里駙馬忙兀帶金二百兩銀一千二百兩鈔一千
六百錠幣帛各有差己酉改淮東淮西道宣慰司爲淮東宣慰司以淮西三路
隸河南省敕守令勸課農桑勤者陞遷怠者黜降著爲令丙辰太白晝見丁巳
太白經天雲州蒙古軍乏食戶給米一石與國屬縣蝻發米賑之八月戊午朔
太白晝見揚州路崇明州大風海潮泛溢漂沒民居壬戌歲星犯東井丁卯車
駕至自上都庚午以侍御史薛居敬爲中書參知政事壬午太陰犯輿鬼九月
以相兒加思巴爲帝師癸巳以宣徽院使完澤知樞密院事戊申封脫歡爲安
定王賜金印敕鎭江路建銀山寺勿徙寺傍塋冢京師大旱帝問弭災之道翰
林學士程鉅夫舉湯禱桑林事帝獎諭之冬十月己卯敕中書省議行科舉封
不荅滅里爲安德王辛未徙崑山州治於太倉昌平縣治於新店癸未以遼陽

路之懿州隸遼陽行省復置蒙陰縣隸莒州乙酉旌表高州民蕭乂妻趙氏貞節免其家科差壬寅敕漢人南人高麗人宿衞分司上都勿給弓矢甲辰行科舉詔天下以皇慶三年八月天下郡縣興其賢者能者充貢有司次年二月會試京師中選者親試於廷賜及第出身有差帝謂侍臣曰朕所願者安百姓以圖至治然匪用儒士何以致此設科取士庶幾得眞儒之用而治道可興也十二月辛酉可里馬丁上所編萬年曆發米五千石賑阿只吉部之貧乏者海都都哇屬戶內附敕所在給衣糧丙子定百官致仕資格甲申詔飭海道漕運萬戶府京師以久旱民多疾疫帝曰此皆朕之責也赤子何罪明日大雪以嘉定州德化縣民災發粟賑之

元史卷二十四

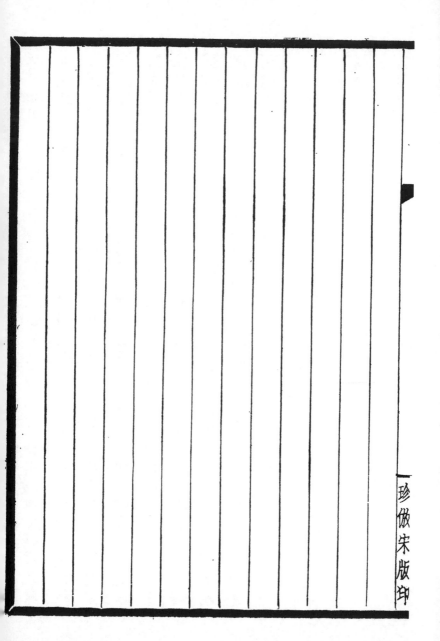

元史卷二十四考證

仁宗聖文欽孝皇帝紀詹事院臣啓金州獻瑟瑟洞○通考作皇慶元年事

少保張驢○驢通考作閭

二年丙申○臣祖庚按上二月壬戌以日考之則丙申當在三月文無三月疑脫

冬十月壬寅○臣祖庚按八月戊午朔以甲子考之壬寅當是十一月原文無月疑脫

元史卷二十四考證

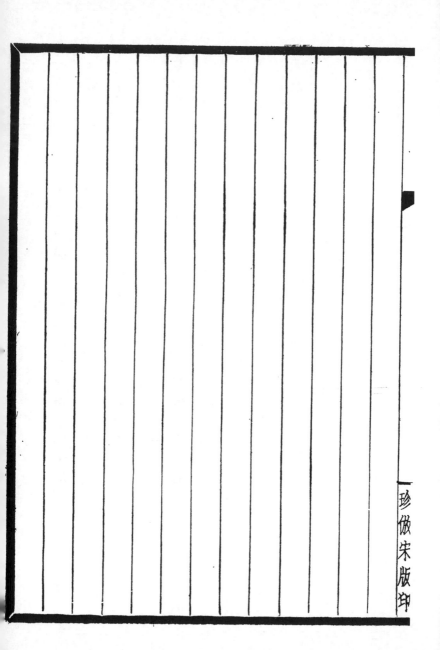

元史卷二十五

明翰林學士亞中大夫知制誥兼脩國史宋　濂等修

本紀第二十五

仁宗二

延祐元年春正月丁亥，授中書右丞劉正平章政事，商議中書省事。丙申，除四川酒禁，與元、鳳翔、涇州、邠州歲荒禁酒。庚子，敕各省平章爲首者及漢人省臣一員，專意訪求遺逸，苟得其人，先以名聞而後致之。以江浙行中書省左丞高昉爲中書參知政事。丁未，詔改元延祐，釋天下流以下罪囚，免上都、大都差稅二年，其餘被災曾經賑濟人戶免差稅一年。庚戌，中書省臣禿魯忽等以災變乞罷免，不允。二月庚申，立印經提舉司。戊辰，大寧路地震。癸酉，熒惑犯東井。甲戌，以侍御史趙世延爲中書參知政事，詔免蒙古地差稅二年，商賈勿免。己卯，給鈔六千三百錠賑濟艮鄉諸驛。壬午，以合散爲中書右丞相，監脩國史。癸未，以中書參政高昉爲集賢學士。三月壬辰，太陰掩熒惑。賜諸王塔失蒙古鈔千錠衣二襲戊戌真定保定河間民饑給糧兩月己亥白暈亘天連環貫日癸卯暹國王遣其臣愛耽入貢改南劍路曰延平劍浦縣曰南平乙巳以僧人作佛事擇釋獄囚命中書審察丙午封阿魯禿爲趙王戊申車駕幸上都己酉敕奸民宮其子爲閹宦謀避徭役者罪之辛亥命參知政事趙世延綱領國子學癸丑中書平章政事察罕致仕晉寧民侯喜兒昆弟五人並坐法當死帝嘆曰彼一家不幸而有是事其擇情輕者一人杖之俾養父母毋絕其祀閏三月甲寅朔敕減樞密知院冗員辛酉太陰犯輿鬼罷呪僧月給俸遣人視大都至上都駐蹕之地有侵民田者計畝給直丙寅太陰犯太微東垣丁丑畿內及諸衛屯軍饑賑鈔七千五百錠汴梁濟寧東昌等路隴州開州青城齊東渭源東明長垣等縣隕霜殺桑果禾苗歸州告饑出糧減價賑糶馬八兒國主昔剌木丁遣其臣愛思丁貢方物夏四月甲申朔大寧路地震有聲如雷丁亥敕儲稱海五河屯田粟以備賑濟太常寺臣請立北郊不允陞延慶寺秩正二品西番諸驛貧乏給鈔萬錠曲魯部畜牧斃耗賑鈔八百七十三錠己酉廢真陽含光二縣

入英德州壬辰諸王脫脫薨以月思別襲位己酉敕郡縣官勤職者加賜幣帛
以鐵木迭兒錄軍國重事監脩國史立回回國子監帝以資治通鑑載前代興
亡治亂命集賢學士忽都魯都兒迷失及李孟擇其切要者譯寫以進武昌路
饑命發米減價賑糶五月甲寅朔賜營王也先鐵木兒鈔萬錠戊午辰星犯輿
鬼丁卯賜李孟孝感縣地二十八頃禁諸王支屬徑取分地租賦擾民敕嶺北
行省瘞陣沒遺骼乙亥賑怯魯連地貧乏者米三千石丁丑徙滄州治於長蘆
鎮戊寅京兆爲故儒臣許衡立魯齋書院降璽書旌之庚辰盧陽麻陽二縣以
土賊作耗蠲其地稅賦營王也先鐵木兒支屬貧乏賑糧兩月武陵縣霖雨水
溢溺死居民漂沒廬舍禾稼潭州漢陽思州民饑並發廩減價糶賑之膚施縣
大風雹損禾并傷人畜六月戊子敕內侍今後止授中官勿畀文階置雲南行
省儒學提舉司封河南省丞相卜憐吉帶爲河南王壬辰增置畿內州縣同知
主簿各一員諸王察八兒屬戶匱乏給糧一歲仍俾屯田以自贍發軍增墾河
南芍陂等處屯田乙未熒惑犯右執法戊申增置兩浙鹽運司判官一員甲辰

拘河西僧免輸租賦璽書敕諸王戚里入覲者宜趁夏時芻牧至上都毋輒入
京師有事則遣使奏稟衡州郴州興國永州路耒陽州饑發廩減價賑糶宣平
仁壽白登縣雹損稼傷人畜秋七月乙卯答卽乃所部匱乏戶給糧二石庚午
命中書省臣議復封贈賜晉王也孫鐵木兒部鈔十萬錠詔開下番市舶之禁
賜衛王阿木哥等鈔七千錠乙亥會福院越制奏旨除官敕自今舉人聽中書
可否以聞申飭私鹽之禁沅陵盧溪二縣水武清縣渾河隄決淹沒民田發廩
賑之八月戊子車駕至大都癸卯陞太常寺爲太常禮儀院秩正二品丁未冀
寧汴梁及武安涉縣地震壞官民廬舍武安死者十四人涉縣三百二十六人
台州岳州武岡常德道州等路水發廩減價賑糶九月壬戌改提點教坊司事
爲大使己巳復以鐵木迭兒爲右丞相合散爲左丞相罷陝西諸道行御史臺
降儀鳳卿爲儀鳳大使肇慶武昌建德建康南康江州袁州建昌贛州杭州撫
州安豐等路水發廩減價賑糶冬十月癸巳陞潁州萬戶府爲中萬戶府乙未
敕吏人轉官止從七品在選者降等注授申飭內侍及諸司隔越中書奏請之

禁敕下番商販須江浙省給牒以往歸則征稅如制私往者沒其物遣官括淮民所佃閑田不輸稅者丙申復甘肅屯田置沙瓜等處屯儲總管萬戶府秩正三品乙巳置恩平王塔思不花傅二人庚戌辰星犯東咸監察御史言乞命樞密院設法教練士卒應軍官襲職者試以武事而後任之制曰可遣張驢經理江南田糧十一月壬子陞司天臺爲司天監秩正三品賜銀印乙卯改大同侍衞親軍都指揮使司爲中都威衞使司置保安軍於麻陽縣以禦猺蠻戊辰以通政院使蕭拜住爲中書右丞辛未以翰林學士承旨答失蠻知樞密院事癸酉敕吏人贓行者黥其面大寧路地震有聲如雷戊寅鐵木迭兒言比者僚屬及六部諸臣皆晚至早退政務廢弛今後有如此者視其輕重杖責之臣或自惰亦令諸人陳奏帝曰如更不悛則罷不敘以前中書右丞相禿忽魯知樞密院事靜安路饑發糧賑之詔檢覈浙西江東江西田稅十二月壬午汴梁南陽歸德汝寧淮安水敕禁釀酒量加賑恤癸未賑諸王鐵木兒不花部米五千石禿滿部二千石辛卯禁諸王駙馬權勢之人增價鬻鹽壬辰詔定官員士庶衣

服車輿制度甲午太陰犯輿鬼己亥勅中書省定議孔子五十三代孫當襲封衍聖公者以名聞庚子遣官浚楊州淮安等處運河以翰林學士承旨李孟復爲中書平章政事癸卯太陰犯房甲辰太陰犯天江乙巳勑經界諸衛屯田沔陽歸德汝寧安豐等處饑發米賑之

二年春正月乙卯歲星犯輿鬼戊午懷孟衛輝等處饑發米賑之己未太白晝見癸亥太陰犯軒轅丙寅霖雨壞渾河隄堰沒民田發卒補之禁民煉鐵發卒浚漷州漕河丁卯太陰犯進賢戊辰晉寧等處民饑給鈔賑之己巳置大聖壽萬安寺都總管府秩正三品庚午立行用庫於江陰州勑以江南行臺贓罰鈔賑恤饑民乙亥詔遣宣撫使分十二道問民疾苦黜陟官吏並給銀印命中書省臣分領庶務禁南人典質妻子販賣爲驅御史臺臣言比年地震水旱民流盜起皆風憲顧忌失於糾察宰臣燮理有所未至或近侍蒙蔽賞罰失當或獄有冤濫賦役繁重以致乖和宜與老成共議所由詔明言其事當行者以聞諸王脫列鐵木兒部闕食以鈔七千五百錠給之益都般陽晉寧民饑給鈔米賑

之二月己卯朔會試進士戊子太白晝見癸巳太白經天甲午詔禁民轉鬻養
子丙申賜諸王納忽答兒金五十兩銀二百五十兩鈔五百錠庚子詔以公哥
羅古羅思監藏班藏卜爲帝師賜玉印仍詔天下壬寅雲南王老的來朝辰沅
洞蠻吳千道爲寇敕調兵捕之乙巳賜諸王月魯鐵木兒鈔萬錠丙午太白經
天是月晉寧宣德等處饑給米鈔賑之眞州揚子縣火發米減價賑糶三月乙
卯廷試進士賜護都沓兒張起巖等五十六人及第出身有差丙辰太陰色赤
如赭庚午帝率諸王百官奉玉册玉寶加上皇太后尊號詔天下蠲逋欠稅課
丁丑以中書平章張驢爲江浙行省平章政事夏四月戊寅朔日有食之辛巳
賜進士恩榮宴於翰林院癸巳敕亦思丹等部出征軍有後期及逃還者竝斬
以徇甲午諭晉王也孫鐵木兒以先朝所賜惠州銀礦洞歸還有司庚子太陰
犯壘壁陣辛丑賜會試下第舉人七十以上從七流官致仕六十以上府州教
授餘竝授山長學正後勿援例敕諸王分地仍以流官爲達魯花赤各位所辟
爲副達魯花赤命李孟等類集累朝條格俟成書聞奏頒行立規運提點所秩

五品置官四員廣貯庫秩七品置官二員並隸壽福院乙巳車駕幸上都宣徽院以供尚膳遣人獵於歸德敕以其擾民特罷之加授特進上卿玄教大宗師張留孫開府儀同三司丙午封諸王察八兒爲汝寧王潭州江州建昌沅州饑發廩賑糶五月戊申朔改給各道廉訪司銀印復立陝西諸道行御史臺貴赤張小廝等招戶六千勒還民籍御史中丞王毅乞歸養親不許庚申賜公主燕海牙鈔千錠辛酉太陰犯天江乙丑秦州成紀縣山移是夜疾風雷雹北山南移至夕河川次日再移平地突出土阜高者二三丈陷沒民居敕遣官覈驗賑恤庚午太白晝見立海西遼東鷹坊萬戶府隸中政院壬申諸王撒都失里薨甲戌日赤如赭加授宦者中尚卿續元暉昭文館大學士乙亥日赤如赭是月發粟三百石賑諸王按鐵木兒等部貧民奉元龍興吉安南康臨江袁州撫州江州建昌贛州南安梅州辰州興國潭州岳州常德武昌等路南豐州澧州等處饑並發廩賑糶六月辛巳察罕腦兒諸驛乏食給糧賑之甲申太白晝見是夜太陰犯平道乙未徙陝西肅政廉訪司於鳳翔戊戌𧨏王南忽里等部困乏

給鈔俾買馬羊以濟之河決鄭州己亥置汝寧王察八兒王傅官辛丑以濟寧
益都亢旱汰省宿衞士芻粟癸卯太白犯東井丙午辰星犯輿鬼緬國主遣其
子脫剌合等來貢方物秋七月庚戌增輿和路治中一員戊申賜宣寧王鐵木
兒不花及其二弟鈔萬錠幷玉具鞍勒幣帛壬子增尙舍寺官六員爲八員雲
需總管府增同知二員癸丑復賜晉王也孫鐵木兒惠州銀鐵洞甲寅置諸王
斡羅溫孫王傅官四員復陳州商水鎭爲南屯縣省兩淮屯田總管府官四員
併提領所入提舉司改只合赤八剌合孫總管府爲尙供府乙卯贛州土賊蔡
五九聚衆作亂敕遣兵捕之敕阿宿衞戶貧乏者給牛種耕具於連怯烈地屯
田甲子江南湖廣道奉使温迪罕言廉訪司公田多取民租宜復舊制從之乙
丑陞崇福院秩正二品癸酉賜衞王阿木哥鈔萬錠命鐵木迭兒總宣政院事
詔諭中外是月畿內大雨漷州昌平香河寶坻等縣水沒民田廬潭州金州永
州路茶陵州霖雨江漲沒田稼出米減價賑糶八月丙戌贛州賊蔡五九陷汀
州寧化縣僭稱王號詔遣江浙行省平章張驢等率兵討之己丑車駕至自上

都乙未臺臣言蔡五九之變皆由昵匝馬丁經理田糧與郡縣橫加酷暴逼抑
至此新豐一縣撤民廬千九百區夷墓揚骨虛張頃畝流毒居民乞罷經理及
冒括田租制曰可庚子改遼陽省泰州爲泰寧府壬寅增國子生百員歲貢伴
讀四員詔江浙行省印農桑輯要萬部頒降有司遵守勸課旌表貴州達魯花
赤相元孫妻脫脫真死節仍俾樹碑任所九月丁未張驢以括田逼死九人敕
吏部尚書王居仁等鞫之己酉太陰犯房甲寅日色如赭辛酉太白犯左執法
壬戌蔡五九衆潰伏誅餘黨悉平敕賞軍士討捕功弁官其死事者子孫己巳
徙典尤倉於赤斤之地賜諸王別鐵木兒永昌路及西涼州田租冬十月丙子
朔客星見太微垣丁丑封脫火赤爲威寧郡王賜金印忽兒赤鐵木兒不花爲
趙國公庚辰以淮西廉訪使郭貫爲中書參知政事壬午有事於太廟給雲南
廉訪司公田乙未陞同知樞密院事鐵木兒脫知樞密院事授白雲宗主沈明
仁榮祿大夫司空丁酉加授鐵木迭兒太師癸卯八百媳婦蠻遣使獻馴象二
賜以幣帛十一月丙午客星變爲彗犯紫微垣歷軫至壁十五宿明年二月庚

寅乃減辛未以星變赦天下減免各路差稅有差甲戌封和世㻋爲周王賜金印左丞相合散等言彗星之異由臣等不才所致願避賢路帝曰此朕之愆豈卿等所致其復乃職苟政有過差勿憚於改凡可以安百姓者當悉言之庶上下交修天變可弭也十二月戊寅賜雲南行省參政汪長安虎符預軍政庚寅增置平江路行用庫癸巳給鈔買羊馬賑北邊諸軍命省臣定擬封贈通例俾高下適宜以聞旌表汀州寧化縣民賴祿孫孝行

三年春正月乙巳漢陽路饑出米賑之特授昔寶赤八剌合孫達魯花赤脫歡金紫光祿大夫太尉仍給印丙午封前中書左丞相忽魯答兒壽國公增置晉王部斷事官四員都水太監二員省卿一員以真定保定荐饑禁畋獵改直沽爲海津鎮辛酉陞同知樞密院事買閭知院事壬戌賜上都開元寺江浙田二百頃華嚴寺百頃賜趙王阿魯禿部鈔二萬錠二月丁丑調海口屯儲漢軍千人隸臨清運糧萬戶府以供轉漕給鈔二千錠戊寅命湖廣行省諭安南歸占城國主置安遠王醜漢王傅河間濟南濱棣等處饑給糧兩月三月辛亥特授

高麗王世子王暠開府儀同三司瀋王加授將作院使呂天麟大司徒甲寅敕
蕭拜住及陜西四川省臣各一員護送周王之雲南置周王常侍府秩正二品
設常侍七員中尉四員諮議記室各二員置打捕鷹坊民匠總管府設官六員
斷事官八員延福司飲饍署官各六員並隸周王常侍府辛酉陞太史院秩正
二品癸亥車駕幸上都壬申鷹坊孛羅等擾民於大同敕拘還所奉璽書禁天
下春時畋獵夏四月癸酉朔賜皇姊大長公主鈔五千錠幣帛二百匹河南流
民羣聚渡江所過擾害命行臺廉訪司以見貯贓鈔賑之橫州徭蠻為寇命湖
廣省發兵討捕壬午諭中書省歲給衛王阿木哥鈔萬錠敕衛輝昌平守臣修
殷比干唐狄仁傑祠歲時致祭戊子陞印經提舉司為廣福監己丑陞會福院
秩正二品癸巳賜安遠王醜漢金各五百兩鈔千錠幣帛二十匹己亥增置周
王斷事官二員以淮東廉訪司僉事苗好謙善課民農桑賜衣一襲庚子以上
都留守憨剌合兒知樞密院事陞殊祥院秩正二品命中書省與御史臺翰林
集賢院集議封贈通制著為令遼陽蓋州及南豐州饑發倉賑之五月甲辰至

戊申日赤如赭辛亥以江西行省右丞相斡赤爲大司徒庚申以大都留守伯鐵木兒爲中書平章政事陞中書右丞蕭拜住爲平章政事左丞阿卜海牙爲右丞參政郭貫爲左丞參議不花爲參知政事庚午置甘肅儒學提舉司遼陽金銀鐵冶提舉司秩並從五品賜諸王迭里哥兒不花等金三百五十兩銀一千二百兩鈔三千二百錠幣帛有差潭永寶慶桂陽澧道袁等路饑發米賑糶六月乙亥制封孟軻父爲邾國公母爲邾國宣獻夫人改諸王公臣分地郡邑同知縣丞爲副達魯花赤中下縣及錄事司增置副達魯花赤一員丙子融賓柳州徭蠻叛命湖廣行省遣官督兵捕之丁丑敕大辟罪臨刑敢有横加封割者以重罪論凡鞫囚非強盜毋加酷刑戊寅吳王朵列納等部乏食賑糧兩月己卯詔諭百司各勤其職毋曠廢大政甲申給安遠王醜漢分樞密院印丁亥封床兀兒爲句容郡王丁酉賜周王從衞鈔四十萬錠河决汴梁沒民居遼陽之蓋州饑並發糧賑之秋七月壬子命御史大夫伯忽脫歡答剌罕拯治臺綱仍降詔宣諭中外乙卯封玉龍鐵木兒爲保恩王賜金印辛酉賜普慶寺益都

田百七十頃丙寅復以燕鐵木兒知樞密院事庚午發高麗女直漢軍千五百人於濱州遼河慶雲趙州屯田八月癸酉以兵部尚書乞塔爲中書參知政事己卯車駕至自上都戊戌置織佛像工匠提調所秩七品設官二員九月辛丑復五條河屯田以中書左丞郭貫爲集賢大學士集賢大學士王毅爲中書左丞庚戌割上都宣德府奉聖州懷來縉山二縣隸大都路改縉山縣爲龍慶州帝生是縣特命改焉癸丑太白晝見己未冀寧晉寧路地震丙寅太白經天冬十月辛未以江南行臺侍御史高昉爲中書參知政事壬申有事於太廟調四川軍二千人雲南軍三千人烏蒙等處屯田置總管萬戶府秩正三品設官四員隸雲南省壬午河南路地震甲申太白犯斗庚寅敕五臺靈鷲寺置鐵冶提舉司乙未賜豳王南忽里部鈔四萬錠丁酉修甘州城申禁民有父在者不得私貸人錢及鬻墓木甘州肅州等路饑免田租十一月壬寅命監察御史監治嶺北鈎校錢糧半歲更代大萬寧寺住持僧米普雲濟以所佩國公印移文有司紊亂官政敕禁止之乙巳增集寧砂井淨州路同知府判提控案牘各一員

乙卯改舊運糧提舉司爲大都陸運提舉司新運糧提舉司爲京畿運糧提舉司澧州路安撫司爲安定軍民府十二月庚午以知樞密院事禿忽魯爲陝西行省左丞相壬午授嗣漢三十九代天師張嗣成太玄輔化體仁應道大真人主領三山符籙掌江南道教事丁亥立皇子碩德八剌爲皇太子兼中書令樞密使授以金寶告天地宗廟陞同知樞密院事床兀兒知樞密院事諸王按灰部乏食給米三千一百八十六石濟之

元史卷二十五

珍做朱版印

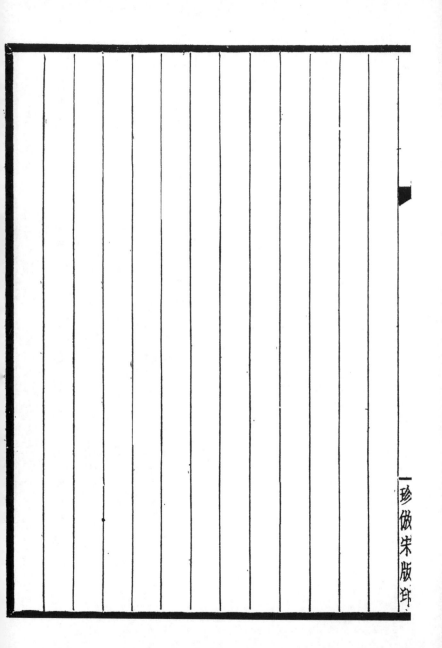

元史卷二十六

明翰林學士亞中大夫知制誥兼修國史宋　濂等修

本紀第二十六

仁宗三

四年春正月庚子帝謂左右曰中書比奏百姓乏食宜加賑恤朕默思之民饑若此豈政有過差以致然歟向詔百司務遵世祖成憲宜勉力奉行輔朕不逮然嘗思之唯省刑薄賦庶使百姓各遂其生也乙卯諸王脫脫駐雲南擾害軍民以按灰代之丙辰以知樞密院事完者爲雲南行省平章政事己未給帝師寺廩食鈔萬錠壬戌冀寧路地震戊辰給諸王也速也不干明安答兒部糧三月閏月庚辰封諸王孛羅爲冀王丙戌以立皇太子詔天下給賜鰥寡孤獨鈔減免各路租稅有差賜諸王宗戚朝會者金三百兩銀二千五百兩鈔四萬三千九百錠辛卯封別鐵木兒爲汾陽王壬辰給豳王南忽里部鈔十二萬錠買馬汴梁揚州河南淮安重慶順慶襄陽民皆饑發廩賑之二月庚子賜諸王買

闊部鈔三萬錠甲辰敕郡縣各社復置義倉戊申特授近侍完者不花翰林侍讀學士知制誥同修國史癸亥陞泰寧府爲泰寧路仍置泰寧縣乙丑陞蒙古國子監秩正三品賜銀印丙寅以諸王部值脫火赤之亂百姓貧乏給鈔十六萬六千錠米萬石賑之曹州水免今年租三月丁卯朔陞靖州爲路庚午給趙王阿魯禿部糧四千石乙酉太陰犯箕辛卯車駕幸上都夏四月戊戌給安王兀都思不花部軍糧三月己亥德安府旱免屯田租壬寅加授太常禮儀院使拜住大司徒賜趙王阿魯禿金五十兩銀五百兩鈔千錠割懷來縣隸龍慶州甲辰以太寧路隸遼陽省戊申答合孫寇邊吳王朵列納等敗之於和懷賜金玉束帶黃金幣帛有差己未諸王紐憐薨乙丑禁嶺北酒帝常夜坐謂侍臣曰雨暘不時奈何蕭拜住對曰宰相之過也帝曰卿不在中書耶拜住惶愧頃之帝露香默禱既而大雨左右以雨衣進帝曰朕爲民祈雨何避焉翰林學士承旨忽都魯都兒迷失劉賡等譯大學衍義以進帝覽之謂羣臣曰大學衍義議論甚嘉其令翰林學士阿憐鐵木兒譯以國語五月辛未授上都留守闊闊出

開府儀同三司大司徒壬申賜出征諸王醜漢等金銀鈔幣有差乙亥加封大長公主忙哥台爲皇姑大長公主給金印戊寅改衞率府爲中翊府壬午黃州高郵真州建寧等處流民羣聚持兵抄掠敕所在有司其傷人及盜者罪之餘並給糧遣歸以翰林學士承旨赤因鐵木兒爲中書平章政事中書平章兀伯都剌爲集賢大學士己丑陞中書左丞阿卜海牙爲平章政事參政乞塔爲右丞高昉爲左丞參議中書省事換住張思明並參知政事六月乙巳太陰犯心內外監察御史四十餘人劾鐵木迭兒姦貪不法戊申鐵木迭兒罷以左丞相合散爲中書右丞相己酉兀伯都剌復爲中書平章政事壬子以工部尚書王桂爲中書參知政事安遠王醜漢趙王阿魯禿爲叛王脫火赤所掠各賜金銀幣帛丙辰敕諸王駙馬功臣分地仍舊制自辟達魯花赤丁巳安南國遣使來貢戊午置冀王孛羅王傅二員中尉司馬各一員都總管府秩正三品己未給嶺北行省經費鈔九十萬錠雜綵五萬匹癸亥禁總攝沈明仁所佩司空印毋移文有司秋七月乙亥李孟罷以江浙行省左丞王毅爲中書平章政事庚辰

賜皇姑大長公主忙哥台金百兩銀千兩鈔二千錠幣帛各百匹賞討叛王有功句容郡王床兀兒等金銀幣帛鈔各有差壬午敕赤因鐵木兒頒賚諸王駙馬及賑濟所部貧乏特授中衛親軍都指揮使孛蘭奚太尉己丑成紀縣山崩土石潰徙壞田稼廬舍壓死居民辛卯冀寧路地震帝諭省臣曰比聞蒙古諸部困乏往往鬻子女於民家爲婢僕其命有司贖之還各部帝出見衛士有敝衣者駐馬問之對曰戍守邊鎮餘十五年以故貧耳帝曰此輩久勞於外留守臣未嘗以聞非朕親見何由知之自今有類此者必言於朕因命賜之錢帛八月丙申車駕至自上都熒惑犯輿鬼壬子太陰犯昴庚申合散奏事畢帝問曰卿等日所行者何事合散對曰臣等第奉行詔旨而已帝曰卿等何嘗奉行朕旨雖祖宗遺訓朝廷法令皆不遵守夫法者所以辨上下定民志自古及今未有法不立而天下治者使人君制法宰相能守而勿失則下民知所畏避綱紀可正風俗可厚其或法弛民慢怨言並興欲求治安豈不難哉九月丙寅合散言故事丞相必用蒙古勳臣合散回回人不厭人望遂懇辭制以宣徽使伯答

沙爲中書右丞相合散爲左丞相己巳大都南城產嘉禾一莖十一穗庚午太陰犯斗壬辰詔戒飭海漕諭諸司毋得沮撓嶺北地震三日冬十月甲午朔有事於太廟戊戌給諸王晃火鐵木兒等部糧五千石壬寅敕刑部尙書舉林柏監大都兵馬司防遏盜賊仍嚴飭軍校制其出入遣御史大夫伯忽參知政事王桂祭陜西嶽鎭名山賑恤秦州被災之民己酉監察御史言官吏丁憂起復人情驚惑請禁止以絕僥倖惟朝廷者舊特旨起復者不在禁例制曰可給兩淮屯田總管府職田壬子給鈔五萬錠糧五萬石賑察罕腦兒戊午海外婆羅公之民往買海番遇風濤存者十四人漂至溫州永嘉縣敕江浙省資遣還鄉改潮州路所統梅州隸廣東道宣慰司十一月己卯復浚揚州運河己丑併汧源縣入隴州壬辰諭諸宿衞入直各居其次非有旨不得上殿闌入禁中者坐罪大臣許從二人他官一人門者譏其出入十二月丁酉復廣州採金銀珠子都提舉司秩正四品官三員乙巳置詹事院從一品太子詹事四員副詹事詹事丞並二員家令府延慶司設官並四員典寶監八員遣官卽與和路及淨州

發廩賑給北方流民己酉盧溝橋澤畔店瑠璃河並置巡檢司壬子置安王王傅丁巳賜諸王禿滿鐵木兒等及駙馬忽剌兀帶各部金一千二百兩銀七千七百兩鈔一萬七千七百錠幣帛二千匹以內宰領延福司事禿滿迭兒知樞密院事特授晉王內史按攤出金紫光祿大夫魯國公辛酉改怯憐口民匠總管府爲繕用司

五年春正月辛未賜諸王禿滿鐵木兒等所部鈔四萬錠甲戌懿州地震丙子安南國遣其臣尹世才等以方物來貢乙酉敕諸王位下民在大都者與民均役丁亥會試進士湖廣平章買住加魯國公大司農賑晉王也孫鐵木兒等部貧乏者二月癸巳朔日有食之和寧路地震丁酉敕廣寧開元等萬戶府軍入侍衞有兄弟子姪五人者三人留四人三人者二人留著爲籍秦州秦安縣山崩封諸王晃火鐵木兒爲嘉王禿滿鐵木兒爲武平王並賜印丁未敕雲南四川歸還所侵順元宣撫司民地戊申陞內史府秩正二品建鹿頂殿於文德殿後辛亥敕杭州守臣春秋祭淮安忠武王伯顏祠王子諸王答失蠻部乏食敕

甘肅行省給糧賑之賜諸王察吉兒鈔萬錠甲寅置寧昌府乙卯命中書省汰不及之役增置河東宣慰司副使一員敕上都諸寺權豪商販貨物並輸稅課戊午以者連怯耶兒萬戶府爲右衛率府給書西天字維摩經金三千兩庚申罷封贈賞討叛王脫火赤戰功賜諸王部察罕等金銀幣鈔有差三月戊辰御試進士賜忽都達兒霍希賢以下五十人及第出身有差己巳賜寧海王八都兒金印庚午立諸王斡羅温孫部打捕鷹坊諸色人匠怯憐口總管府秩從四品改靜安路爲德寧路靜安縣爲德寧縣癸酉晉王也孫鐵木兒部貧乏賑米四千一百五十石仍賜鈔二萬錠買牛羊孳畜乙亥增給兩淮運司分司印一特授安遠王醜漢開府儀同三司錄軍國重事知樞密院事戊寅以湖州路爲安王元都思不花分地其戶數視衛王阿木哥癸未和寧淨州路禁酒賜鈔萬錠命晉王也孫鐵木兒賑濟遼東貧民晉王內史拾得閭加榮祿大夫封桓國公給金九百兩銀百五十兩書金字藏經甲申免鞏昌等處經賑濟者差稅鹽課乙酉御史臺臣言諸司近侍隔越中書聞奏者請如舊制論罪制曰可己丑

敕以紅城屯田米賑淨州平地等處流民置汾陽王別鐵木兒王傅四員賜醜驢荅剌罕平江路田百頃夏四月壬辰安吉王乞台普濟薨丁酉諸王雍吉剌部乏食賑米三千石己亥耽羅捕獵戶成金等爲寇敕征東行省督兵捕之庚子賜諸王祭吉兒部鈔萬錠布帛稱是給中翌府闊臺順州屯田鈔萬錠置牛種農具庚戌敕安遠王醜漢分地隸建寧者七縣汀州者三縣達魯花赤聽其自辟陞印經提舉司爲延福監秩正三品遣官分汰各部流民給糧賑濟免懷孟河南南陽居民所輸陝西鹽課是時解州鹽池爲水所壞命懷孟等處食陝西紅鹽後以地遠改食滄鹽而仍輸課陝西民不堪命故免之木鄰鐵里干驛困乏濟以馬五千匹遼陽饑海漕糧十萬石於義錦州以賑貧民甲寅樞密院臣言各省調度軍馬惟長官二人領其事今四川省諸臣皆預非便請如舊制從之以千奴史弼並爲中書平章政事侍御史敬儼爲中書參知政事戊午車駕幸上都五月辛酉朔順元等處軍民宣撫使阿晝以洞蠻酋黑冲子子昌奉方物來覲丁卯賜安王元都思不花金五十兩銀五千兩以御史中丞亦列赤

爲中書右丞相戊辰遣平章政事王毅禜星於司天臺三晝夜諸王按塔木兒
不顏鐵木兒部乏食賑糧兩月壬申監察御史言比年名爵冒濫太尉司徒國
公接跡於朝昔奉詔裁罷中外莫不欣悅近聞禮部奉旨鑄太尉司徒司空等
印二十有六此輩無功於國載在史冊貽笑將來請自今門閥貴重勳業昭著
者存留一二餘並革去制曰可癸酉遣官分道減決笞以下罪己卯德慶路地
震鞏昌隴西縣大雨南土山崩壓死居民給糧賑之六月辛卯御史臺臣言昔
遣張驢等經理江浙江西河南田糧虛增糧數流毒生民已嘗奉旨俟三年徵
租今及其期若江浙江西當如例輸之其河南請視鄉例減半徵之制曰可癸
巳以典瑞院使斡赤爲集賢大學士領典瑞院事大司徒己亥北地諸部軍士
乏食給糧賑之庚子遣阿尼八都兒只兒海分汰淨州北地流民其隸四宿衛
及諸王駙馬者給資糧遣還各部癸卯賜諸王桑哥班金束帶一銀百兩鈔五
百錠乙巳術者趙子玉等七人伏誅時衛王阿木哥以罪貶高麗子玉言於王
府司馬曹脫不台等曰阿木哥名應圖讖於是潛謀備兵器衣甲旗鼓航海往

高麗取阿木哥至大都俟時而發行次利津縣事覺誅之西番土寇作亂敕甘肅省調兵捕之丁巳賜安王兀都思不花等金束帶及金二百兩銀一千五十兩鈔二千二百錠幣帛二百八十匹秋七月己未朔李邦寧加開府儀同三司癸亥賜諸王八里帶等金二百兩銀八百五十兩鈔二千錠幣帛二百匹甲子給欽察衛馬羊價鈔一十四萬五千九百九十二錠丙寅調軍五千烏蒙等處屯田置總管萬戶府秩正三品給銀印丁卯給鈔二十萬錠糧萬石命晉王分賚所部宿衛士壬申御史中丞趙簡言皇太子春秋鼎盛宜選耆儒敷陳道義今李銓侍東宮說書未諳經史請別求碩學分進講讀實宗社無疆之福制曰可諸王不里牙敦之叛諸王也舍失列吉及衛士朵帶伯都坐持兩端不助官軍進討敕流也舍江西失列吉湖廣朵帶衡州伯都潭州癸酉拘衛王阿木哥王傅印置餼廩司秩正八品隸上都留守司豐州石泉店置巡檢司賜諸王別失帖木兒等金銀幷賑其部米萬石鈔萬錠己卯諸王雍吉剌帶曲春鐵木兒來朝賜金二百兩銀一千兩鈔五千錠幣帛一百匹仍給鈔萬錠米萬石分賚

其所部辛巳立受給庫秩九品隸工部壬午罷河南省左丞陳英等所括民田止如舊例輸稅戊子肇昌路寧遠縣山崩加封楚三閭大夫屈原爲忠節清烈公八月戊子車駕至自上都乙卯併翁源縣入曲江縣九月癸亥大司農買住等進司農丞苗好謙所撰栽桑圖說帝曰農桑衣食之本此圖甚善命刊印千帙散之民間丙寅廣西兩江龍州萬戸趙清臣太平路總管李興隆率土官黃法扶何凱並以方物來貢賜以幣帛有差豳王南忽里等部貧乏命甘肅省市馬萬匹給之丁卯中書右丞宣徽使亦列赤爲中書平章政事左丞高昉爲右丞參知政事換住爲左丞吏部尚書燕只干爲參知政事壬申以鈔給北邊軍爲馬價甲戌以作佛事釋重囚三人輕囚五十三人己卯以江浙省所印大學衍義五十部賜朝臣辛巳置大永福寺都總管府秩三品壬午敕軍官犯罪行省咨樞密院議擬毋擅決遣丙戌以僉太常禮儀院事狗兒爲中書參知政事丁亥立行宣政院於杭州設官八員大同路金城縣大雨雹冬十月己丑以大寧路隸遼陽省宣德府隸大都路敕僧人除宋舊有及朝廷撥賜土田免租稅

餘田與民一體科徵播州南寧長官洛歷作亂思州守臣換住哥招諭之洛歷
遣人以方物來覲罷膠萊莒密鹽使司復立濤洛場辛卯禁大同冀寧晉寧等
路醸酒壬辰建帝師巴思八殿於大興教寺給鈔萬錠癸巳改中翌府爲羽林
親軍都指揮使司甲午有事於太廟癸丑贛州路雩都縣里胥劉景周以有司
徵括田新租聚衆作亂敕免徵新租招諭之十一月辛酉開成莊浪等處禁酒
壬戌改黄花嶺屯儲軍民總管府爲屯儲總管府設官四員山後民饑增海漕
四十萬石增置大都南北兩兵馬司指揮使色目漢人各二員給分司印二丁
卯用監察御史乃蠻帶等言追奪建康富民王訓等白身濫受宣敕仍禁冒籍
貫宿衞及巧受遠方職官不赴任求别調者隱匿不自首者罪之己巳陞同知
樞密院事忠嘉知樞密院事丙子集賢大學士太保曲出言唐陸淳著春秋纂
例辨疑微旨三書有益後學請令江西行省鋟梓以廣其傳從之癸未敕江西
茶運司歲課以二十五萬錠爲額敕大永福寺創殿安奉順宗皇帝御容十二
月壬辰特受集賢大學士脱列大司徒辛亥置重慶路江津巴縣等處屯田省

成都歲漕萬二千石甲寅敕樞密院覈實蒙古軍貧乏者存卹五年
六年春正月丁巳朔暹國遣使奉表來貢方物丁卯敕福建兩廣雲南甘肅四
川軍官致仕還家官給驛傳如民官例戊辰賑晉王部貧民癸酉特授同知徽
政院事醜驢答剌罕金紫光祿大夫太尉給銀印甲戌監察御史孛朮魯翀等
言皇太子位正東宮既立詹事院以總家政宜擇年德老成道義崇重者爲師
保賓贊俾盡心輔導以廣緝熙之學制曰可戊寅太陰犯心己卯禜星於司天
臺廣東南恩新州猺賊龍郎庚等爲寇命江西行省發兵捕之帝御嘉禧殿謂
扎魯忽赤買閭曰扎魯忽赤人命所繫其詳閱獄辭事無大小必謀諸同僚疑
不能決者與省臺臣集議以聞又顧謂侍臣曰卿等以朕居帝位爲安邪朕惟
太祖創業艱難世祖混一疆宇兢業守成恆懼不能當天心繩祖武使萬方百
姓樂得其所朕念慮在茲卿等固不知也二月丁亥朔日有食之改釋奠於中
丁祀社稷於中戊禜星於回回司天臺丁酉雲南闍里愛俄永昌蒲蠻阿八剌
等並爲寇命雲南省從宜勦捕戊戌改陝西轉運鹽使司爲河東陝西都轉運

鹽使司直隸省部己亥太陰犯靈臺乙巳敕諸司不由中書奏官輒署事者悉罷之特授僧從吉祥榮祿大夫大司空加榮祿大夫大司徒僧文吉祥開府儀同三司三月丁巳以天壽節釋重囚一人乙未給鈔賑濟上都西番諸驛辛酉斡端地有叛者入寇遣鎮西武靖王搠思班率兵討之詔以御史中丞禿禿合爲御史大夫諭之曰御史大夫職任至重以卿勳舊之裔故特授汝當思乃祖乃父忠勤王室仍以古名臣爲法否則將墜汝家聲負朕委任之意矣丙寅改懷孟路爲懷慶路特授翰林學士承旨八兒思不花開府儀同三司大司徒己巳太陰犯明堂敕諸王駙馬宗姻諸事依舊制領於內八府官勿徑移文中書封諸王月魯鐵木兒爲恩王給印置王傅官免大都上都興和大同今歲租稅癸酉太陰犯日星甲戌太陰犯心壬午賜大興教寺僧齋食鈔二萬錠禁甘肅行省所屬郡縣釀酒夏四月壬辰中書省臣言雲南土官病故子姪兄弟襲之無則妻承夫職遠方蠻夷頑獷難制必任土人可以集事今或闕員宜從本俗權職以行制曰可丙辰命京師諸司官吏運糧輸上都興和賑濟蒙古饑民庚

子車駕幸上都以鐵木迭兒爲太子太師內外監察御史四十餘人劾其逞私蠹政難居師保之任不聽諸王合贊薨丙午命宣政院賑給西番諸驛壬子伯顏鐵木兒部貧乏給鈔賑之五月辛酉太陰犯靈臺丁卯太陰犯房丙子太陰犯壘壁陣加安南國王陳益稷儀同三司六月戊子以莊浪巡檢司爲莊浪縣移巡檢司於北卜渡癸巳以米五千石賑大長公主所隸貧民甲午改繕珍司爲徽儀使司秩二品己亥歲星犯東咸辛丑置河南田賦總管府隸內史府設達魯花赤總管同知各一員副總管二員秩從三品戊申置勇校署以角觝者隸之庚戌大同縣雨雹大如雞卵詔以駞馬牛羊分給朔方蒙古民戍守邊徼者俾牧養蕃息以自贍仍命議興屯田壬子賜大乾元寺鈔萬錠俾營子錢供繕脩之費仍陞其提點所爲總管府給銀印秩正三品給鈔四十萬錠賑合剌赤部貧民三十萬錠賑諸位怯憐口被災者諸有俸祿及能自贍者勿給癸丑以羽林親軍萬人隸東宮丙子陞廣惠司秩正三品掌回回醫藥丁丑以濟寧等路水遣官閱視其民乏食者賑之仍禁酒開河泊禁聽民採食晉陽西涼鈞

等州楊瞿新鄭密等縣大雨雹汴梁益都般陽濟南東昌東平濟寧泰安高唐濮州淮安諸處大水秋七月丙辰緬國趙欽撒以方物來覲來安路總管岑世興叛據唐興州賜璽書招諭之諸王闊墾堅部貧乏給糧賑之壬戌太陰犯心以者連怯耶兒萬戶府軍萬人隸東宮置右衞率府秩正三品丁卯詔諭江西官吏豪民毋沮撓茶課甲戌皇姊大長公主祥哥剌吉作佛事釋全寧府重囚二十七人敕按問全寧守臣阿從不法仍追所釋囚還獄命分簡奴兒及流囚罪稍輕者屯田肇州乙亥通州漷州增置三倉丙子太白犯太微垣右執法增置上都巡警院開平縣官各二員己卯晉王也孫鐵木兒所部民經剽掠災傷爲盜者衆敕扎魯忽赤囊加帶往與晉王內史審錄罪囚重者就啓晉王誅之當流配者加等杖之庚辰賜木憐麥該兩驛鈔一萬二千一百二十錠俾市馬給驛辛巳賜左右鷹坊及合剌赤等貧乏者鈔一十四萬錠八月甲申以河東山西道宣慰使張思明爲中書參知政事乙酉熒惑犯輿鬼甲午以授皇太子玉冊告祭於南郊庚子車駕至自上都丁未告祭於太廟是月伏羌縣山崩閏

八月丙辰辰星犯太微垣右執法賜嘉王晃火鐵木兒部羊十萬馬萬匹庚申增置與和路預備倉秩正八品陞廣盈庫從八品癸亥熒惑犯軒轅甲子太陰犯壘壁陣浚會通河壬申以太傅御史大夫伯忽爲太師癸酉敕河東山西道宣慰司官給俸同隨朝敕諸司有受命不之官及避繁劇託故去職者奪其宣敕乙亥太白犯東咸併永興縣入奉聖州九月甲申以徽政使朵帶爲太傅陞參議中書省事欽察爲參知政事辛卯鐵里干等二十八驛被災給鈔賑之壬辰禜星於司天臺癸巳以作佛事釋大辟囚七人流以下囚六人戊戌增海漕十萬石置雲南縣隸雲內州以故昌州寶山縣置寶昌州隸興和路庚子併順德廣平兩鐵冶提舉司爲順德廣平彰德等處鐵冶提舉司癸卯御史臺臣言比者官以倖求罪以賂免乞凡內外官非勳舊有資望者不許驟陞諸犯贓罪已款伏及當鞫而幸免者悉付元問官以竟其罪其貪污受刑奪職不敘者夤緣近侍出入內庭覬倖名爵宜斥逐之帝皆納其言詔諭四宿衞嘗受刑者勿令造禁廷山東諸路禁酒浚鎮江練湖發粟賑濟寧東平東昌高唐德州濟南

益都般陽揚州等路饑十月甲寅省都功德使四員止存六員乙卯東平濟寧路水陸十五驛乏食戶給麥十石中書省臣言白雲宗總攝沈明仁強奪民田二萬頃誑誘愚俗十萬人私賂近侍妄受名爵已奉旨追奪請汰其徒還所奪民田其諸不法事宜令嚴問有旨朕知沈明仁姦惡其嚴鞫之戊午遣中書右丞相伯答沙持節授皇太子玉冊辛酉以扎魯忽赤鐵木兒不花爲御史大夫癸亥熒惑犯太微垣左執法上都民饑發官粟萬石減價賑糶置兩浙鹽倉六所秩從八品官二員惟杭州嘉興二倉設官三員秩從七品鹽場三十四所場設監運一員正八品罷檢校所乙丑太陰犯昴丁卯賑北方諸驛戊辰太陰犯東井庚午太白晝見辛未太陰犯軒轅丙子以皇太子受玉冊詔天下己卯浚通惠河增河東陝西鹽運司判官一員給分司印二置提領所二秩從八品官各二員鹽場二增管勾各二員罷滙鹽戶提領二十人濟南濱棣州章丘等縣水免其田租十一月辛卯熒惑犯進賢木邦路帶邦爲寇敕雲南省招捕之乙巳以祕書卿苦思丁爲大司徒庚子敕晉王部貧民二千居稱海屯田增京畿

漕運司同知副使各一員給分司印中書省臣言曩賜諸王阿只吉鈔三萬錠使營子錢以給畋獵廩膳毋取諸民今其部阿魯忽等出獵恣索於民且爲姦事宜令宗正府刑部訊鞫之以正典刑制曰可禁民匿蒙古軍亡奴帝諭臺臣曰有國家者以民爲本比聞百姓疾苦銜寃者衆其令監察御史廉訪司審察以聞河間民饑發粟賑之十二月壬戌命皇太子參決國政封宋儒周惇頤爲道國公甲子遣宗正府扎魯忽赤二員審決興和平地等處獄囚省雲南大理大小徹里等地同知相副官及儒學蒙古教授等官百二十四員丙寅太陰犯軒轅己巳復吏人出身舊制其犯贓者止從七品免大都上都興和延祐七年差稅河西塔塔剌地置屯田立軍民萬戶府壬申太陰犯星平章政事王毅以親老辭職從之仍賜其父幣帛癸酉是夜風雪甚寒帝謂侍臣曰朕與卿等居暖室宗戚昆弟遠戍邊陲曷勝其苦歲賜錢帛可不徧及耶敕上都大都冬夏設食於路以食饑者

七年春正月辛巳朔日有食之帝齋居損膳輟朝賀壬午御史臺臣言比賜不

兒罕丁山場完者不花海舶稅會計其鈔皆數十萬錠諸王軍民貧乏者所賜未嘗若是苟不撙節漸致帑藏虛竭民益困矣中書省臣進曰臺臣所言良是若非振理朝綱法度愈壞臣等乞賜罷黜選任賢者帝曰卿等不必言其各共乃事癸未帝御大明殿受諸王百官朝賀辛卯江浙行省丞相黑驢言白雲僧沈明仁擅度僧四千八百餘人獲鈔四萬餘錠既已辭伏今遣其徒沈崇勝潛赴京師行賄求援請逮赴江浙併治其罪從之乙未太陰犯明堂上星丁亥帝不豫辛丑帝崩於光天宮壽三十有六在位十年癸卯葬起輦谷從諸帝陵五月乙未羣臣上謚曰聖文欽孝皇帝廟號仁宗國語曰普顏篤皇帝仁宗天性慈孝聰明恭儉通達儒術妙悟釋典嘗曰明心見性佛教爲深脩身治國儒道爲切又曰儒者可尙以能維持三綱五常之道也平居服御質素澹然無欲不事遊畋不喜征伐不崇貨利事皇太后終身不違顏色待宗戚勳舊始終以禮大臣親老時加恩賚太官進膳必分賜貴近有司奏大辟每慘惻移時其孜孜為治一遵世祖之成憲云

元史卷二十六

元史卷二十六考證

五年四月以千奴史弼並爲中書平章政事○志奴作盧

五月以御史中丞亦列赤爲中書右丞相○臣祖庚按下文及年表俱無相字

元史卷二十六考證

元史卷二十七

明翰林學士亞中大夫知制誥兼修國史宋　濂等修

本紀第二十七

英宗一

英宗睿聖文孝皇帝諱碩德八剌仁宗嫡子也母莊懿慈聖皇后弘吉剌氏以大德七年二月甲子生仁宗欲立爲太子帝入謁太后固辭曰臣幼無能且有兄在宜立兄以臣輔之太后不許延祐三年十二月丁亥立爲皇太子授金寶開府置官屬監察御史段輔太子詹事郭貫等首請近賢人擇師傅帝嘉納之六年十月戊午受王冊詔命百司庶務必先啓太子然後奏聞帝謂中書省臣曰至尊委我以天下事日夜寅畏惟恐弗堪卿等亦當洗心滌慮恪勤乃職勿有曠壞以貽君父憂七年春正月戊戌仁宗不豫帝憂形于色夜則焚香泣曰至尊以仁慈御天下庶績順成四海清晏今天降大厲不如罰殛我身使至尊永爲民主辛丑仁宗崩帝哀毀過禮素服寢于地日歠一粥癸卯太陰犯斗甲

辰太子太師鐵木迭兒以太后命爲右丞相丙午遣使分讞内外刑獄戊申賑
通漷二州蒙古貧民汰知樞密院事四員禁巫祝日者交通宗戚大官二月壬
午罷造永福寺賑大同豐州諸驛饑以江浙行省左丞相黑驢爲中書平章政
事丁巳修佛事戊午祭社稷建御容殿于永福寺汰富民竄名宿衛者給役蒙
古諸驛己未命儲糧于宣德開平和林諸倉以備賑貸供億復以都水監隸中
書辛丑太陰犯軒轅御女平章政事赤斤鐵木兒御史大夫脫歡罷爲集賢大
學士壬戌太陰犯靈臺甲子鐵木迭兒阿散請捕逮四川行省平章政事趙世
延赴京參議中書省事乞失監坐鬻官刑部以法當杖太后命笞之帝曰不可
法者天下之公徇私而輕重之非示天下以公也卒正其罪丙寅以陝西行省
平章政事趙世榮爲中書平章政事江西行省右丞木八剌爲中書右丞參知
政事張思明爲中書左丞中書左丞換住罷爲嶺北行省右丞丁卯太陰犯日
星白雲宗攝沈明仁爲不法坐罪詔籍江南冒爲白雲僧者爲民己巳修鎮雷
佛事于京城四門罷上都乾元寺規運總管府庚午太陰犯斗辛未括民間係

官山場河泊窰冶盧舍壬申召陝西行臺御史大夫答失鐵木兒赴闕以遼陽大同上都甘肅官牧羊馬牛駞給朔方民戶仍給曠地屯種癸酉括勘崇祥院地其冒以官地獻者追其直以民地獻者歸其主決開平重囚丙子定京城環衞更番法准五衞漢軍歲例丁丑奪前中書平章政事李孟所受秦國公制命仍仆其先墓碑戊寅中書平章政事兀伯都剌罷爲甘肅行省平章政事阿禮海牙罷爲湖廣行省平章政事鐵木迭兒以前御史中丞楊朵兒只中書平章政事蕭拜住違太后旨矯命殺之並籍其家徽政院史失列門以太后命請更朝官帝曰此豈除官時耶且先帝舊臣豈宜輕動俟予卽位議于宗親元老賢者任之邪者黜之可也司農卿完者不花言先帝以土田頒賜諸臣者宜悉歸之官帝問曰所賜爲誰對曰左丞相阿散所得爲多帝曰予常諭卿等當以公心輔弼卿於先朝嘗請海泊之稅以阿散奏而止今卿所言乃復私憾耳非公議也豈輔弼之道耶遂出完者不花爲湖南宣慰使奪僧輦真吃剌思等所受司徒國公制仍銷其印三月辛巳以中書禮部領教坊司壬午賑陳州嘉定州

饑瓜哇遣使入貢戊子太陰犯酒旗上星熒惑犯進賢徵諸王駙馬流竄者給
侍從遣就分邑庚寅帝卽位詔曰洪惟太祖皇帝膺期撫運肇開帝業世祖皇
帝神機睿略統一四海以聖繼聖迨我先皇帝至仁厚德涵濡羣生君臨萬國
十年于茲以社稷之遠圖定天下之大本叶謀宗親授予冊寶方春宮之與政
遽昭考之賓天諸王貴戚元勳碩輔咸謂朕宜體先帝付託之重皇太后擁護
之慈既深繫於人心詎可虛于神器合辭勸進誠意交孚乃于三月十一日卽
皇帝位于大明殿可赦天下尊太后爲太皇太后是夜太陰犯明堂壬辰太皇
太后受百官朝賀于興聖宮鐵木迭兒進開府儀同三司上柱國太師敕羣臣
超授散官者朝會毋越班次賜諸王也孫鐵木兒脫脫那顏等金銀幣帛有差
賑寧夏路軍民饑甲午作佛事于寶慈殿賑木憐渾都兒等十一驛饑乙未日
有暈若連環丙申斡羅思等內附賜鈔萬四千貫遣還其部遣知樞密事也兒
吉尼檢覈鞏昌等路屯戍選甘州戍卒戊戌汰上都留守司留守五員定吏員
秩止從七品如前制庚子降太常禮儀院通政院都護府崇福司並從二品蒙

古國子監都水監尚乘寺光祿寺並從三品給事中闌遺監尚舍寺司天監並
正四品其官遞降一等有差七品以下不降賜邊戍諸王駙馬及將校士卒金
銀幣帛有差市羊五十萬馬十萬贍北邊貧乏者辛丑禁擅奏璽書以樞密院
兼領左右衞率府壬寅降前中書平章政事李孟爲集賢侍講學士悉奪前所
受制命御史臺臣請降詔諭百司以肅臺綱帝曰卿等但守職盡言善則朕當
服行否亦不汝罪也甲辰詔中外毋沮議鐵木迭兒敕罷醫卜工匠任子其藝
精絕者擇用之丙午有事於南郊告卽位丁未罷崇祥院以民匠都總管府隸
將作院夏四月庚戌有事于太廟告卽位追奪佛速司徒官罷少府監復儀鳳
教坊廣惠諸司品秩罷行中書省丞相河南行省丞相也先鐵木兒湖廣行省
丞相朵兒只的斤遼陽行省丞相並降爲本省平章政事惟征東行省丞相高
麗王不降賜諸王鐵木兒不花鈔萬五千貫甲寅太白犯填星乙卯復國子監
都水監秩正三品罷回回國子監行通政院封諸王徹徹禿爲寧遠王申詔京
師勢家與民均役那懷渾都兒驛戶饑賑之戊午祀社稷告卽位己未紹慶路

洞蠻爲寇命四川行省捕之祭遁甲神于香山命平章政事王毅等徵理在京
諸倉庫糧帛虧額申嚴和林酒禁庚申降百官越階者並依所受之職以太常
禮儀院使拜住爲中書平章政事以西僧牙八的里爲元水延教三藏法師授
金印壬戌太陰犯房以卽位賞宿衛軍括馬三萬疋給蒙古流民遣還其部給
通漷二州蒙古戶夏布鐵木迭兒請參決政務禁諸臣毋隔越擅奏從之乙丑
仁宗喪卒哭作佛事七日戊辰車駕幸上都海運至直沽調兵千人防戍封王
煦爲雞林郡公議祔仁宗以陰陽拘忌權結綵殿於太室東南以奉神主己巳
河間真定濟南等處蒙古軍饑賑之罷市舶司禁賈人下番課回回散居郡縣
者戶歲輸包銀二兩增兩淮荆湖江南東西道田賦斗加二升賑大都淨州等
處流民給糧馬遣還北邊戊寅以蒙古漢人驛傳復隸通政院有獻七寶帶者
因近臣以進帝曰朕登大位不聞卿等薦賢而爲人進帶是以利誘朕也其還
之是月左衛屯田旱蝗左翊屯田蟲食麥苗亳州水五月己卯禁僧馳驛仍收
元給璽書庚辰上都留守賀伯顏坐便服迎詔棄市籍其家辛巳汝寧府霖雨

傷麥禾發粟五千石賑糶之丁亥罷沅陵縣浦口千戶所己丑中書省臣請禁擅奏除拜帝曰然恐朕遺忘或乘間奏請濫賜名爵汝等當復以聞復置稱海五條河屯田命僧禱雨大同雲內豐勝諸郡縣饑發粟萬二千石貸之左丞相阿散罷爲嶺北行省平章政事以拜住爲中書左丞相乃剌忽塔失海牙並爲中書平章政事只兒哈郎爲中書參知政事庚寅太陰犯心辛卯參知政事欽察罷爲集賢學士賑上都城門及駐冬衞士遣使榷廣東番貨弛陜西酒禁壬辰和林民闕海瘞殍死者三千餘人旌其門癸巳太陰犯天狗甲午瀋陽軍民饑給鈔萬二千五百貫賑之乙未請大行皇帝諡于南郊丙申太白犯畢禁宗戚權貴避徭役及作奸犯科戊戌有告嶺北行省平章政事阿散中書平章政事黑驢及御史大夫脫忒哈徽政使失列門等與故要束謀妻亦列失八謀廢立拜住請鞫狀帝曰彼若借太皇太后爲詞奈何命悉誅之籍其家追封隴西公汪世顯爲隴右王辛丑以知樞密院事鐵木兒脫爲中書平章政事壬寅監察御史請罷僧道工伶濫爵及建寺豢獸之費甲辰以誅阿散黑驢賀伯顏等

詔天下勅百司日勤政務怠者罪之丙午御史劉恆請興義倉及奪僧道官勅
捕亦列失八子江浙行省平章政事買驢仍籍其家丁未封王禪爲雲南王往
鎭其地饒州番陽縣進嘉禾一莖六穗以賀伯顏失列門阿散家貲田宅賜鐵
木迭兒等六月己酉流徽政院使米薛迷于金剛山以脫忒哈失列門故奪人
畜產歸其主甲寅前太子詹事床兀兒伏誅京師疫修佛事于萬壽山乙卯昌
王阿失部饑賜鈔千萬貫賑之賞誅阿散等功賜拜住以下金銀鈔有差丙辰
召河南行省平章政事也仙帖木兒至京師收脫忒哈廣平王印丁巳以江西
行省左丞相脫脫爲御史大夫宗正扎魯火赤鐵木兒不花知樞密院事戊午
罷徽政院廣東採珠提舉司罷以有司領其事封知樞密院事塔失鐵木兒爲
薊國公己未定邊地盜孳畜罪犯者令給各部力役如不悛斷罪如內地法庚
申太陰犯斗賜角觝百二十人鈔各千貫辛酉詔免僧人雜役壬戌敕諸使至
京者大事五日小事三日遣還是夜月食既癸亥太陰犯壘壁陣乙丑賑北邊
饑民有妻子者鈔千五百貫孤獨者七百五十貫新作太祖幄殿西番盜洛各

目降丁卯太白犯井賜諸王阿木里台宴服珠帽戊辰賑雷家驛戶鈔萬五千貫辛未太陰犯昴甲戌賜北邊諸王伯要台等十人鈔各二萬五千貫邊民賑米三月修寧夏欽察魯佛事給鈔二百一十二萬貫丁丑改紅城中都威衞爲忠翊侍衞親軍都指揮使司隸樞密院罷章慶司延福司羣牧監宮正司遼陽萬戶府復徽儀司爲繕珍司善政司爲都總管府內宰司延慶司甄用監復爲正三品旌益都蝗荊門州旱棣州高郵江陵水秋七月戊寅賜諸王曲魯不花鈔萬五千貫命玄教宗師張留孫修醮事于崇真宮壬午立普定路屯田分烏撒烏蒙屯田卒二千赴之運和林糧于扎昆倉以便邊軍市馬三萬羊四萬給邊軍貧乏者癸未括馬於大同興和冀寧三路以頒衞士甲申車駕將北幸調左右翊軍赴北邊浚井以知樞密院事買驢哈丹並爲遼陽行省平章政事丙戌賜諸王買奴等鈔二十五萬貫丁亥太陰犯斗諸王告住等部火賑糧三月鈔萬五千貫晉王也孫鐵木兒部饑賑鈔五千萬貫壬辰罷女直萬戶府及狗站脫脫禾孫散遼陽紅花萬戶府兵還屬從諸營還大都禁踐民禾安南內附人

陳巖言其國貢使多爲覘伺敕湖廣行省汰遣之乙未賜西僧沙加鈔萬五千貫以甘肅行省平章欽察知樞密院事回回太醫進藥曰打里牙給鈔十五萬貫丙申以昌平灤陽十二驛供億繁重給鈔三十萬貫賑之中書平章政事乃剌忽罷降封安王兀都不花爲順陽王禁獻珍寶製袞冕戊戌熒惑犯房樞密院臣言塔海萬戸部不剌兀赤與北兵戰拔軍士三百人以還棄其子於野殺所乘馬以啗士卒請賞之賜鈔五千貫斡魯思辰告諸王月兒魯鐵木兒謀變賞鈔萬五千貫敕中外希賞自請者勿予己亥太陰犯昴賜女巫伯牙台鈔萬五千貫庚子以江南行御史臺中丞廉恂爲中書平章政事辛丑賜公主扎牙八剌等鈔七萬五千貫晉王也孫鐵木兒遣使以地七千頃歸朝廷請有司徵其租歲給糧鈔從之以遼陽金銀鐵冶歸中政院癸卯賜伶人鈔二萬五千貫洒人十五萬貫己巳以知樞密院事也先吉尼爲江西行省平章政事是月後衞屯田及頴息汝陽上蔡等縣水霸州及堂邑縣蝻八月丁未朔嶺北省臣忻都坐以官錢犒軍免官詔復其職戊申祭社稷罷曲靖路人匠提舉司賑晉王

部軍民鈔二百五十萬貫熒星于司天監辛亥賑龍居河諸軍乙卯賜上都駐
冬衞士鈔四百萬貫諸王木南卽部饑興聖宮牧駞戶貧乏並賑之丙辰祔仁
宗聖文欽孝皇帝莊懿慈聖皇后于太廟鐵木迭兒攝太尉奉玉册行事太白
犯靈臺戊午鐵木迭兒以趙世延嘗劾其姦誣以不敬下獄請殺之幷究省臺
諸臣不允帝幸涼亭從容謂近侍曰頃鐵木迭兒必欲寘趙世延于死地朕素
聞其忠良故每奏不納左右咸稱萬歲乙丑熒惑犯天江丁卯太白犯太微垣
右執法宮人官奴坐用日者請太皇太后熒星杖之籍其資脫思馬部宣慰使
亦憐真坐違制不發兵杖流奴兒干之地庚午發米十萬石賑糶京師貧民壬
申太陰犯軒轅御女甲戌廣東新州饑賑之河間路水九月甲申建壽安山寺
給鈔千萬貫括興和馬以贍北部貧民禁五臺山樵採罷上都嶺北甘肅河南
諸郡酒禁乙酉太陰犯壘壁陣丙戌熒惑犯斗壬辰敕議王華宮歲享睿宗登
歌大樂土番利族阿俄等五種寇成谷遣鞏昌總帥以兵討之循州溪蠻秦元
吉爲寇遣守將捕之癸巳太陰犯昴瀋陽水旱害稼弛其山場河泊之禁戊戌

太陰犯鬼己亥太白犯亢庚子常澧州洞蠻貞公合諸洞爲寇命土官追捕之
癸卯親王脫不花搠思班遣使來賀登極甲辰雲南木邦路土官紿邦子忙兀
等入貢賜幣有差遣馬扎蠻等使占城占臘龍牙門索馴象以稟藏不充停諸
王所部歲給冬十月丁未時享太廟庚戌太陰犯熒惑于斗將作院使也速坐
董製珠衣怠工杖之籍其家壬子作佛事于文德殿四十日申嚴兩淮鹽禁丁
巳酉陽甯儂洞蠻田謀遠爲寇命守臣招捕之戊午車駕至自上都詔太常院
臣曰朕將以四時躬祀太室宜與羣臣集議其禮此追遠報本之道毋以朕勞
于對越而有所損其悉遵典禮安南國遣其臣鄧恭儉來貢方物庚申敕譯佛
書辛酉賜勞探馬赤宿衛者遣還所部癸亥太陰犯井乙丑幸大護國仁王寺
帝師請以醮八兒監藏爲土番宣慰司都元帥從之酉陽土官冉世昌遣其子
冉朝率大小石隄洞蠻入貢丙寅定恭謝太廟儀式丁卯爲皇后作鹿頂殿于
上都己巳罷玉華宮祀睿宗登歌樂敕翰林院譯詔關白中書庚午命拜住督
造壽安山寺癸酉流諸王阿刺鐵木兒於雲南十一月丙子朔帝御齋宮丁丑

恭謝太廟至仁宗太室卽流涕左右感動戊寅以海運不給命江浙行省以財賦府租益之還其直歸宣徽中政二院檢勘沙淨二州流民勒還本部以登極大賚諸王百官中書會其數計金五千兩銀七十八萬兩鈔百二十一萬一千貫幣五萬七千三百六十四匹帛四萬九千三百二十二匹木綿九萬二千六百七十二匹布二萬三千三百九十八匹衣八百五十九襲鞍勒弓矢有差給嶺北驛牛馬造今年鈔本至元鈔五千萬貫中統鈔二百五十萬貫汰衞士冒受歲賜者庚辰併永平路灤邑縣于石城遣定住等括順陽王兀都思不花邸財物入章佩監中政院禁京城諸寺邸舍匿商稅辛巳以親祀太廟禮成御大明殿受朝賀甲申敕翰林國史院纂修仁宗實錄丁亥作佛事于光天殿戊子幸隆福宮己丑宣德蒙古驛饑命通政院賑之丁酉詔各郡建帝師八思巴殿其制視孔子廟有加戊戌交趾蠻儂志德寇脫零那乞等六洞命守將討之遣使閱實各行省戍兵己亥計京官俸鈔給米三分癸卯熒惑犯壘壁陣甲辰鐵木迭兒言和市織幣薄惡由董事者不謹請免右丞高昉等官仍令郡縣更造

徵其元直不允太常禮儀院擬進時享太廟儀式十二月乙巳朔詔曰朕祗適
貽謀獲承丕緒念付託之惟重顧繼述之敢忘爰以延祐七年十一月丙子被
服袞冕恭謝于太廟既大禮之告成宜普天之均慶屬茲踰歲用易紀元于以
導天地之至和于以法春秋之謹始可以明年爲至治元年減天下租賦二分
包銀五分免大都上都興和三路差稅三年優復煑鹽煉鐵等戶二年開燕南
山東河泊之禁聽民采取命官家屬流落邊遠者有司資給遣之其子女典鬻
於人者聽還其家監察御史廉訪司歲舉可任守令者二人七品以上官有偉
畫長策可以濟世安民者實封上之士有隱居行義明治體不求聞達者有司
具狀以聞丁未播州蠻的羊籠等來降庚戌鑄銅爲佛像置玉德殿壬子賜
壽寧公主鈔七萬五千貫癸丑以天壽節預遣使修醮于龍虎山乙卯率百官
奉玉冊玉寶加上太皇太后尊號曰儀天興聖慈仁昭懿壽元全德泰寧福慶
徽文崇祐太皇太后翰林學士忽都魯都兒譯進宋儒真德秀大學衍義帝曰
修身治國無踰此書賜鈔五萬貫河南饑帝問其故羣臣莫能對帝曰良由朕

治道未洽卿等又不盡心乃職委任失人致陰陽失和災害薦至自今各務勤
恪以應天心毋使吾民重困太陰掩昴丙辰以太皇太后加號禮成御大明殿
受朝賀丁巳詔諭中外戊午太陰犯井庚申太陰犯鬼辛酉作延春閣後殿壬
戌召西僧輦真哈剌思赴京師敕所過郡縣肅迎乙丑熒星于回回司天監四
十晝夜丙寅以典瑞院使闊徹伯知樞密院事修祕密佛事于延春閣丁卯鐵
木迭兒拜住言比者詔內外言得失今上封事者或直進御前乞令臣等開視
乃入奏聞帝曰言事者直至朕前可也如細民輒訴訟者則禁之給武宗皇后
鈔七十五萬貫以大學衍義印本頒賜羣臣戊辰以太皇太后加號禮成告太
廟己巳敕罷明年二月八日迎佛中書右丞木八剌罷爲江西行省右丞以中
書參知政事只兒哈郎爲右丞江南浙西道廉訪使薛處敬爲中書參知政事
遣使閱奉元路軍需庫辛未拜住進鹵簿圖帝以唐制用萬二千三百人耗財
乃定大駕爲三千二百人法駕二千五百人上思州猺結交趾寇忠州癸酉帝
聞賀伯顏母老憫之以所籍京兆田磑還其家江浙行省平章政事伯顏察兒

江西行省平章政事白撒都並坐貪墨免官是歲决獄輕重七千六百三十事
河決汴梁原武浸灌諸縣滹沱決文安大成等縣渾河溢壞民田廬泰州成紀
縣暴雨山崩朽壞墳起覆没畜產汴梁延津縣大風晝晦桑多損大同雨雹大
者如鷄卵諸衛屯田隕霜害稼益津縣雨黑霜
至治元年春正月丁丑修佛事于文德殿壬午增置潮州都漕運司同知運判
各一員甲申召高麗王王章赴上都丙戌帝服袞冕享太廟以左丞相拜住亞
獻知樞密院事闊徹伯終獻詔羣臣曰一歲惟四祀使人代之不能致如在之
誠實所未安歲必親祀以終朕身廷臣或言祀事畢宜赦天下帝諭之曰恩可
常施赦不可屢下使殺人獲免則死者何辜遂命中書陳便宜事行之丁亥帝
欲以元夕張燈宮中參議中書省事張養浩上書諫止帝遽命罷之曰有臣若
此朕復何憂自今朕凡有過豈獨臺臣當諫人皆得言賜養浩帛二疋諸王忽
都答兒來朝癸巳諸王斡羅思部饑發淨州平地倉糧賑之蘄州蘄水縣饑賑
糧三月奉元路饑禁酒乙未太陰掩房己亥降延福監為延福提舉司廣福監

爲廣福提舉司秩從五品以壽安山造佛寺置庫掌財帛秩從七品甲辰辰星犯外屏水金火土四星聚奎二月汴梁歸德饑發粟十萬石賑糶河南安豐饑以鈔二萬五千貫粟五萬石賑之戊申祭社稷改中都威衞爲忠翊侍衞親軍都指揮使司己酉作仁宗神御殿于普慶寺辛亥調軍三千五百人修上都華嚴寺壬子夜金火土三星聚于奎大永福寺成賜金五百兩銀二千五百兩鈔五十萬貫幣帛萬匹丁巳畋于柳林敕更造行宮監察御史觀音保鎖咬兒哈的迷失成珪李謙亨諫造壽安山佛寺殺觀音保鎖咬兒哈的迷失杖珪謙亨竄于奴兒干地己未樞密院臣請授副使吳元珪榮祿大夫以階高不允授正奉大夫賑木憐道三十一驛貧戶辛酉太白犯熒惑癸亥太陰犯心甲子置承徽寺秩正三品割常州宜興民四萬戶隸之丁卯以僧法洪爲釋源宗主授榮祿大夫司徒禁越臺省訴事罷先朝傳旨濫選者戊辰賜公主扎牙八剌從者鈔七十五萬貫三月甲戌營王也先帖木兒部畜牧死損賜鈔五十萬貫丙子建帝師八思巴寺於京師丁丑御大明殿受緬國使者朝貢太陰掩昴賜公主

買的鈔五萬貫駙馬滅憐鈔二萬五千貫召諸王太平于汴發民丁疏小直沽
白河庚辰廷試進士泰普化宋本等六十四人賜及第出身有差辛巳車駕幸
上都遣使賜西番撒思加地僧金二百五十兩銀二千二百兩袈裟二萬幣帛
旛茶各有差壬午遣呪師朵兒只往牙濟班卜二國取佛經癸未製御服珠袈
裟甲申敕纂修仁宗實錄后妃功臣傳乙酉寶集寺金書西番波若經成置大
內香殿益壽安山造寺役軍己丑大同路麒麟生甲午置雲南王府己亥宦者
孛羅鐵木兒坐罪流奴兒干地庚子賑寧國路饑辛丑以鐵失爲御史大夫佩
金符領忠翊侍衞親軍都指揮使癸卯益都般陽饑以粟賑之夏四月丙午給
喃答失王府銀印秩正三品寬徹忽塔迭失王府銅印秩從三品庚戌享太廟
江州贛州臨江霖雨袁州建昌旱民皆告饑發米四萬八千石賑之丁巳廣德
路旱發米九千石減直賑糶戊午太陰犯心己未造象駕金脊殿吉陽黎蠻寇
寧遠縣庚申太陰犯斗戊辰敕賜鐵木迭兒父祖碑命宦者孛羅台爲太常署
令太常官言刑人難與大祭遂罷之五月丙子毀上都回回寺以其地營帝師

殿賑益都膠州饑丁丑霸州蝗戊寅太白犯鬼積尸氣太陰犯軒轅庚辰太陰
犯明堂濮州大饑命有司賑之壬午還親王圖帖穆爾于海南禁日者毋交通
諸王駙馬掌陰陽五科者毋泄占候以興國路去歲旱免其田租丁亥修佛事
于大安閣庚寅賑諸王哈賓鐵木兒部沂州民張昱坐妖言濟南道士李天祥
坐教人兵藝杖之女直鑾赤興等十九驛饑賑之辛卯海漕糧至直沽遣使祀
海神天妃作行殿于縉山流杯池高郵府旱癸巳寶定路飛蟲食桑乙未命世
家子弟成童者入國學辛丑太常禮儀院進太廟制圖壬寅開元路霖雨六月
癸卯朔日有食之作金浮屠于上都藏佛舍利乙卯以鐵木迭兒領宣政院事
丁巳參知政事敬儼罷爲陝西行御史臺中丞戊午涇州雨雹己未太陰犯虛
梁滁州霖雨傷稼蠲其租辛酉太白經天趙弘祚等言事勒歸鄉里仍禁妄言
時政壬戌龍虎山張嗣成來朝授太玄輔化體仁應道大真人乙丑遣使往銓
江浙江西湖廣四川雲南五省邊郡官選丁卯熒星于司天臺大同路雨雹戊
辰衛輝汴梁等處蝗己巳以上都留守只兒哈郎爲中書平章政事臨江路旱

免其租通濟屯霖雨傷稼霸州大水渾河溢被災者二萬三千三百戶秋七月
壬申賜晉王也孫鐵木兒鈔百萬貫遼陽開元等路及順州邢臺等縣大水癸
酉衛輝路胙城縣蝗乙亥賑南恩新州饑丙子淮安路屬縣水丁丑享太廟戊
寅通州潞縣榆棣水決庚辰鹵簿成滹沱河及范陽縣巨馬河溢辛巳盩厔縣
僧圓明作亂遣樞密院判官章台督兵捕之壬午通許臨淮盱眙等縣蝗癸未
封太尉孛蘭奚爲和國公乙酉大雨渾河防決庚寅清池縣蝗癸巳太陰犯昴
黃平府蠻盧砰爲寇劘萬戶何之祺等官一級遣吏部尚書教化禮部郎中文
矩使安南頒登極詔諸王闊別薨賻鈔萬五千貫丙申禁服色踰制己亥奉仁
宗及帝御容於大聖壽萬安寺蒲陰縣大水庚子修上都城詔河南江浙流民
復業淮西蒙城等縣饑郃陽道士劉志先以妖術謀亂復命章台捕之薊州平
谷漁陽等縣大水大都保定真定大名濟寧東平東昌永平等路高唐曹濮等
州水順德大同等路雨雹乞兒吉思部水八月壬寅修都城安陸府水壞民廬
舍癸卯賑膠州饑甲辰高郵興化縣水免其租丙午泰興江都等縣蝗丁未太

陰犯心戊申祭社稷上都鹿頂殿成己酉太陰犯斗庚戌以軍士貧乏遣知樞密院事鐵木兒不花整治仍詔諭中外有敢擾害者罪之賑北部孤寡糧鈔賜公主速哥八剌鈔五十萬貫兀兒速憨哈納思等部貧乏戶給牝馬二疋壬子熒惑犯軒轅乙卯中書平章政事鐵木兒脫罷爲上都留守壬戌淮安路鹽城山陽縣水免其租車駕駐蹕興和左右以寒甚請還京師帝曰兵以牛馬爲重民以稼穡爲本朕遲留蓋欲馬得芻牧民得刈穫一舉兩得何計乎寒雷州路海康遂溪二縣海水溢壞民田四千餘頃免其租秦州成紀縣山崩九月乙亥熒惑犯靈臺京師饑發粟十萬石減價糶之丙子駐蹕昂兀嶺壬午熒惑犯太微西垣上將賜諸王撒兒蠻鈔五萬貫壬辰中書平章政事塔失海牙坐受贓杖免丁酉熒惑犯太微垣右執法車駕還大都庚子安陸府漢水溢壞民田賑之冬十月辛丑朔修佛事於大內妖僧圓明等伏誅甲午太白經天戊申熒惑犯太微垣左執法庚戌親享太廟壬子拜住獻嘉禾兩莖同穗癸丑敕翰林集賢官年七十者毋致仕以內郡水罷不急工役敕蒙古子女鬻爲回回漢人奴

者官收養之禁中書掾曹毋泄機事命樞密遣官整視各郡兵馬戊午置趙王馬札罕部錢糧總管府秩正三品己未肇慶路水賑之丙寅河南行省參知政事你咱馬丁坐殘忍免官丁卯增置侍儀司通事舍人六員侍儀舍人四員己巳遣燕鐵木兒巡邊十一月辛未熒惑犯進賢己亥幸大護國仁王寺丙子太陰犯虛梁戊寅御大明殿羣臣上尊號曰繼天體道敬文仁武大昭孝皇帝是夜辰星犯房己卯以受尊號詔天下拜住請釋因不允庚辰益壽安山寺役卒三千人辛巳命御史大夫鐵失領左右阿速衞丙戌太陰犯井丁亥以教官待選者借注廣海巡檢己丑太陰犯酒旗又犯軒轅庚寅拜住等言受尊號宜謝太廟行一獻禮世祖亦嘗議行武宗則躬行謝禮詔曰朕當親謝命太史卜日樞密選兵肄鹵簿辛卯太陰犯明堂癸巳以營田提舉司徵酒稅擾民命有司兼權之甲午以遼陽行省管內山場隸中政院丙申敕立故丞相安童碑于保定新城戊戌鞏昌成州饑發義倉賑之己亥太白犯西咸十二月庚子給蒙古子女冬衣辛丑立亦啓烈氏爲皇后遣攝太尉中書右丞相鐵木迭兒持節授

玉冊玉寶癸卯以立后詔天下慶遠路饑眞定路疫並賑之甲辰熒惑犯亢戊申躬謝太廟庚戌太陰犯昴作太廟正殿甲寅疏玉泉河車駕幸西僧灌頂寺己未封唆南藏卜爲白蘭王錫金印眞定保定大名順德等路水民饑禁釀酒以金虎符頒各行省平章政事辛酉熒惑入氐甲子置田糧提舉司掌薊景二州田賦以給衞士貧乏者秩從五品命帝師公哥羅古羅思監藏班藏卜詣西番受具足戒賜金千三百五十兩銀四千五十兩幣帛萬匹鈔五十萬貫以諸王怯伯使者數入朝發兵守北口及盧溝橋河間路饑賑之復以馬家奴爲司徒乙丑置中瑞司冶銅五十萬斤作壽安山寺佛像寧海州蝗歸德遼陽通州等處水

元史卷二十七

元史卷二十七考證

英宗睿聖文孝皇帝紀上都留守賀伯顏○賀伯顏卽賀勝伯顏賜名也

至治元年五月壬午遷親王圖帖穆爾於海南○圖帖穆爾卽武宗子文宗也

十月甲午太白經天○以上文甲子推之應作丙午甲午誤也

元史卷二十七考證

珍傲宋版邹

元史卷二十八

明翰林學士亞中大夫知制誥兼修國史宋　濂等修

本紀第二十八

英宗二

二年春正月己巳朔安南占城各遣使來貢方物壬申保定雄州饑賑之庚午廣太廟甲戌禁漢人執兵器出獵及習武藝丁丑太陰犯昴親祀太廟始陳鹵簿賜導駕耆老幣帛戊寅敕有司存恤孔氏子孫貧乏者己卯山東保定河南汴梁歸德襄陽汝寧等處饑發米三十九萬五千石賑之庚辰太白犯建星公主阿剌忒納八剌下嫁賜鈔五十萬貫辛巳太白犯建星敕臺憲用人勿拘資格儀封縣河溢傷稼賑之癸未流徽政院使羅源于耽羅建行殿于柳林封塔察兒爲薊國公辛卯太陰犯心癸巳以西僧羅藏爲司徒澂州饑糶米十萬石賑之甲午熒惑犯房丁酉太白犯牛二月己亥朔熒惑犯建閉星庚子置左右欽察衛親軍都指揮使司命拜住總之罷上都歇山殿及帝師寺役辛丑賜鐵

失父祖碑癸卯以江南行臺御史大夫欽察爲中書平章政事江浙行省參政
王居仁爲中書參知政事薛處敬罷爲河南行省左丞丙午熒惑犯罰星戊申
祭社稷順德路九縣水旱賑之太陰犯井庚戌熒惑犯東咸辛亥太陰犯酒旗
及軒轅壬子太白犯壘壁陣賜諸王案忒不花鈔七萬五千貫以徹兀台秃忽
魯死事賜鈔三萬五千貫諸王怯伯遣使進文豹河間路饑禁釀酒癸丑太陰
犯明堂甲寅以太廟役軍造流盃池行殿廣海郡邑官曠員敕願往任者陞秩
二等乙卯以遼陽行省平章政事買驢爲中書平章政事西僧亦思剌蠻展普
疾詔爲釋大辟囚一人笞罪二十人戊午賑真定等路饑己未太陰犯天江括
馬賜宗仁衞壬戌太白犯壘壁陣諸王怯伯遣使進海東青鶻癸亥遼陽等路
饑免其租仍賑糧一月甲子恩州水民饑疫賑之三月己巳中書省臣言國學
廢弛請令中書平章政事廉恂參議中書事張養浩都事孛朮魯翀董之外郡
學校仍命御史臺翰林院國子監同議興舉從之敕四宿衞與聖宮及諸王部
勿用南人斡魯思告訐父母斬之辛未禁捕天鵝違者籍其家壬申復張珪司

徒臨安路河西諸縣饑賑之癸酉河南兩淮諸郡饑禁釀酒丙子延安路饑賑糧一月罷京師諸營繕役卒四萬餘人河間河南陝西十二郡春旱秋霖民饑免其租之半戊寅修都城庚辰敕江浙僧寺田除宋故有永業及世祖所賜者餘悉稅之癸未賑遼陽女直漢軍等戶饑乙酉賑濮州水災丙戌以親祀禮成賜與祭者幣普減內外官吏一資萬戶哈剌那海以私粟賑軍賜銀幣仍酬其直給行通政院印賜潛邸四宿衞士鈔有差復置市舶提舉司於泉州慶元廣東三路禁子女金銀絲綿下番丁亥鳳翔道士王道明妖言伏誅己丑有暈貫日如連環賜諸王斡魯溫孫銀印命有司建木華黎祠於東平仍樹碑以國用匱竭停諸王賞賚及皇后答里麻失等歲賜庚寅曹州滑州饑賑之命將作院更製袞旒辛卯遣御史錄囚置甘州八剌哈孫驛監察御史何守謙坐贓杖免壬辰賑上都十一驛給宗仁衞蒙古子女衣糧賜諸王脫烈鐵木兒鈔五萬貫甲午遼陽哈里賓民饑賑之丁酉幸柳林駙馬許納之子速怯訴曰臣父謀叛臣母私從人帝曰人子事親有隱無犯今有過不諫乃復告訐命誅之賑奉元

路饑夏四月戊戌朔車駕幸上都己亥嶺北蒙古軍饑給糧遣還所部庚子賑
彰德路饑壬寅真州火徽州饑並賑之辛亥涇州雨雹免被災者租壬子公主
失憐答里薨賜鈔五萬貫甲寅南陽府西穰等屯風雹洪澤芍陂屯田去年旱
蝗並免其租丙辰恩州饑禁釀酒乙丑中書省臣請節賞賚以紓民力帝曰朕
思所出倍於所入出納之際卿輩宜慎之朕當撙節其用丙寅賜邊卒鈔帛賑
東昌霸州饑民松江府上海縣水仍旱五月己巳以公主速哥八剌爲趙國大
長公主免德安府被災民租修滹沱河堤彰德府饑禁釀酒庚午泰符臨邑二
縣民謀逆其首王驢兒伏誅餘杖流之睢許二州去年水旱免其租辛未駙馬
脫脫薨賜鈔五萬貫丙子熒惑退犯東咸庚辰賑固安州饑置營於永平收養
蒙古子女遣使諭四方匿者罪之癸未以御史大夫脫脫爲江南行臺御史大
夫置宗仁蒙古侍衞親軍都指揮使司甲申車駕幸五臺山賑夏津永清二縣
饑以只兒哈郎爲御史大夫乙酉以拜住領宗仁蒙古侍衞親軍都指揮使司
事佩三珠虎符京師饑發粟二十萬石賑糶雲南行省平章答失鐵木兒朵兒

只坐贓杖免戊子禁民集衆祈神庚寅河南陝西河間保定彰德等路饑發粟
賑之仍免常賦之半調各衞漢軍二千充宗仁衞屯田卒滎星于五臺山甲午
賑鞏昌階州饑丙申以吳全節爲玄教大宗師特進上卿閏月戊戌封諸葛忠
武侯爲威烈忠武顯靈仁濟王辛丑萬戶李英以良民爲奴擅文其面坐罪癸
卯禁白蓮佛事睢陽縣亳社屯大水饑賑之諸王阿馬承童坐擅徙脫列捏王
衞士並杖流海南甲辰御史臺臣請黜監察御史不稱職者以示懲勸從之丙
午嶺北戍卒貧乏賜鈔三千二百五十萬貫帛五十萬疋戊申奉元路郿縣及
成州饑並賑之以鐵木迭兒子同知樞密院事班丹知樞密院事己酉也不干
八禿兒戍邊有功賜以金鈔壬子作紫檀殿乙卯以淮安路去歲大水遼陽路
隕霜殺禾南康路旱並免其租壬戌安豐屬縣霖雨傷稼免其租與元褒城縣
饑賑之甲子真定山東諸路饑弛其河泊之禁丙寅辰州沅陵縣洞蠻爲寇遣
兵捕之敕已除不赴任者奪其官封公主速哥八剌乳母爲順國夫人六月丁
卯朔車駕至五臺山禁扈從宿衞毋踐民禾置中慶大理二路推官各一員戊

辰揚州屬縣旱免其租己巳廣元路綿谷昭化二縣饑官市米賑之壬申熒惑
犯心癸酉申禁日者妄談天象甲戌新平上蔡二縣水免其租丙子修渾河堤
壬午辰州江水溢壞民廬舍丁亥奉元屬縣水淮安屬縣旱並免其租庚寅思
州風雹建德路水皆賑之秋七月戊戌淮安路水民饑免其租己亥熒惑犯天
江丁未賜拜住平江田萬畝壬子遣親王闊闊禿總兵北邊賜金二百五十兩
銀二千五百兩鈔五十萬貫戊午太陰犯井宿鉞星車駕次應州曲赦金城縣
囚徒庚申陞靖州爲路辛酉次澤源州中書左丞張思明坐罪杖免籍其家甲
子錄京師諸役軍匠病者千人各賜鈔遣還南康路大水廬州六安縣大雨水
暴至平地深數尺民饑命有司賑糧一月八月戊辰祭社稷己巳道州寧遠縣
民符翼軫作亂有司討擒之壬申蔚州民獻嘉禾甲戌次奉聖州築宗仁衞營
給廬州流民復業者行糧戊寅詔畫蠶麥圖於鹿頂殿壁以時觀之可知民事
也己卯廬州路六安舒城縣水賑之庚辰增壽安山寺役卒七千人庚寅鐵木
迭兒卒命給直市其葬地甲午瑞州高安縣饑命有司賑之九月戊戌大寧路

水達達等驛水傷禾賑之給蒙古子女貧乏者鈔七百五十萬貫戊申給壽安山造寺役軍匠死者鈔人百五十貫庚戌申禁江南典雇妻妾辛亥幸壽安山寺賜監役官鈔人五千貫甲寅賑淮東泰興等縣饑丙辰太皇太后崩戊午賜蒙古子女鈔百五十萬貫己未太陰犯明堂庚申敕停今年冬祀南郊癸亥地震甲子臨安河西縣春夏不雨種不入土居民流散命有司賑給令復業作層樓於涿州鹿頂殿西丙寅西僧班吉疾賜鈔五萬貫冬十月丁卯太史院請禁明年興作土功從之戊辰享太廟以國哀迎香去樂修廟工役未畢妨陳宮懸止用登歌丙子押濟思國遣使來貢方物江南行臺大夫脫脫坐請告未得旨輒去職杖謫雲南庚辰至辛巳太陰犯井甲申建太祖神御殿于興教寺己丑熒惑犯壘壁陣以拜住爲中書右丞相南恩州賊譚庚生等降十一月甲午朔日有食之己亥以立右丞相詔天下流民復業者免差稅三年站戶貧乏鬻賣妻子者官贖還之凡差役造作先科商賈末技富實之家以優農力免陝西明年差稅十之三各處官佃田明年租十之二江淮剏科包銀全免之御史李端

言近者京師地震日月薄蝕皆臣下失職所致帝自責曰是朕思慮不及致然
因敕羣臣亦當修飭以謹天戒罷世祖以後冗置官括江南僧有妻者爲民安
南國遣使來貢方物回賜金四百五十兩金幣九帛如之癸卯地震甲辰太白
犯壘壁陣罷徽政院乙巳熒惑犯壘壁陣丙午造龍船三艘戊申太陰掩井岷
州旱疫賑之賜戍北邊萬戸千戸等官金帶御史李端言朝廷雖設起居注所
錄皆臣下聞奏事目上之言動宜悉書之以付史館世祖以來所定制度宜著
爲令使吏不得爲奸治獄者有所遵守並從之乙卯遣西僧高主瓦迎帝師宣
德府宣德縣地屢震賑被災者糧鈔己未太陰犯東咸定脫脫禾孫入流官選
給印與俸置八番軍民安撫司改長官所二十有八爲州縣庚申太陰犯天江
辛酉熒惑犯歲星真人蔡道泰殺人伏誅刑部尚書不答失里坐受其金范德
郁坐詭隨並杖免平江路水損官民田四萬九千六百三十頃免其租十二月
甲子朔南康建昌州大水山崩死者四十七人民饑命賑之己丑太白歲星熒
惑三星聚于室太白犯壘壁陣丁卯中書平章政事買驢罷爲大司農廉恂罷

爲集賢大學士以集賢大學士張珪爲中書平章政事戊辰以掌道教張嗣成
吳全節藍道元各三授制命銀印敕奪其二壬申免回回人戶屯戍河西者銀
稅甲戌兩江來安路總管岑世興作亂遣兵討之鐵木迭兒子宣政院使八思
吉思坐受劉夔冒獻田地伏誅仍籍其家乙亥太陰掩井丙寅增鎮南王脫不
花戍兵戊寅太白犯歲星庚辰葛蠻安撫司副使龍仁貴作亂湖廣行省督兵
捕之以知樞密院事欽察台爲宣政院使參知政事速速爲中書左丞宗仁侍
衞親軍都指揮使馬剌爲參知政事癸未紹興路柔遠州洞蠻把者爲寇遣兵
捕之以御史大夫只兒哈郎知樞密院事封闊闊禿爲武寧王授金印以地震
日食命中書省樞密院御史臺翰林集賢院集議國家利害之事以聞敕兩都
營繕仍舊餘如所議弛河南陝西等處酒禁禁近侍奏取沒入錢物乙酉杭州
火賑之丙戌定諡太皇太后曰昭獻元聖遣太常禮儀院使朵台以諡議告于
太廟陞寧昌府爲下路增置一縣併雲南西沙縣入寧州賜淮安忠武王伯顏
祠祭田二十頃己丑熒惑犯外屏太陰犯建星辛卯給蒙古流民糧鈔遣還本

部張珪足疾免朝賀西僧灌頂疾請釋囚帝曰釋囚祈福豈爲師惜朕思惡人屢赦反害善良何福之有宣徽院臣言世祖時晃吉剌歲輸尚食羊二千成宗時增爲三千今請增五千帝不許曰天下之民皆朕所有如有不足朕當濟之若加重賦百姓必致困窮國亦何益命遵世祖舊制徽州廬州濟南真定河間大名歸德汝寧鞏昌諸處及河南芍陂屯田水大同衞輝江陵屬縣及豐贍署大惠屯風河南及雲南烏蒙等處屯田旱汴梁順德河間保定慶元濟寧濮州益都諸屬縣及諸衞屯田蝗

三年春正月癸巳朔暹國及八番洞蠻酋長各遣使來貢曹州禹城縣去秋霖雨害稼縣人邢著程進出粟以賑饑民命有司旌其門乙未享太廟己亥思明州盜起湖廣行省督兵捕之庚子刑部尚書烏馬兒坐贓杖免壬寅命太僕寺僧給牝馬百匹供世祖仁宗御容殿祭祀馬湩和林阿蘭禿等驛戶貧乏給鈔賑之以行中書省平章政事復兼總軍政軍官有罪重者以聞輕者就決罷上都雲州興和宣德蔚州奉聖州及雞鳴山房山黃蘆三义諸金銀冶聽民採鍊

以十分之三輸官授前樞密院副使吳元珪王約集賢大學士翰林侍講學士韓從益昭文館大學士並商議中書省事拜住言前集賢侍講學士趙居信直學士吳澄皆有德老儒請徵用之帝喜曰卿言適副朕心更當搜訪山林隱逸之士遂以居信爲翰林學士承旨澄爲學士增置上都留守司判官二員以漢人爲之專掌刑名置仁宗中宮位提舉司二秩正五品隸承徽寺太陰犯鉞星又犯井癸卯太陰犯井甲辰鎮西武寧王部饑賑之遣諸王忽剌出往鎮雲南賜鈔萬五千貫辛亥申命鐵失振舉臺綱壬子建諸王驛於京師遣回回砲手萬戶赴汝寧新蔡遵世祖舊制教習砲法靜江邕柳諸郡猺爲寇命湖廣行省督兵捕之甲寅以宗仁衞蒙古子女額足萬戶命罷收之乙卯征東末吉地兀者戶以貂鼠水獺海狗皮來獻詔存卹三歲丙辰泉州民留應總作亂命江浙行省遣兵捕之丁巳定封贈官等秩辛酉禁故殺子孫誣平民者增置兵部尙書一員四川行省平章政事趙世延爲其弟訟不法事繫獄待對其弟逃去詔出之仍著爲令逃者百日不出則釋待對者命樞密副使完顏納丹侍御史曹

伯啓也可扎魯忽赤不顏集賢學士欽察翰林直學士曹元用聽讀仁宗時纂
集累朝格例敕常調官外不次銓用者但陞以職勿陞其階二月癸亥朔作上
都華嚴寺八思巴帝師寺及拜住第役軍六千二百人定軍官襲職嫡長子孫
幼者令諸兄弟姪攝之所受制敕書權襲以息爭訟是夜熒惑太白塡星三星
聚于胃丙寅翰林國史院進仁宗實錄遣教化等往西番撫初附之民徵畜牧
治郵傳戊辰祭社稷天壽節賓丹爪哇等國遣使來貢己巳修廣惠河牐十有
九所治野狐桑乾道癸酉畋于柳林顧謂拜住曰近者地道失寧風雨不時豈
朕纂承大寶行事有闕歟對曰地震自古有之陛下自責固宜良由臣等失職
不能變理帝曰朕在位三載於兆姓萬物豈無乖戾之事卿等宜與百官議有
便民利物者朕卽行之置鎮遠王也不干王傅官屬罷播州黃平府長官所一
徙其民隸黃平是夜太白犯卯辛巳造五輅司徒劉夔同僉宣政院事囊加台
坐妄獻地土冒取官錢伏誅格例成定凡二千五百三十九條內斷例七百一
十七條格千一百五十一詔赦九十四令類五百七十七名曰大元通制頒行

天下是夜太陰犯東咸癸未賑北邊軍鈔二十五萬錠糧二萬石命宣徽院選
蒙古子男四百入宿衞罷徽政院總管府三都總管府隸有司怯憐口及人匠
總管府隸陝西行中書省降開成路爲州丙戌雨土京師饑發粟二萬石賑糶
造五輅旗丁亥敕金書藏經二部命拜住等總之戊午封鷹師不花爲趙國公
辛卯以太子賓客伯都廉貧賜鈔十萬貫諸王月思别遣使來朝罷稱海宣慰
司及萬戶府改立屯田總管府諸王怯伯遣使貢蒲萄酒海漕糧至直沽遣使
祀海神天妃三月壬辰朔車駕幸上都賜諸王喃答失言鈔二百五十萬貫復
給諸王脫歡歲賜丁酉平江路嘉定州饑發粟六萬石賑之戊戌安豐芍陂屯
田女直戶饑賑糧一月庚子崇明諸州饑發米萬八千三百石賑之甲辰台州
路黄巖州饑賑糧兩月丁未西番參卜郎諸族叛敕鎮西武靖王搠思班等發
兵討之戊申祔太皇太后于順宗廟室遣攝太尉中書右丞相拜住奉玉冊玉
寶上尊謚曰昭獻元聖皇后辛亥以圓明王道明之亂禁僧道度牒符錄丙辰
敕醫卜匠官居喪不得去職七十不聽致仕子孫無蔭敘能紹其業者量材錄

用監察御史拜住教化坐舉八思吉思失當並黜免諸王火魯灰部軍驛戶饑賑之夏四月壬戌朔敕天下諸司命僧誦經十萬部丙寅察罕腦兒蒙古軍驛戶饑賑之丁卯旌內黃縣節婦王氏己巳浚金水河甲戌命張珪及右司員外郎王士熙勉勵國子監學敕都功德使闊兒魯至京師釋囚大辟三十一人杖五十七以上者六十九人放籠禽十萬令有司償其直己卯詔行助役法遣使考視稅籍高下出田若干畝使應役之人更掌之收其歲入以助役費官不得與北邊軍饑賑之蒙古大千戶部比歲風雪斃畜牧賑鈔二百萬貫敕京師萬安慶壽聖安普慶四寺揚子江金山寺五臺萬聖祐國寺作水陸佛事七晝夜丁亥故羅羅斯宣慰使述古妻漂末權領司事遣其子娑住邦來獻方物戊子南豐州民及鞏昌蒙古軍饑賑之五月辛卯設大理路白鹽城榷稅官秩正七品中慶路榷稅官秩從七品置安慶灊山縣雲南寧遠州戊戌太白經天庚子大風雨雹拔柳林行宮內外大木二千七百辛丑以鐵失獨署御史大夫事壬寅雲南行省平章政事忽辛坐贓杖免詔中外開言路置慶元路嵊山縣增尉

一員徙安寨縣於龍安驛癸卯太陰犯房乙巳嶺北米貴禁釀酒戊申監察御
史蓋繼元宋翼言鐵木迭兒奸險貪污請毀所立碑從之仍追奪官爵及封贈
制書帝御大安閣見太祖世祖遺衣皆以縑素木綿爲之重加補綴嗟歎良久
謂侍臣曰祖宗創業艱難服用節儉乃如此朕焉敢頃刻忘之太白犯畢癸丑
荆湖宣慰使脫列受賂事覺召至京師御史臺臣請遣就鞫不允乙卯賜勳舊
子撒兒蠻按灰鐵木兒也先鐵木兒鈔人萬五千貫以鈔千萬貫市羊馬給嶺
北戍卒人驟馬二牝馬二羊十五禁驛戶無質賣官地丙辰東安州水壞民田
千五百六十頃戊午真定路武邑縣南水害稼奉元行宮正殿災上都利用監
庫火帝令衛士撲滅之因語羣臣曰世皇始建宮室于今安焉朕嗣登大寶而
值此燬此朕不能圖治之故也欽察衛兵戍邊有卒累功請賞以官帝曰名爵
豈賞人之物命賜鈔三千貫大名路魏縣霖雨大同路鴈門屯田旱損麥諸衛
屯田及永清縣水保定路歸信縣蝗六月寇圍寧都州民孫正臣出糧餉軍旌
其門丁卯西番參卜郎諸寇未平遣徽政使醜驢往督師戊辰毀鐵木迭兒父

祖碑追收元受制書告諭中外贈乳母忽秃台定襄郡夫人其夫阿來追封定
襄王謚忠懿壬申將作院使哈撒兒不花坐罔上營利杖流東裔籍其家留守
司以兩請修都城有旨今歲不宜大興土功其略完之癸酉置太廟夾室贈燕
赤吉台太赤爲襄安王諸王别思鐵木兒統兵北部别頒歲賜太常請纂修累
朝儀禮從之癸未塡星犯畢乙酉易安滄莫霸祈諸州及諸衞屯田水壞田六
千餘頃諸王怯伯數寇邊至是遣使來降帝曰朕非欲彼土地人民但吾民不
罹邊患軍士免於勞役斯幸矣今既來降當厚其賜以安之秋七月辛卯朔宣
政使欽察台自傳旨署事中書以體制非宜請通行禁止從之壬辰占城國王
遣其弟保佑八剌遮奉表來貢方物真定路驛戶饑賑糧二千四百石癸卯太
廟成班丹坐贓杖免賜刺秃屯田貧民鈔四十六萬八千貫市牛具甲辰諸王
帖木兒還自雲南入宿衞賜鈔二萬五千貫乙巳招諭左右兩江黃勝許岑世
興己酉封諸王忽都鐵木兒爲威遠王授金印減海道歲運糧二十萬石併免
江淮增科糧甲寅買馬行宮駕車六百五十匹丙辰永寧王卜鐵木兒爲不法

命宗正府及近侍雜治其傳籍鐵木迭兒家資諸王徹徹禿入朝請印帝以其
政績未著不允賜鈔二十五萬貫御史臺請降旨開言路帝曰言路何嘗不開
但卿等選人未當爾漷州兩水害屯田稼真定州諸路屬縣蝗冀寧興和大同
三路屬縣隕霜東路蒙古萬戶府饑賑糧兩月八月癸亥車駕南還駐蹕南陂
是夕御史大夫鐵失知樞密院事也先帖木兒大司農失禿兒前平章政事赤
斤鐵木兒前雲南行省平章政事完者鐵木迭兒子前治書侍御史鎖南鐵失
弟宣徽使鎖南典瑞院使脫火赤樞密院副使阿散僉書樞密院事章台衞士
禿滿及諸王按梯不花孛羅月魯不花曲呂不花兀魯思不花等謀逆以鐵失
所領阿速衞兵爲外應鐵失赤斤鐵木兒殺丞相拜住遂弒帝於行幄年二十
一從葬諸帝陵泰定元年二月上尊謚曰睿聖文孝皇帝廟號英宗四月上國
語廟號曰格堅英宗性剛明嘗以地震減膳徹樂避正殿有近臣稱觴以賀問
何爲賀朕方修德不暇汝爲大臣不能匡輔反爲詔耶斥出之拜住進曰地震
乃臣等失職宜求賢以代曰毋多遜此朕之過也嘗戒羣臣曰卿等居高位食

厚祿當勉力圖報苟或貧乏朕不惜賜汝若爲不法則必刑無赦八思吉思下
獄謂左右曰法者祖宗所制非朕所得私八思吉思雖事朕日久今其有罪當
論如法嘗御鹿頂殿謂拜住曰朕以幼沖嗣承大業錦衣玉食何求不得惟我
祖宗櫛風沐雨戡定萬方曾有此樂邪卿元勳之裔當體朕至懷毋忝爾祖拜
住頓首對曰創業惟艱守成不易陛下睿思及此億兆之福也又謂大臣曰中
書選人署事未旬日御史臺卽改除之臺除者中書亦然今山林之下遺逸良
多卿等不能盡心求訪惟以親戚故舊更相引用邪其明斷如此然以果於刑
戮姦黨畏誅遂搆大變云

元史卷二十八

元史卷二十九

明翰林學士亞中大夫知制誥兼修國史宋　濂等修

本紀第二十九

泰定帝一

泰定皇帝諱也孫鐵木兒顯宗甘麻剌之長子裕宗之嫡孫也初世祖以第四子那木罕爲北安王鎮北邊北安王薨顯宗以長孫封晉王代之統領太祖四大斡耳朶及軍馬達達國土至元十三年十月二十九日帝生于晉邸大德六年晉王薨帝襲封是爲嗣晉王仍鎮北邊成宗武宗仁宗之立咸與翊戴之謀有盟書焉王府內史倒剌沙得幸於帝常偵伺朝廷事機以其子哈散事丞相拜住且入宿衞久之哈散歸言御史大夫鐵失與拜住意相忤欲傾害之至治三年三月宣徽使探忒來王邸爲倒剌沙言主上將不容於晉王汝盍思之於是倒剌沙與探忒深相要結八月二日晉王獵於禿剌之地鐵失密遣斡羅思來告曰我與哈散也先鐵木兒失禿兒謀已定事成推立王爲皇帝又命斡羅

思以其事告倒剌沙且言汝與馬速忽知之勿令旭邁傑得聞也於是王命因
斡羅思遣別烈迭失等赴上都以逆謀告未至癸亥英宗南還駐蹕南坡是夕
鐵失等矯殺拜住英宗遂遇弒于幄殿諸王按梯不花及也先鐵木兒奉皇帝
璽綬北迎帝于鎮所癸巳即皇帝位於龍居河大赦天下詔曰薛禪皇帝可憐
見嫡孫裕宗皇帝長子我仁慈甘麻剌爺爺根底封授晉王統領成吉思皇帝
四箇大斡耳朵及軍馬達達國土都付來依著薛禪皇帝聖旨小心謹慎但凡
軍馬人民的不揀甚麼勾當裏遵守正道行來的上頭數年之間百姓得安業
在後完澤篤皇帝教我繼承位次大斡耳朵裏委付了來已委付了的大營盤
看守著扶立了兩箇哥哥曲律皇帝普顏篤皇帝姪碩德八剌皇帝我累朝皇
帝根底不謀異心不圖位次依本分與國家出氣力行來諸王哥哥兄弟每衆
百姓每也都理會的也者今我的姪皇帝生天了也麽道迤南諸王大臣軍士
的諸王駙馬臣僚達達百姓每衆人商量著大位次不宜久虛惟我是薛禪皇
帝滴派裕宗皇帝長孫大位次裏合坐地的體例有其餘爭立的哥哥兄弟也

無有這般晏駕其間比及整治以來人心難測宜安撫百姓使天下人心得寧早就這裏即位提說上頭從著衆人的心九月初四日於成吉思皇帝的大斡耳朶裏大位次裏坐了也交衆百姓每心安的上頭赦書行有是日以知樞密院事淇陽王也先鐵木兒爲中書右丞相諸王月魯鐵木兒襲封安西王甲午以內史倒剌沙爲中書平章政事乃馬台爲中書右丞鐵失知樞密院事馬思忽同知樞密院事孛羅爲宣徽院使旭邁傑爲宣政院使乙未大理護子羅鑾爲寇以樞密副使阿散爲御史中丞內史善僧爲中書左丞丁酉以完澤知樞密院事禿滿同僉樞密院事戊戌以撒的迷失知樞密院事章台同知樞密院事己亥敕諭百司凡銓授官遵世祖舊制惟樞密院御史臺宣政院宣徽院得自奏聞餘悉由中書辛丑以馬某沙知樞密院事失禿兒爲大司農召諸王官屬流徙遠地及還元籍者二十四人還京師是歲大寧蒙古大千戶部風雪斃畜牧賑米十五萬石南康漳州二路水淮安揚州屬縣饑賑之冬十月癸亥修佛事於大明殿甲子遣使至大都以即位告天地宗廟社稷誅逆賊也先鐵木

兒完者鎖南禿滿等於行在所以旭邁傑為中書右丞相陝西行中書左丞相
禿魯通政院使紐澤並為御史大夫速速為御史中丞遣旭邁傑紐澤誅逆賊
鐵失失禿兒赤斤鐵木兒脫火赤章台等於大都並戮其子孫籍入家產己巳
太白犯亢戊辰召亦都護高昌王鐵木兒補化壬申以內史按答出為太師知
樞密院事丙子太白犯氐詔百司遵守世祖成憲癸未以旭邁傑兼阿速衞達
魯花赤丙戌以江浙行省平章政事兀伯都剌為中書平章政事八番順元及
靜江大理威楚諸路猺兵為寇敕湖廣雲南二省招諭之揚州江都縣火雲南
王西平王二部衞士饑皆賑之十一月己丑朔熒惑犯亢車駕次于中都修佛
事於昆剛殿庚寅太白犯鉤鈐丙申次于祖嬀乙未太白犯東咸辛丑車駕至
大都壬寅熒惑犯氐諸王怯別遣使來朝丁未御大明殿受諸王百官朝賀庚
戌詔百司朝夕視事毋怠辛亥御史中丞董守庸坐黨鐵失免官壬子敕營繕
不急者罷之癸丑遣使詣曲阜以太牢祀孔子敕會福院奉北安王那木罕像
于高良河寺祭遁甲五福神甲寅諸王怯別遣使來朝乙卯熒星於司天監丙

辰御史中丞速速坐貪淫免官丁巳廣州路新會縣民汜長弟作亂廣東副元帥烏馬兒率兵捕之雲南開南州大阿哀阿三木台龍買六千餘人寇哀卜白鹽井詔凡有罪自首者原其罪袁州路宜春縣鎮江路丹徒縣饑賑糶米四萬九千石沅州黔陽縣饑芍陂屯田旱並賑之十二月己未御史臺經歷朵兒只班御史撒兒塔罕兀都蠻郭也先忽都並坐黨鐵失免官御史言曩者鐵木迭兒專政誣殺楊朵兒只蕭拜住賀伯顏觀音保鎖咬兒哈的迷失黥竄李謙亨成珪罷免王毅高昉張志弼天下咸知其寃請昭雪之詔存者召還錄用死者贈官有差授諸王薛徹干以其父故金印庚申以宦者剛答里爲中政院使壬戌賜潛邸衛士鈔人六十錠浚鎮江路漕河及練湖役丁萬三千五百人給諸王八剌失里印戊辰請皇考皇妣謚于南郊皇考晉王曰光聖仁孝皇帝廟號顯宗皇妣晉王妃曰宣懿淑聖皇后己巳辰星犯壘壁陣庚午以卽位大赦后妃諸王百官金七百餘錠銀三萬三千錠錢及幣帛稱是遣使祀海神天妃盜入太廟竊仁宗及莊懿慈聖皇后金主辛未熒惑犯房壬申作仁宗主仍督有

司捕盜滎星于司天監癸酉德慶路瀧水縣猺劉寅等降甲戌命道士吳全節
修醮事乙亥征東夷民奉獸皮來附太常院臣言世祖以來太廟歲惟一享先
帝始復古制一歲四祭請裁擇之帝曰祭祀大事也朕何敢簡其禮命仍四祭
監察御史脫脫趙成慶等言鐵木迭兒在先朝包藏禍心離間親藩誅戮大臣
使先帝孤立卒罹大禍其子鎖南親與逆謀久逭天憲乞正其罪以快元元之
心月魯禿禿哈速敦皆鐵失之黨不宜寬宥遂並伏誅丙子命嶺北守邊諸王
徹徹禿月修佛事以卻寇兵己卯命僧作佛事於大內以厭雷增諸王薛徹干
駙馬哈伯等歲賜金銀幣帛有差辛巳熒惑犯東咸壬午諸王月思別遣怯烈
來朝賜以金幣癸未廣西右江來安路總管岑世興遣其弟世元入貢流諸王
月魯鐵木兒於雲南按梯不花于海南曲呂不花于奴兒干孛羅及兀魯思不
花于海島並坐與鐵失等逆謀乙酉雲南車里于孟爲寇詔招諭之諭百司借
名器各遵世祖定制丙戌旭邁傑言近也先鐵木兒之變諸王買奴逃赴潛邸
願効死力且言不除元兇則陛下美名不著天下後世何從而知上契聖衷嘗

蒙獎諭今臣等議宗戚之中能自拔逆黨盡忠朝廷者惟有買奴請加封賞以示激勸遂以泰寧縣五千戶封買奴爲泰寧王知樞密院事大司徒闊徹伯授開府儀同三司以前太師拜忽商議軍國重事丁亥議賞討逆功賜旭邁傑金十錠銀三十錠鈔七十錠倒剌沙爲中書左丞相知樞密院事馬某沙御史大夫紐澤宣政院使鎖禿並加授光祿大夫仍賜金銀鈔有差塑馬哈吃剌佛像於延春閣之徽清亭下詔改元詔曰朕荷天鴻禧嗣大歷服側躬圖治夙夜祗畏惟祖訓是遵乃開歲甲子景運伊始思與天下更新稽諸典禮踰年改元可以明年爲泰定元年免大都興和差稅三年八番思播兩廣洞塞差稅一年江淮刱科包銀三年四川雲南甘肅秋糧三分河南陝西遼陽絲鈔三分除虛增田稅免斡脫逋錢賑恤雲南廣海八番等處戍軍求直言賜高年帛禁獻山場湖泊之利定吏員出身者秩正四品以追尊皇考皇妣詔天下雲南花脚蠻爲寇詔招諭之平江嘉定州饑遼陽答陽失蠻闊闊部風雹並賑之澧州歸州饑賑糶米二萬石是歲夏諸衛屯田及大都河間保定濟南濟寧五路屬縣霖雨

傷稼秋忻州定襄縣及忠翊侍衞屯田所營田象食屯田所隕霜殺禾土番岷州春疫夏旱西番寇鞏昌府

泰定元年春正月乙未以乃馬台爲平章政事善僧爲右丞敕諸王哈剌還本部召江西行省平章政事也兒吉你赴闕己亥以誅逆臣也先鐵木兒等詔天下辛丑諸王大臣請立皇太子賜諸王徹徹禿金一錠銀六十錠幣帛各百匹塔思不花金一錠銀四十錠幣帛二百匹阿忽鐵木兒等金銀各有差壬寅以故丞相拜住子答兒麻失里爲宗仁衞親軍都指揮使徹里哈爲左右衞阿速親軍都指揮使命僧諷西番經於光天殿甲辰敕譯列聖制詔及大元通制刊本賜百官丁未以稱海屯田萬戶府達魯花赤帖陳假嶺北行中書省參知政事近侍忽都帖木兒假禮部尚書使西域諸王不賽因部戊申八番生蠻韋光正等及楊黃五種人以其戶二萬七千來附請歲輸布二千五百疋置長官司以撫之己酉命諸王遠徙者悉還其部召親王圖帖睦爾于瓊州阿木哥于大同定怯薛台歲給鈔人八十錠甲寅賜諸王太平忽剌台別失帖木兒等金印

敕高麗王還國仍歸其印糴米二十萬石賑京師貧民丙辰賜故監察御史觀音保鎖咬兒哈的迷失妻子鈔各千錠賜司徒道住印敕封解州鹽池神曰靈富公廣德信州岳州惠州南恩州民饑發粟賑之二月丁巳朔作顯宗影堂己未修西番佛事於壽安山寺曰星吉思吃剌曰闊兒魯弗卜曰水朵兒麻曰颯間卜里喃家經僧四十人三年乃罷庚申監察御史傅巖起李嘉賓言遼王脫脫乘國有隙誅屠骨肉其惡已彰恐懷疑貳如令歸藩譬之縱虎出柙請廢之別立近族以襲其位不報甲子作佛事命僧百八人及倡優百戲導帝師游京城庚午選守令推官舊制臺憲歲舉守令推官二人有罪連坐至是言其不便復命中書於常選擇人用之壬申請上大行皇帝謚于南郊曰睿聖文孝皇帝廟號英宗甲戌浙江行省左丞趙簡請開經筵及擇師傅令太子及諸王大臣子孫受學遂命平章政事張珪翰林學士承旨忽都魯都兒迷失學士吳澄集賢直學士鄧文原以帝範資治通鑑大學衍義貞觀政要等書進講復敕右丞相也先鐵木兒領之諸王怯別孛羅各遣使來貢高昌王亦都護帖木兒補化

遣使進蒲萄酒丁丑監察御史宋本趙成慶李嘉賓言盜竊太廟神主由太常守衛不謹請罪之不報戊寅御史李嘉賓劾逆黨左阿速衛指揮使脫帖木兒罷之癸未宣諭也里可温各如教具戒加封廣德路祠山神張真君曰普濟寧國路廣惠王曰福祐紹興慶元延安岳州潮州五路及鎮遠府河州集州饑發粟賑之三月丁亥朔罷徽政院立詹事院以太傅朵台宣徽使禿滿迭兒桓國公拾得驢太尉丑驢答剌罕並爲太子詹事中書參知政事王居仁爲太子副詹事以同知宣政院事楊廷玉爲中書參知政事罷大同路黃華嶺及崇慶屯田賜壽寧公主金十錠銀五十錠鈔二萬錠乙未以江西行省平章政事也兒吉你知樞密院事置定王薛徹干總管府給蒙古流民糧鈔遣還所部敕擅徙者斬藏匿者杖之賜諸王徹徹禿永福縣戶萬三千六百爲食邑仍置王傅戊戌廷試進士賜八剌張益等八十四人及第出身有差會試下第者亦賜教官有差中書省臣請禁横奏賞賚及踰越奏事者從之庚子欽察罷爲陝西行臺御史大夫以四川行中書省平章政事囊加台兼宣政院使往征西番寇參卜

郎癸卯命中書平章政事乃馬台攝祭南郊知樞密院事闊徹伯攝祭太廟以冊皇后皇太子告丙午御大明殿冊八八罕氏爲皇后皇子阿速吉八爲皇太子己酉以皇子八的麻亦兒間卜嗣封晉王泰寧王買奴卒以其子亦憐真朵兒赤嗣遣湘寧王八剌失里出鎮察罕腦兒罷宣慰司立王傅府以知樞密院事也先吉你爲雲南行省右丞相召流人還京師庚戌月直延民真只海阿答罕來獻大珠監察御史宋本李嘉賓傅巖起言太尉司徒司空三公之職濫假僧人及會福殊祥二院並辱名爵請罷之不報癸丑諸王不賽因遣使朝貢臨洮狄道縣冀寧石州離石寧鄉縣旱饑賑米兩月廣西橫州猺寇永淳縣夏四月戊午廉恂罷爲集賢大學士食其祿終身賜乳母李氏鈔千錠賜征參卜郎軍千人鈔四萬七千錠太尉不花平章政事卽烈坐矯制以寡婦古哈強配撒梯被鞫詔以世祖舊臣原其罪己未以珠字詔賜帝師所居撒思加部庚申詔整飭御史臺作昭聖皇后御容殿於普慶寺辛酉命昌王八剌失里往鎮阿難答昔所居地親王圖帖睦爾至自潭州及王禪皆賜車帳駝馬癸亥以國言上

英宗廟號曰格堅皇帝修佛事於壽昌殿甲子車駕幸上都以諸王寬徹不花失剌平章政事兀伯都剌右丞善僧等居守以嶺北行中書省左丞潑皮爲中書左丞江南行臺中丞朵朵爲中書參知政事馬剌罷爲太史院使罷衞士四百人還宗仁衞賜北庭的撒兒兀魯軍羊馬諸王不賽因遣使來貢發兵民築渾河堤丙寅賜昌王八剌失里牛馬橐駞稅僧道邸舍積貨丁卯遣諸王揑古伯等還和林封八剌失里繼母買的爲皇妹昌國大長公主給銀印以忽咱某丁爲哈讚忽咱主西域戶籍辛未月食既癸酉以太子詹事禿滿迭兒爲中書平章政事甲戌命咒師作佛事厭雷庚辰以風烈月食地震手詔戒飭百官辛巳太廟新殿成木憐撒兒蠻部及北邊蒙古戶饑賑糧鈔有差江陵路屬縣饑雲南中慶昆明屯田水五月丁亥監察御史董鵬南劉潛邊笥慕完沙班以災異上言平章乃蠻台宣徽院使帖木兒不花詹事禿滿答兒黨附逆徒身虧臣節太常守廟不謹遼王擅殺宗親不花即里矯制亂法皆蒙寬宥甚爲失刑乞定其罪以銷天變不允己丑帝諭倒剌沙曰朕即位以來無一人能執成法爲

朕言者知而不忠且陷人於罪繼自今凡有所知宜悉以聞使朕明知法度斷不敢自縱非獨朕身天下一切政務能守法以行則衆皆乂安反是則天下罹於憂苦又曰凡事防之於小則易救之於大則難爾其以朕言明告于衆俾知所愼壬辰御史臺臣禿忽魯紐澤以御史言災異屢見宰相宜避位以應天變可否仰自聖裁顧惟臣等爲陛下耳目有徇私違法者不能糾察慢官失守宜先退避以授賢能帝曰御史所言其失在朕卿等何必遽爾禿忽魯又言臣已老病恐誤大事乞先退於是中書省臣兀伯都剌張珪楊廷玉皆抗疏乞罷丞相旭邁傑倒剌沙言比者災異陛下以憂天下爲心反躬自責謹遵祖宗聖訓脩德愼行敕臣等各勤乃職手詔至大都居守省臣皆引罪自劾臣等爲左右相才下識昏當國大任無所襄贊以致災祲罪在臣等所當退黜諸臣何罪帝曰卿若皆辭避而去國家大事朕孰與圖之宜各相諭以勉乃職戊戌遷列聖神主于太廟新殿辛丑循州猺寇長樂縣甲辰赦上都囚笞罪以下者丙午太白犯鬼侍御史高奎上書請求直言辨邪正明賞罰帝善其言賜以銀

幣丁未太白犯鬼積尸氣己酉賓州民方二等爲寇有司捕擒之癸丑命司天監禜星中書平章政事禿滿迭兒領宣徽使詹事丞回回請如裕宗故事擇名儒輔太子敕中書省臣訪求以聞袁州火龍慶延安吉安杭州大都諸路屬縣水民饑賑糧有差六月乙卯朔遣諸王闊闊出鎮畏兀賜金銀鈔千計戊午雲南蒙化州高蘭神場寨主照明羅九等寇威楚庚申張珪自大都至以守臣集議事言逆黨未討奸惡未除忠憤未雪冤枉未理政令不信賞罰不公賦役不均財用不節請裁擇之不允諸王阿木哥薨賻鈔千錠諸王寬徹亦里吉赤來朝賜駙馬鐵木兒等部鈔一萬三千錠北邊戍兵鈔萬六千八十錠賑蒙古饑民遣還所部延安路饑禁酒癸亥作禮拜寺於上都及大同路給鈔四萬錠丙寅遣使招諭麥卜郎遣闊闊出等詣高麗取女子三十人廣西左右兩江黃勝許岑世興乞遣其子弟朝貢許之丁卯大幄殿成作鎮雷坐靜佛寺庚午置海剌禿屯田總管府辛未修黑牙蠻答哥佛事於水晶殿癸酉帝受佛戒於帝師己卯諸王怯別等遣其宗親鐵木兒不花等奉馴豹西馬來朝貢詔疏決繫囚

存恤軍士免天下和買雜役三年蛋戶差稅一年百官四品以下普覃散官一等三品遞進一階遠仕瘴地身故不得歸葬妻子流落者有司資給遣還仍著爲令雲南大理路你囊爲寇大都真定晉州深州奉元諸路及甘肅河渠營田等處雨傷稼賑糧二月大司農屯田諸衞屯田彰德汴梁等路雨傷稼順德大名河間東平等二十一郡蝗晉寧鞏昌常德龍興等處饑皆發粟賑之大同渾源河真定滹沱河陝西渭水黑水渠州江水皆溢並漂民廬舍宣德府鞏昌路及八番金石番等處雨雹河間晉寧涇州揚州壽春等路湖廣河南諸屯田皆旱秋七月丙戌思州平茶楊大車酉陽州冉世昌寇小石耶凱江等寨調兵捕之諸王阿馬薨賻鈔五千錠賜雲南王王禪鈔二千錠諸王阿都赤鈔三千錠作楠木殿招諭船領義寧靈川等處猺庚寅遣使代祀岳瀆丙申以諸王薛徹禿襲統其父完者所部仍給故印己亥賑蒙古流民給鈔二十九萬錠遣還仍禁毋擅離所部違者斬庚子諸王伯顏帖木兒出鎮闊連東部阿剌忒納失里出鎮沙州各賜鈔三千錠撒忒迷失率衞士佐太師按塔出行邊賜鈔千錠癸

卯罷廣州福建等處採珠蜑戶爲民仍免差稅一年丙午以畏兀字譯西番經
丁未熒星干上都司天監以山東鹽運司判官馬合謨爲吏部尚書佩虎符翰
林修撰楊宗瑞爲禮部郎中佩金符奉卽位詔往諭安南置長慶寺以宦者阿
亦伯爲寺卿罷中瑞司中書省臣言東宮衞士先朝止三千人今增至萬七千
請命詹事院汰去仍依舊制從之戊申以籍入鐵木迭兒及子班丹觀音奴貲
產給還其家奉元路朝邑縣曹州楚丘縣大名路開州濮陽縣河溢大都路固
安州清河溢順德路任縣沙澧洺水溢眞定廣平廬州等十一郡雨傷稼龍慶
州雨雹大如雞子平地深三尺定州屯河溢山崩免河渠營田租大都鞏昌延
安冀寧龍興等處饑賑糶有差廣西慶遠猺酋潘父絹等率衆來降署爲簿尉
等官有差加封溫州故平陽侯曰英烈侯八月甲寅徹徹兒火兒火思之地五
千貧乏賑糧二月乙卯敕以刑獄復隸宗正府依世祖舊制刑部勿與丙辰享
太廟丁巳賜諸王八里台黃頭鈔各千五百錠禁言赦前事庚申市牝馬萬匹
取湩酒賑帖列干木倫等驛戶糧鈔有差辛亥遣翰林學士承旨斡亦祀太祖

太宗睿宗御容于普慶寺賜親王圖帖睦爾鈔三千錠庚午作中宮金脊殿辛未繪帝師八思巴像十一頒各行省俾塑祀之敕武官坐罪制授者以聞敕授者從行省處決以金泉館酒課賜公主壽寧丁丑罷浚玉泉山河役車駕至大都癸未敕樞密役軍凡三百人以上奏聞詔諭雲南大車里小車里秦州成紀縣大雨山崩水溢壅土至來谷河成丘阜汴梁濟南屬縣雨水傷稼賑之延安冀寧杭州潭州等十二郡及諸王哈伯等部饑賑糧有差九月乙酉封也速不堅爲荆王賜金印以宣德府復隸上都留守司辛卯罷哈思的結魯思伴卜總統所更置臨洮總管府賜潛邸衞士鈔萬錠丙申葺太祖神御殿乙巳昭獻元聖皇后忌日修佛事飯僧萬萬人敕存恤武衞軍一年癸丑以籍入阿散家貲給其子脫列改邕州爲南寧路岑世興遣其弟與元來朝貢奉元路長安縣大雨澧水溢延安路洛水溢濮州館陶縣及諸衞屯田水建昌紹興二路饑賑糧有差冬十月乙卯秦州成紀縣趙氏婦一產三男成都嘉穀生一莖九穗丁巳監察御史王士元請早諭教太子帝嘉納之戊午享太廟立壽福總管府秩正

三品典累朝神御殿祭祀及錢穀事降大天源延聖寺總管府爲提點所以隸
之庚申命左右相日直禁中有事則赴中書丙寅太白犯斗己巳太白入斗太
陰犯填星雲南車里蠻爲寇遣斡耳朶奉詔招諭之其酋寒賽子尼而鴈搆木
子刁零出降庚午太白犯斗壬申安南國世子陳日爌遣其臣莫節夫等來朝
貢真州珠金沙河松江府吳江州諸河淤塞詔所在有司傭民丁浚之丙子命
帝師作佛事於延春閣丁丑緬國王子吾者那等爭立歲貢不入命雲南行省
諭之徙封雲南王王禪爲梁王食邑益陽州六萬五千戸仍以其子帖木兒襲
封雲南王封親王圖帖睦爾爲懷王食邑端州六萬五千戸增歲賜幣帛千匹
並賜金印壬午熒惑犯壘壁陣肇慶猺黄寶才等降延安路饑發義倉粟賑之
仍給鈔四千錠廣東道及武昌路江夏縣饑賑糶有差河南廉訪使買奴坐多
徵公田租免官以魯國大長公主女適懷王己丑命道士修醮事癸巳遣兵部
員外郎宋本吏部員外郎鄭立阿魯灰工部主事張成太史院都事費著分詔
閩海兩廣四川雲南選諸王不賽因言其臣出班有功請官之以出班爲開府

儀同三司㻌國公給銀印金符賜諸王散朮台也速速兒鈔各千五百錠斡耳朵罕鈔千二百錠魯賓鈔千五百錠甲午熒星于回回司天監己亥以朮温台知樞密院事辛丑造金寶蓋飾以七寶貯佛舍利甲辰作歇山鹿頂樓于上都丁未釋笞四十七以下囚及輕罪流人給鈔二千錠散與貧者印明年鈔本至元鈔四十萬錠中統十萬錠己酉詔免也里可温答失蠻差役庚戌招諭融州猺般領大小木龍等百七十五團河間路饑賑糧二月汴梁信州泉州南安贛州等路饑賑糶有差嘉定路龍興縣饑賑糧一月大都上都與和等路十三驛饑賑鈔八千五百錠十二月癸丑朔以岑世興爲懷遠大將軍遙授沿邊溪洞軍民安撫使佩虎符仍來安路總管黄勝許爲懷遠大將軍遙授沿邊溪洞軍民安撫使佩虎符致仕其子志熟襲爲上思州知州降詔宣諭仍各賜幣帛二乙卯雲南猺阿吾及歪鬧爲寇行省督兵捕之庚申同州地震有聲如雷癸亥鹽官州海水溢屢壞隄障侵城郭遣使祀海神仍與有司視形勢所便還請疊石爲塘詔曰築塘是重勞吾民也其增石囤扞禦庶天其相之乙丑給蒙古子

女孳畜丙寅命翰林國史院修纂英宗顯宗實錄敕內外百官凡行朝賀等禮雨雪免朝服庚午熒惑犯外屏辛未新作棕殿成諸王鎖思的薨賻鈔五百錠乙亥太白經天曲赦重因三十八人以為三宮祈福夔路容米洞蠻田先什用等九洞為寇四川行省遣使諭降五洞餘發兵捕之陝西行省以兵討階州土蕃察罕腦兒千戶部饑賑糧一月延安路雹災賑糧一月溫州路樂清縣鹽場水民饑發義倉粟賑之兩浙及江東諸郡水旱壞田六萬四千三百餘頃

二年春正月丙戌辰星犯天雞乙未以畿甸不登罷春畋禁后妃諸王駙馬毋通星術之士非司天官不得妄言禍福敕御史臺選舉與中書合議以聞中書省臣言江南民貧僧富諸寺觀田土非宋舊置并累朝所賜者請仍舊制與民均役從之以籍入思吉思地賜故監察御史觀音保鎖咬兒哈的迷失妻子各十頃戊戌造象輦參卜郎來降賜其酋班木兒銀鈔幣帛辛丑懷王圖帖睦爾出居于建康壬寅太白犯建星甲辰奉安顯宗像于永福寺給祭田百頃廣西山獠為寇命所在有司捕之江浙行省平章政事脫歡答剌罕陞為左丞相諸

王怯別遣使貢方物賜鈔四萬錠戊申以乞剌失思八班藏卜爲土蕃等路宣慰使都元帥兼管長河西奔不兒亦思剛察沙加兒朶甘思朶思麻等管軍達魯花赤與其屬往鎮撫參卜郎庚戌詔諭宰臣曰向者卓兒罕察苦魯及山後皆地震內郡大小民饑朕自卽位以來惟太祖開創之艱世祖混一之盛期與人民共享安樂常懷祇懼災沴之至莫測其由豈朕思慮有所不及而事或僭差天故以此示儆卿等其與諸司集議便民之事其思自死罪始議定以聞朕將肆赦以詔天下肇慶鞏昌延安贛州南安英德新州梅州等處饑賑糶有差閏月壬子朔詔赦天下除江淮刱科包銀免被災地差稅一年庚申修野狐嶺色澤桑乾嶺道乙丑命整治屯田河南行省左丞姚煒請禁屯田吏蠶食屯戶及勿務羨增以廢裕民之意不報丁卯中書省臣言國用不足請罷不急之費從之置惠遠倉永需庫於海剌禿總管府己巳修滹沱河堰壬申罷永興銀場聽民採鍊以十分之二輸官罷松江都水庸田使司命州縣正官領之仍加兼知渠堰事癸酉作棕毛殿丙子浙西道廉訪司言四方代祀之使蠹公營私多

不誠潔以是神不歆格請慎擇之山南廉訪使帖木哥請削降鐵失所用縣陞
官戊寅諸王忽塔梯迷失等來朝賜金銀鈔帛有差己卯河間真定保定瑞州
四路饑禁釀酒階州土蕃爲寇鞏昌總帥府調兵禦之站八兒監藏叛於兀敦
保定路饑賑鈔四萬錠糧萬五千石雄州歸信諸縣大雨河溢被災者萬一千
六百五十戶賑鈔三萬錠南賓州棣州等處水民饑賑糧二萬石死者給鈔以
葬五花城宿滅禿揺只干麻兀三驛饑賑糧二千石衡州衡陽縣民饑瑞州蒙
山銀場丁饑賑粟有差山東廉訪使許師敬請頒族葬制禁用陰陽相地邪說
二月甲申祭先農丙戌頒道經于天下名山宮觀丁亥平伐苗酋的娘率其戶
十萬來降土官三百六十人請朝湖廣行省請汰其衆還部令的娘等四十六
人入覲從之己丑加嗣漢三十九代天師張嗣成太玄輔化體仁應道大真人
庚寅熒惑辰星填星聚于畢辛卯賑安定王朶兒只班部軍糧三月瓜哇國遣
其臣昔剌僧迦里也奉表及方物來朝貢廣西猺潘寶陷柳城縣丁酉禜星于
回回司天監己亥命西僧作燒壇佛事於延華閣封阿里迷失爲和國公張珪

爲蔡國公仍知經筵事以中書右丞善僧爲平章政事參知政事潑皮爲右丞御史大夫禿忽魯加太保仍御史大夫庚子姚煒以河水屢決請立行都水監於汴梁倣古法備捍仍命瀕河州縣正官皆兼知河防事從之丙午造玉御床戊申命道士祭五福太一神庚戌通漷二州饑發粟賑糶薊州寶坻縣慶元路象山諸縣饑賑糧二月甘州蒙古驛戶饑賑糧三月大都鳳翔寶慶衡州潭州全州諸路饑賑糶有差三月癸丑修曹州濟陰縣河隄役民丁一萬八千五百人甲寅禁捕天鵝丁巳賜諸王帖木兒不花等鈔有差辛酉咸平府清河寇河合流失故道壞堤堰敕蒙古軍千人及民丁修之乙丑車駕幸上都諸王搠思班部戰士四百人征參卜郎有功人賞鈔四千錠乙亥安南國世子陳日爌遣使貢方物荊門州旱漷州薊州鳳州延安歸德等處民及山東蒙古軍饑賑糧鈔有差肇慶富州惠州袁州江州諸路及南恩州梅州饑賑糶有差夏四月丁亥作吾殿癸巳和市牝馬有駒者萬匹敕宿衞驅馬散牧民間者歸官廄飼之丁酉濮州鄄城縣言城西堯冢上有佛寺請徙之不報辛丑加公主壽寧爲皇

姊大長公主禁山東諸路酒丙午爨夷及蒐雁遮殺雲南行省所遣諭蠻使者敕追捕之丁未封后父火里兀察兒爲威靖王戊申以許師敬爲中書左丞中政使馮享爲中書參知政事仍中政使奉元路白水縣雹鞏昌路伏羌縣大雨山崩鎮江寧國瑞州桂州南安寧海南豐潭州涿州等處饑賑糧五萬餘石隴西漢中秦州饑賑鈔三萬錠五月壬子車里陶剌孟及大阿哀蠻兵萬人乘象寇陷朵剌等十四寨木邦路蠻八廟率爨夷萬人寇陷倒八漢寨督邊將嚴備之癸丑龍牙門蠻遣使奉表貢方物辛未罷京師官鬻鹽肆十五改河間鹽運司爲大都河間等路都轉運鹽使司遣察乃使于周王和世㻋癸酉融州否泉洞吉龍洞洞村山黑江諸猺爲寇廣西元帥府發兵討之丙子旭邁傑等以國用不足請減廄馬汰衞士及節諸王濫賜從之賜潛邸怯憐口千人鈔三萬錠浙西諸郡霖雨江湖水溢命江浙行省及都水庸田司興役疏洩之置諫議書院於昌平院祀唐劉蕡大都路檀州大水平地深丈有五尺汴梁路十五縣河溢江陵路江溢洮州臨洮府雨雹潭州興國屬縣旱彰德路蝗龍興平江等十

二郡饑賑糶米三十二萬五千餘石鞏昌路臨洮府饑賑鈔五萬五千錠六月己卯朔皇子生命巫祓除于宮葺萬歲山殿靜江猺爲寇遣廣西宣慰司發兵捕之辛巳柳州猺爲寇戍兵討斬之癸未潯州平南縣猺爲寇達魯花赤都堅都監姚泰亨死之甲申改封嘉王晃火帖木兒爲并王丙戌填星犯井鉞星丙申中書參知政事左塔不台言大臣兼領軍務前古所無鐵失以御史大夫也先帖木兒以知樞密院事皆領衛兵如虎而翼故成逆謀今軍衛之職乞勿以大臣領之庶勳舊之家得以保全從之仍賜幣帛以旌其直丁酉靜江義寧縣及慶遠安撫司蠻猺爲寇敕守將捕之息州民趙丑廝郭菩薩妖言彌勒佛當有天下有司以聞命宗正府刑部樞密院御史臺及河南行省官雜鞫之辛丑柳州馬平縣猺爲寇湖廣行省督所屬追捕之丙午填星犯井丁未立都水庸田使司浚吳松二江勅營造毋役五衛軍士止以武衛虎賁二衛給之開南府阿只弄哀培蠻兵爲寇命雲南行省督所屬兵捕之通州三河縣大雨水丈餘潼川府綿江中江水溢入城郭鞏寧路汾河溢秦州秦安山移新州路旱濟南

河間東昌等九郡蝗奉元衛輝路及永平屯田豐贍昌國濟民等署雨傷稼蠲其租濟寧與元寧夏南康歸州等十二郡饑賑糶米七萬餘石鎮西武靖王部及遼陽水達達路饑賑糧一月秋七月戊申朔大小車里蠻來獻馴象乙酉賜諸王燕大等金鈔有差庚戌遣阿失伯祀宅神于北部行幄甲寅遣使奉詔分諭猺蠻鎮康路土官你囊謀粘路土官賽丘羅出降木邦路土官八廟既降復叛熒星于上都司天監紐澤許師敬編類帝訓成請於經筵進講仍俾皇太子觀覽有旨譯其書以進丙辰享太廟播州蠻黎平愛等集羣夷為寇湖廣行省請兵討之不許詔播州宣撫使楊也里不花招諭之戊午遣使代祀龍虎武當二山己未置車里軍民總管府以土人寒賽為總管佩金虎符中書省臣言往歲征徭廉訪司劾其濫殺今凡出師請廉訪司官一員蒞軍糾正從之庚申以宮人二賜藩王怯別癸亥修大乾元寺以許師敬及郎中買驢兼經筵官廣西諸猺寇城邑遣湖廣行省左丞乞住兵部尚書李大成中書舍人買驢將兵二萬二千人討之仍以諸王斡耳朵罕監其軍海北猺酋盤吉祥寇陽春縣命江

西行省督兵捕之庚午以國用不足罷書金字藏經威楚大理諸蠻爲寇雲南行省請出師不允遣亦剌馬丹等使大理普顏實立等使威楚招諭之思州洞蠻楊銀千等來獻方物封駙馬孛羅帖木兒知樞密院事火沙並爲郡王辛未立河南行都水監申禁漢人藏執兵仗有軍籍者出征則給之還復歸于官壬申御史臺臣言廉訪司莅軍非世祖舊制賈胡鬻寶西僧修佛事所費不支於國無益並宜除罷從之敕太傅朵台太保禿忽魯日至禁中集議國事播蠻潘寶寇鐔津義寧來賓諸縣命廣西守將捕之慶遠溪洞民饑發米二萬五百石平價糶之敕山東州縣收養流民遺棄子女延安鄜州綏德鞏昌等處雨雹殷陽新城縣蝗宗仁衛屯田隕霜殺禾睢州河決順德汴梁德安汝寧諸路旱免其租梅州饒州鎮江邠州諸路饑賑糶米三萬餘石八月戊子修上都香殿辛卯雲南白夷寇雲龍州癸巳歲星犯天罇辛丑遣使代祀岳瀆名山大川敕諸王私入京者勿供其所用諸部曲宿衛私入京者罪之命度支監汰阿塔赤所掌駞馬於外郡飼之大都路檀州鞏昌府靜寧縣延安路安塞縣雨雹衛輝路

汲縣河溢南恩州瓊州饑賑糧一月臨江路歸德府饑賑糧二月衡州建昌岳
州饑賑糶米一萬三千石九月戊申朔分天下爲十八道遣使宣撫詔曰朕祗
承洪業夙夜惟寅凡所以圖治者悉遵祖宗成憲屢詔中外百司宣布德澤
蠲賦詳刑賑恤貧民思與黎元共享有生之樂尚慮有司未體朕意庶政或闕
惠澤未洽承宣者失於撫綏司憲者怠於糾察俾吾民重困朕甚憫焉今遣奉
使宣撫分行諸道按問官吏不法詢民疾苦審理寃滯凡可以興利除害從宜
舉行有罪者四品以上停職申請五品以下就便處決其有政績尤異暨晦跡
丘園才堪輔治者具以名聞以湖廣行省參知政事馬合某河東宣慰使李處
恭之兩浙江東道江東道廉訪使朵列禿太史院使齊履謙之江西福建道都
功德使舉林伯荊湖宣慰使蒙弼之江南湖廣道禮部尚書李家奴工部尚書
朱蕡之河南江北道同知樞密院事阿吉剌御史中丞曹立之燕南山東道太
子詹事別帖木兒宣徽院判韓讓之河東陝西道吏部尚書納哈出董訥之山
北遼東道陝西鹽運使衆家奴中書斷事官韓庭茂之雲南省湖南宣慰使寒

食冀寧路總管劉文之甘肅省山東宣慰使禿思帖木兒陝西行省左丞廉惇之四川省翰林侍講學士帖木兒不花祕書卿吳秉道之京畿道以郡縣饑詔運粟十五萬石貯瀕河諸倉以備賑救仍敕有司治義倉禁大都順德衞輝等十郡釀酒募富民入粟拜官二千石從七品千石正八品五百石從八品三百石正九品不願仕者旌其門諸王斡卽遣使貢金浮圖己酉海運江南糧百七十萬石至京師庚戌復尙乘寺光祿寺爲正三品給銀印癸丑車駕至大都遣使祀海神天妃甲寅禁饑民結扁檐社傷人者杖一百著爲令乙卯享太廟己未岑世興上言自明不反請置蒙古漢人監貳官詔優從之壬戌諸王牙卽貢馬丁丑浚河間陳玉帶河廣西猺寇賓州禮部員外郎元永貞言鐵失弒逆皆由鐵木迭兒始禍請明其罪仍錄付史館以爲人臣之戒漢中道文州霖雨山崩檀州雨雹開元路三河溢瓊州南安德慶諸路饑賑糧鈔有差冬十月戊寅朔張珪歸保定上冢以病辭祿不允岑世興及子鐵木兒率衆寇上林等州命撫諭之壬午禁成都路釀酒癸未以倒刺沙爲御史大夫丁亥享太廟己丑賜

恩平王塔思不花部鈔五千錠壬辰熒惑犯氐癸巳塡星退犯井播州凱黎苗
率諸寨苗獠爲寇乙未皇后亦憐真八剌受佛戒於帝師丁酉廣西獠酋何童
降請防邊自効從之乙巳寧遠知州添插言安南國土官押那攻掠其木末諸
寨請治之敕安南世子諭押那歸其俘丙辰寧夏路曹州屬縣水霸州衢州路
饑賑糧二月戊申周王和世㻋遣使以豹來獻改長寧軍爲州庚戌旭邁傑以
歲饑請罷皇后上都營繕從之紐澤以病乞罷不允丙辰郭菩薩等伏誅杖流
其黨丁巳幸大承華普慶寺祀昭獻元聖皇后于影堂賜僧鈔千錠岑世興結
八番蠻班光金等合兵攻石頭等寨敕調兵禦之八番宣慰司官失備坐罪戊
午塡星退犯井宿鉞星己未詔整飭臺綱庚申倭船來互市廣西道宣慰使獲
猺酋潘寶下獄其弟潘見遂寇柳州命湖廣行省左丞乞住捕之壬戌敕軍民
官廕襲者由本貫圖宗支申請銓授丙寅倒剌沙復爲中書左丞相加開府儀
同三司錄軍國重事丁卯罷蒙山銀冶提舉司命瑞州路領之壬申賜諸王不
賽因鈔二萬錠帛百匹諸王斡耳朵罕遣使以追捕廣西猺寇上聞帝曰朕自

即位累詔天下憫恤黎元惟廣猺屢叛殺掠良民故命斡耳朵罕等討之今聞迎降者甚衆宜更以恩撫之若果不悛嚴兵追捕京師饑賑糶米四十萬石內郡饑賑鈔十萬錠米五萬石河間諸郡流民就食通漷二州命有司存恤之杭州路火賑貧民糧一月常德路水民饑賑糧萬一千六百石十二月戊寅以塔失帖木兒爲中書右丞相癸未加塔失帖木兒開府儀同三司上柱國錄軍國重事監修國史封薊國公諸王不賽因遣使貢珠賜鈔二萬錠乙酉帝復受佛戒於帝師熒惑犯天江辰星犯建星丁亥修鹿頂殿鎭南王脫不花薨遣中書平章政事乃馬歹攝鎭其地中書省臣言山東陝西湖廣地接戎夷請議選宗室往鎭從之申禁圖讖私藏不獻者罪之癸巳京師多盜塔失帖木兒請處決重囚增調邏卒仍立捕盜賞格從之甲午太白犯壘壁陣召張珪於保定丁酉加紐澤知樞密院事與馬某沙並開府儀同三司弛瑞州路酒禁左丞乞住諸王斡耳朵罕征猺賊敗之元江路土官普山爲寇命戍兵捕之壬寅大寧路鳳翔府饑禁釀酒右丞趙簡請行區田法於內地以宋董煟所編救荒活民書頒

州縣濟南延川二路饑賑鈔三千五百錠惠州杭州等處饑賑糶有差是歲陝西府雨雹御河水溢以故翰林學士不花中政使普顏篤指揮使卜顏忽里爲鐵失等所繫死贈功臣號及階勳爵謚

元史卷二十九

元史卷三十

明翰林學士亞中大夫知制誥兼修國史宋　濂等修

本紀第三十

泰定帝二

三年春正月丙午朔征東行省左丞相高麗國王王章遣使奉方物賀正旦播州宣慰使楊燕里不花招諭蠻酋黎平慶等來降戊申元江路總管普雙叛命雲南行省招捕之諸王薛徹秃晃火帖木兒來朝賜金銀鈔幣有差壬子封諸王寬徹不花爲威順王鎭湖廣買奴爲宣靖王鎭益都各賜鈔三千錠以山東湖廣官田賜民耕墾人三頃仍給牛具諸王不賽因遣使獻西馬徵前翰林學士吳澄不起置都水庸田司於松江掌江南河渠水利己未賜武平王帖古思不花部軍民鈔人十五錠以湘寧王八剌失里鎭兀魯思部辛酉太白犯外屏癸亥封朶列捏爲國公以知樞密院事撒忒迷失爲嶺北行中書省平章政事戊辰緬國亂其主答里也伯遣使來乞師獻馴象方物安南國阮叩寇思明路

命湖廣行省督兵備之大都路屬縣饑賑糧六萬石恩州水以糧賑之二月丁
丑購能首告謀逆厭魅者給賞立賞格諭中外庚辰賑魯王阿兒加失里部僉
吉剌貧民鈔六萬錠命諸王魯賓爲大宗正壬午廣西全茗州土官許文傑率
諸猺以叛寇茗盈州殺知州事李德卿等命湖廣行省督兵捕之以乃馬台知
樞密院事甲申祭太祖太宗睿宗御容於翰林國史院丁亥中書請罷征猺敕
斡耳朵罕等班師其鎮戍者如故乙丑禁汴梁路釀酒甲午葺真定玉華宮乙
未修佛事厭雷于崇天門丙申建顯宗神御殿於盧師寺賜額曰大天源延壽
寺敕以金書西番字藏經甲戌建殊祥寺於五臺山賜田三百頃爪哇國遣使
貢方物庚子以通政院使察乃爲中書平章政事甲辰車駕幸上都命諸王也
忒古不花及中書省臣兀伯都剌察乃着僧許師敬朵朵居守立典醫署秩從
五品隸詹事院歸德府屬縣河決民饑賑糧五萬六千石河間保定真定三路
饑賑糧四月建昌路饑賑糶米三萬石三月乙巳朔帝以不雨自責命審決重
囚遣使分祀五嶽四瀆名山大川及京城寺觀安南國宮爲龍州萬戶趙雄飛

等所侵乞諭還所掠詔廣西道遣官究之丙午填星犯井宿鉞星丁未敕百官集議急務中書省臣等請汰衛士節濫賞罷營繕防徭寇諸寺官署坑冶等事歸中書並從之壬子禜星于司天監癸丑八番巖霞洞蠻來降願歲輸布二千五百匹設蠻夷官鎮撫之乙卯申禁民間金龍文織幣丁巳遣諸王失剌鎮北邊戊午詔安撫緬國賜其主金幣甲子命功德使司簡歲修佛事一百二十七丙寅翰林承旨阿憐帖木兒許師敬譯帝訓成更名曰皇圖大訓敕授皇太子考試國子生遣僧修佛事於臨洮鳳翔星吉兒宗山等處賜諸王孛羅鐵木兒阿剌忒納各鈔二千錠戊辰熒惑犯壘壁陣填星犯井庚午填星太白歲星聚于井辛未泉州民阮鳳子作亂寇陷城邑軍民官以失討坐罪永平衛輝中山順德諸路饑賑鈔六萬六千餘錠寧夏奉元建昌諸路饑賑糧二月大都河間保定永平濟南常德諸路饑免其田租之半四月丙戌鎮安路總管岑修廣爲弟修仁所攻來告命湖廣行省辨治之戊戌太白犯鬼壬寅熒惑犯壘壁陣米洞蠻田先什用等結十二洞蠻寇長陽縣湖廣行省遣九姓長官彭忽都不花

招之田先什用等五洞降餘發兵討之修夏津武河堤三十三所役丁萬七千
五百人五月甲戌朔藩王法別遣使來獻豹乙巳修鎮雷佛事三十一所甘肅
行省臣言赤斤儲粟軍士度川遠給不便請復徙于曲尤之地從之修上都復
仁門涇州饑禁釀酒罷造福建歲供蔗餳以西僧馳驛擾民禁之甲寅八百媳
婦蠻招南道遣其子招三聽奉方物來朝乙卯以帝師兄鎖南藏卜領西番三
道宣慰司事尚公主錫王爵給壽寧公主印仍賜田百頃鈔三萬錠甲子中書
會歲鈔出納之數請節用以補不足從之監察御史劾宣撫使朵兒只班學士
李塔剌海劉紹祖庸鄙不勝任中書議三人皆勳舊子孫罪無實狀乞復其職
仍敕憲臺勿以空言妄劾從之丁卯岑世興及鎮安路岑修文合山獠角蠻六
萬餘人爲寇命湖廣雲南行省招諭之遣指揮使兀都蠻鐫西番咒語于居庸
關崖石庚午乞住招諭永明縣五洞徭來降河西加木籠四部來降以答兒麻
班藏卜領卜剌麻沙棚部公哥班領古籠羅烏公遠宗蘭宗孛兒間沙加堅部
唆南監藏卜領蘭宗古卜剌卜吉里昔吉林亦木石威石部朵兒只本剌領籠

答吃列八里阿卜魯答思阿答藏部雄州饑太平興化屬縣水並賑之廬州鬱林州及洪澤屯田旱揚州路屬縣財賦官田水並免其租六月癸酉朔賜藩王怯別七寶束帶以禿哈帖木兒爲四川行省平章政事請終母喪從之癸未播州蠻黎平愛復叛合謝烏窮爲寇宣撫使楊燕禮不花招平愛出降烏窮不附命湖廣行省討之丁亥命湘寧王八剌失里出鎮阿難答的之地戊子諸王脫脫等來朝賜金銀鈔幣有差乙未命梁王王禪及諸王徹徹禿鎮撫北軍賜王禪鈔五千錠幣帛各二百匹丁酉遣道士吳全節修醮事於龍虎三茆閣皂三山戊戌遣使祀解州鹽池神中書省臣言比郡縣旱蝗由臣等不能調燮故災異降戒今當恐懼儆省力行善政亦冀陛下敬慎修德憫恤生民帝嘉納之賑昌王八剌失里部鈔四萬錠賜吳王潑皮鈔萬錠己亥納皇姊壽寧公主女撒答八剌于中宮道州路櫟所源猺爲寇命乞住督兵捕之奉元鞏昌屬縣大雨雹峽州旱東平屬縣蝗大同屬縣大水萊蕪等處冶戶饑賑鈔三萬錠光州水中山安喜縣雨雹傷稼大昌屯河決大寧廬州德安梧州中慶諸路屬縣水旱

並蠲其租秋七月甲辰車駕發上都禁車騎踐民禾遼王脫脫請復太母月也
倫宮守兵及女直屯戶不允增給太祖四大斡耳朵歲賜銀二百錠鈔八千錠
遣使祀海神天妃造豢豹氈車三十兩乙巳怯憐口屯田霜賑糧二月丙午享
太廟丁未紹慶酉陽寨冉世昌及何惹洞蠻為寇詔行宮駝馬及宗戚將校駐
冬北邊者毋輒至京師辛亥封阿都赤為綏寧王賜鈔四千錠給金印壬子皇
后受牙蠻答哥戒于水精殿甲寅幸大乾元寺敕鑄五方佛銅像乙卯詔翰林
侍講學士阿魯威直學士燕赤譯世祖聖訓以備經筵進講戊午諸王不賽因
獻駝馬遣日本僧瑞興等四十人還國作別殿於潛邸敕入粟拜官者准致仕
銓格己未禁諸部王妃入京告饑以月魯帖木兒嗣齊王給金印八百媳婦蠻
招南通遣使來獻馴象方物乙丑發兵修野狐色澤桑乾三嶺道戊辰太白經
天己巳大理土官你囊來獻方物庚申廣西宣慰副使王瑞請益戍兵及以土
民屯田備蠻仍置南寧安撫司河決鄭州陽武縣漂民萬六千五百餘家賑之
永平大都諸屬縣水大風雨雹龍興辰州二路火大名永平奉元諸路屬縣旱

汴梁路水大名順德衛輝淮安等路睢趙涿霸等州及諸位屯田蝗大同渾源河溢檀順等州兩河決温榆水溢賑永平奉元鈔七萬錠賑糶濠州饑民麥三萬九千餘石命瘞京城外棄骸死狀不白者有司究之八月甲戌兀伯都剌許師敬並以災變饑歉乞解政柄不允乙亥遣乃馬台簡閱邊兵賜鈔千錠大天源延聖寺神御殿成戊寅修澄清石牐甲申享太廟長春宮道士藍道元以罪被黜詔道士有妻者悉給徭役還黃羊坡民二百五十戶於韃靼部寧遠州洞蠻刁用爲寇命雲南行省備之丁亥遣梁王王禪整飭斡耳朵思邊事辛卯雲南行省丞相亦兒吉觧廉訪副使散兀只台以使酒相詆狀聞詔兩釋之甲午以災變罷獵賑河南探馬赤軍籍其餘丁罷行宣政院及功德使司免武備寺逋負兵器丁酉藩王不賽因遣使獻玉及獨峯駝是夜太白犯軒轅御女以星變下詔恤民辛丑次中都畋于汪火察禿之地賜太師按攤出鈔二千八百錠鹿頂殿成罷甘肅札渾倉徙其軍儲於汪古剌倉戶部尚書郭良坐贓免作天妃宮于海津鎮西番土官撒加布來獻方物海寇黎三來附詔諭廉州蜑戶使

復業鹽官州大風海溢壞隄防三十餘里遣使祭海神不止徙居民千二百五十家大都昌平大風壞民居九百家龍慶路雨雹一尺大風損稼真定蠡州奉元蒲城等縣及無爲州諸處水河中府永平建昌印都中慶太平諸路及廣西兩江饑並發粟賑之揚州崇明州大風雨海水溢溺死者給棺斂之杭州火賑糧一月九月丁未增置上都留守判官一員兼推官辛亥命帝師還京修灑淨佛事于大明興聖隆福三宮丁巳弛大都上都與和酒禁庚申車駕至大都壬戌以察乃領度支事癸亥太白犯太微垣右執法賜大車里新附蠻官七十五人裘帽韡服戊辰命懽赤等使于諸王怯別月思別不賽因三部賑潛邸貧民鈔二十萬錠湖廣行省太平路總管郭扶雲南行省威楚路禿剌寨長哀培景東寨長阿只弄男阿吾大阿哀寨主弟你刀木羅寨長哀卜利茫施路土官阿利鎮江路土官泥囊弟陀金客木帖路土官丘羅大車里昭哀姪哀用孟隆甸土官吾仲並奉方物來獻以昭哀地置木朵路一木來州一甸三以吾仲地置孟隆路一甸一以哀培地置甸一並降金符銅印仍賜幣帛鞍勒有差中書省

臣言今國用不繼陛下當法世祖之勤儉以爲永圖臣等在職苟有濫承恩賞者必當回奏帝嘉納之揚州寧國建德諸屬縣水南恩州旱民饑並賑之汾州平遙縣汾水溢盧州懷慶二路蝗冬十月辛未朔發卒四千治通州道給鈔千六百錠甲戌紐澤陞右御史大夫庚辰享太廟奉安顯宗御容於大天源延聖寺辛巳太白犯進賢天壽節遣道士祠衞輝太一萬壽宮壬午帝師以疾還撒思加之地賜金銀鈔幣萬計敕中書省遣官從行備供億癸酉河水溢汴梁路樂利堤壞役丁夫六萬四千人築之京師饑發粟八十萬石減價糶之賜大天源延聖寺鈔二萬錠吉安臨江二路田千頃中書省臣言養給軍民必藉地利世祖建大宣文弘教等寺賜永業當時已號虛費而成宗復構天壽萬寧寺較之世祖用增倍半若武宗之崇恩福元仁宗之承華普慶租榷所入益又甚焉英宗鑿山開寺損兵傷農而卒無益夫土地祖宗所有子孫當共惜之臣恐茲後藉爲口實妄興工役徼福利以逞私欲惟陛下察之帝嘉納焉十一月庚子陝西行臺中丞姚煒請集世祖嘉言善行以時省覽從之藩陽遼陽大寧等路

及金復州水民饑賑鈔五萬錠懷慶脩武縣旱免其租寧夏路萬戶府慶遠安
撫司饑並賑之弛寧夏路酒禁宣撫使馬合某李讓劾浙西廉訪使完者不花
受賂簿對不服詔遣刑部郎中唆住鞫其侵辱使者笞之藩王不賽因遣使來
獻虎癸卯中書省臣言西僧每假元辰疏釋重囚有乖政典請罷之有旨自今
當釋者敕宗正府審覆乙巳梁王王禪往北邊賜鈔二千錠己酉作鹿頂椶樓
辛亥追復前平章政事李孟官賜湘寧王八剌失里鈔三千錠諸王不賽因遣
使來獻馬乙卯太白犯鍵閉廣西透江團徭爲寇宣慰使買奴諭降之扶靈青
溪櫟頭等源蠻爲寇湖南道宣慰司遣使諭降之戊午造中統至元鈔各十萬
錠封諸王鐵木兒不花爲鎮南王鎮揚州辛酉加御史大夫紐澤開府儀同三
司加封廬陵江神曰顯應弛成都酒禁播州蠻宋王保來降己巳徙上都淸寧
殿于伯亦兒行宮弛永平路山澤之禁階州土蕃爲寇武靖王遣臨洮路元帥
䖍䖍諭降之廣寧路𡺰縣霖雨傷稼賑鈔三萬錠沔陽府旱免其稅永平路大
水免其租仍賑糧四月汴梁建康太平池州諸路及甘肅亦集乃路饑並賑之

錦州水溢壞田千頃漂死者百人人給鈔一錠崇明州海溢漂民舍五百家賑糧一月給死者鈔二十貫丁丑諸王月思別獻文豹賜金銀鈔幣有差御史哈剌那海請擇正人傅太子帝嘉納之壬午御史買垕請祔武宗皇后于太廟不報敕以來年元夕構燈山于內廷御史趙思魯以水旱請罷其事從之甲申師魯又請親祀郊廟帝嘉納之丙戌以回回陰陽家言天變給鈔二千錠施有道行者及乞人繫囚以禳之丁亥寧夏路地震有聲如雷連震者四庚寅赦天下召江浙行省右丞趙簡爲集賢大學士領經筵事壬辰賜梁王王禪宴器金銀以皇子小薛夜啼賜高年鈔癸巳作鹿頂殿己亥命帝師修佛事釋重囚三人置大承華普慶寺總管府罷規運提點所御史言比年營繕以衛軍供役廢武事不講請遵世祖舊制教習五衛親軍以備扈從不報湖廣屯戍千戶只干不花招諭扶靈洞蠻劉季等來降保定路饑賑米八萬一千五百石懷慶路饑賑鈔四萬錠亳州河溢漂民舍八百餘家壞田二千三百頃免其租廣西靜江象州諸路及遼陽路饑並賑之大寧路大水壞田五千五百頃漂民舍八百餘家

溺死者人給鈔一錠
四年春正月甲辰諸王買奴來朝賜金一錠銀十錠鈔二千錠幣帛各四十匹
乙巳御史臺臣請親祀郊廟帝曰朕遵世祖舊制其命大臣攝之己酉太白犯
牛庚戌置紹慶路石門十寨巡檢司御史辛鈞言西商鬻寶動以數十萬錠今
水旱民貧請節其費不報壬子以中政院金銀鐵冶歸中書靖安王闊不花出
鎮陝西賜鈔二千錠癸丑賜諸王阿刺忒納失里等鈔六千錠甲寅鷹師脫脫
病賜鈔千錠戊午命市珠寶首飾庚申皇子允丹藏卜受佛戒于智泉寺鹽官
州海水溢壞捍海堤二千餘步甲子武龍洞蠻寇武緣縣諸堡丁卯燕南廉訪
司請立真定常平倉不報浚會通河築漷州護倉堤役丁夫三萬人初置雲南
行省檢校官遼陽行省諸郡饑賑鈔十八萬錠彰德淮安揚州諸路饑並賑之
大寧路水給溺死者人鈔一錠二月辛未祀先農甲戌祭太祖太宗睿宗御容
于大承華普慶寺以翰林院官執事乙亥親王也先鐵木兒出鎮北邊賜金一
錠銀五錠鈔五百錠幣帛各十匹丙子命亦烈赤領仁宗神御殿事大司徒亦

憐真乞剌思爲大承華普慶寺總管府達魯花赤仍大司徒壬午狩于漷州諸王火沙河榮答里出鎮北邊賜金銀幣鈔有差帝師參馬亦思吉思卜長出亦思宅卜卒命塔失鐵木兒紐澤監修佛事丙戌詔同僉樞密院事燕帖木兒教閱諸衞軍戊子進襲封衍聖公孔思晦階嘉議大夫以馬忽思爲雲南行省平章政事提調烏蒙屯田庚寅八百媳婦蠻酋招南通來獻方物辛卯白虹貫日以尚供總管府及雲需總管府隸上都留守司奉元廬州淮安諸路及白登部饑賑糧有差永平路饑賑鈔三萬錠糧二月三月辛丑皇子允丹藏卜出鎮北邊以那海赤爲惠國公商議內史府事癸卯和寧地震有聲如雷丙午廷試進士阿察赤李黼等八十五人賜進士及第出身有差命西僧作止風佛事潮州路判官錢珍挑推官梁楫妻劉氏不從誣楫下獄殺之事覺珍飲藥死詔戮尸傳首海北廉訪副使劉安仁坐受珍賂除名辛亥諸王槊思班不賽亦等以文豹西馬佩刀珠寶等物來獻賜金鈔萬計庚申遣使往江南求奇花異果辛酉以太傅朵台爲太師太保禿忽魯爲太傅也可扎魯忽赤伯達沙爲太保敕前

太師伯忽與議大事食其俸終身召翰林學士承旨蔡國公張珪集賢大學士廉恂太子賓客王毅悉復舊職陝西行臺中丞敬儼爲集賢大學士並商議中書省事珪仍預經筵事賜諸王火沙部鈔四千錠郡王朵來兀魯兀等部畜牧災賑鈔三萬五千錠中書省臣請酬哈散等累朝售寶價鈔十萬二千錠從之壬戌車駕幸上都復設武備寺同判六員命親王八剌失思出鎮察罕腦兒封寬徹爲國公以阿散火者知樞密院事渾河決發軍民萬人塞之丁卯熒惑犯井復置衛候直都指揮使司秩正四品諸王不賽因遣使獻文豹獅子賜鈔八千錠大寧廣平二路屬縣饑賑鈔二萬八千錠河南行省諸州縣及建康屬縣饑賑糧有差夏四月辛未盜入太廟竊武宗金主及祭器大理鹿甸酋阿你爲寇壬申作武宗主甲戌作棕毛鹿頂樓己卯道州永明縣猺爲寇癸未鹽官州海水溢侵地十九里命都水少監張仲仁及行省官發工匠二萬餘人以竹落木柵實石塞之不止癸巳高州猺寇電白縣千戶張額力戰死之邑人立祠敕賜額曰旌義甲午以西僧公哥列思巴沖納思監藏班藏卜爲帝師賜玉印仍

詔諭天下僧乙未以武備寺卿阿昔兒答剌罕爲御史大夫熒星于回回司天臺湖廣猺寇全州義寧屬縣命守將捕之河南奉元二路及通順檀薊等州漁陽寶坻香河等縣饑賑糧兩月河間揚州建康太平衢州常州諸路屬縣及雲南烏撒武定二路饑賜糧鈔有差永平路饑免其租仍賑糧兩月五月辛丑太尉丑驢卒癸卯以鹽官州海溢命天師張嗣成修醮禳之乙巳作成宗神御殿于天壽萬寧寺己未占城國遣使貢方物甲子以典守宗廟不嚴罷太常禮儀院官丁卯修佛事於賀蘭山及諸行宮罷諸王分地州縣長官世襲俾如常調官以三載爲考元江路總管普雙坐贓免遂結蠻兵作亂敕復其舊職德慶路猺來降歸所掠男女悉給其親河南江陵屬縣饑賑糧有差汴梁屬縣饑免其租常州淮安二路寧海州大雨雹睢州河溢大都南陽汝寧廬州等路屬縣旱蝗衞輝路大風九日木盡偃河南路洛陽縣有蝗可五畝羣烏食之既數日蝗再集又食之六月辛未翰林侍講學士阿魯威直學士燕赤等進講仍命譯資治通鑑以進參知政事史惟良請解職歸養不允丁丑倒剌沙等以災變乞罷

不允罷兩都營繕工役錄諸郡繫囚己卯永興屯被災免其租辛巳造象輿六
乘癸未遣察乃伯顏赴大都銓選甲申廣西花角蠻爲寇命所部討之乙未紹
慶路四洞酋阿者等降並命爲蠻夷長官仍設巡檢司以撫之發義倉粟賑鹽
官州民廬州路饑賑糧七萬九千石鎮江興國二路饑賑糶有差中山府雨雹
汴梁路河決汝寧府旱大都河間濟南大名峽州屬縣蝗秋七月丁酉元江路
普雙復叛戊戌諸王燕只吉台襲位遣使來朝己亥八兒忽部晃忽來獻方物
御史臺臣言內郡江南旱蝗薦至非國細故丞相塔失帖木兒倒刺沙參知政
事不花史惟良參議買奴並乞解職有旨毋多辭朕當自儆卿等亦宜各欽厥
職修大明殿占城國獻馴象二建橫渠書院於郿縣祠宋儒張載辛丑賜齊王
月魯帖木兒鈔二萬錠甲辰播州蠻謝烏窮來獻方物丙午享太廟丁未敕經
筵講讀官非有代不得去職詔諭宗正府決獄遵世祖舊制戊戌遣翰林侍讀
學士阿魯威還大都譯世祖聖訓壬子賜諸王火兒灰月魯帖木兒八刺失里
及駙馬買住罕鈔一萬五千錠金銀幣帛有差甲寅遣使市㹀牛於西域丁巳

給齊王月魯帖木兒印伯顏察兒兀伯都剌以疾乞解政優詔諭之戊午謀粘
路土官賽丘羅招諭八百媳婦蠻招三斤來降銀沙羅土官散怯遮殺賽丘羅
敕雲南王遣人諭之癸亥賜壽寧公主鈔五千錠岐王鎖南管卜訴荊王也速
也不干侵其分地命甘肅行省閱籍歸之乙丑周王和世㻋及諸王燕只哥台
等來貢賜金銀鈔幣有差遣使祀海神天妃丙寅籍僧道有妻者爲民塞保安
鎮渠役民丁六千人是月籍田蝗雲州黑河水溢衢州大雨水發廩賑饑者給
漂死者棺延安屬縣旱免其租稅遼陽遼河老撒加河溢右衞率部饑並賑之
八月戊辰給累朝斡耳朶鈔有差癸酉給別乞烈失寧國公印度支監卿孛羅
請辭職奉母不允賜皇后乳母鈔千七百錠滹沱河水溢發丁淩治河以殺其
勢奉元路治中單鶚言令民採捕珍禽異獸不便請罷之敕應獵者其捕以進
乙亥賜公主不答昔你滕戶鈔四千錠苗人祭伯秧寇李陀寨命湖廣行省捕
之庚辰運粟十萬石貯灝河諸倉備內部饑田州洞猺爲寇遣湖廣行省捕之
癸未賜營王也先帖木兒鈔三千錠乙酉伯亦斡耳朶作欽明殿成壬辰御史

李昌言河南行省平章政事童童世官河南大為奸利請徙他鎮不報癸巳謚
武宗皇后曰宣慈惠聖英宗皇后曰莊靜懿聖升祔太廟發衛軍八千修白浮
瓮山河堤是月揚州路崇明州海門縣海水溢汴梁路扶溝蘭陽縣河溢沒民
田廬並賑之建德杭州衢州屬縣水真定晉寧延安河南等路屯田旱大都河
間奉元懷慶等路蝗鞏昌府通渭縣山崩碉門地震有聲如雷晝晦天全道山
崩飛石斃人鳳翔興元成都峽州江陵同日地震九月丙申朔日有食之阿察
赤的斤獻木綿大行帳敕國子監仍舊制歲貢生員業成者六人禁僧道買民
田違者坐罪沒其直壬寅寧夏路地震壬子太白犯房甲寅湖廣土官宋王保
來獻方物壬戌遣歡赤等使諸王怯別等部甲子御史言廣海古流放之地請
以職官贓污者處之以示懲戒從之保定真定二路饑賑糧三萬石鈔萬五千
錠閏月丁卯賜諸王徹徹禿渾都帖木兒鈔各五千錠己巳太白經天車駕至
大都壬申以災變赦天下廣西兩江猺為寇命所部捕之甲戌命祀天地享太
廟致祭五嶽四瀆名山大川甲午八百媳婦蠻請官守置蒙慶宣慰司都元帥

府及木安孟傑二府于其地以同知烏撒宣慰司事你出公土官招南通並爲宣慰司都元帥招諭人米德爲同知宣慰司事副元帥南通之子招三斤知木安府姪混盆知孟傑府仍賜鈔幣各有差建昌贛州惠州諸路饑賑米四萬四千石土番階州饑賑鈔千五百錠奉元慶遠延安諸路饑賑糶有差冬十月丙申享太廟戊戌諸王脫別帖木兒哈兒蠻等獻玉及蒲萄酒賜鈔六千錠己亥御史德住請擇東宮官癸卯命帝師作佛事于大天源延聖寺甲辰改封建德路烏龍山神曰忠顯靈澤普佑孚惠王乙巳晝有流星己酉以治書侍御史王士熙爲參知政事辛亥監察御史亦怯列台卜答言都水庸田使司擾民請罷之癸丑江浙行省左丞相脫歡答剌罕平章政事高昉以海溢病民請解職不允雲南沙木寨土官馬愚等來朝丁巳以御史中丞趙世延爲中書右丞以中書參議傅巖起爲吏部尚書御史韓鏞言尚書三品秩巖起由吏累官四品於法不得陞制可安南遣使來獻方物戊午辰星犯東咸監察御史馮思忠請命太常纂修累朝禮儀壬戌開南州土官阿只弄率蠻兵爲寇雲南行省招捕之

增置肅州沙州亦集乃三路推官大都路諸州縣霖雨水溢壞民田廬賑糧二十四萬九千石衛輝獲嘉等縣饑賑鈔六千錠仍蠲丁地稅龍與路屬縣旱免其租大名河間二路屬縣饑並賑之十一月庚午禁晉寧路釀酒減價糶京倉米十萬石以賑貧民以思州土官田仁爲思州宣慰使召雲南王帖木兒不花赴上都癸酉太白犯壘壁陣乙亥熒惑犯天江丙子賜公主不答昔你鈔千錠平樂府猺爲寇湖廣行省督兵捕之辛卯以降蠻謝烏窮爲蠻夷官雲南蒲蠻來附置順寧府寶通州慶甸縣緬國主答里必牙請復立行省於迷郎崇城不允孛斯來附給伯亦斡耳朵駝牛以歲饑開內郡山澤之禁永平路水旱民饑蠲其賦三年諸王塔思不花部衛士饑賑糧千石冀寧路陽曲縣地震十二月庚子發米三十萬石賑京師饑絳州太平縣趙氏婦一產三子定捕盜令限內不獲者償其贓辛丑敕塔失鐵木兒倒刺沙領內史府四斡耳朵事癸卯安南遣使來貢方物甲辰梧州猺爲寇湖廣行省督兵捕之戊申諸王孛羅遣使貢硇砂賜鈔二千錠癸丑命趙世延及中書參議韓讓左司郎中姚庸提調國子

監乙卯爪哇遣使獻金文豹白猴白鸚鵡各一蔡國公張珪卒植萬歲山花木八百七十本丙辰賜諸王孛羅帖木兒等鈔四千錠己未歲星退犯太微西垣上將靜江路猺兵爲寇湖廣行省督兵捕之右江諸寨土官岑世忠等來獻方物大都保定真定東平濟南懷慶諸路旱免田租之半河南河間延安鳳翔屬縣饑並賑之是歲汴梁延安汝寧峽州旱濟南衞輝濟寧南陽八路屬縣蝗汴梁諸屬縣霖雨河決揚州路通州崇明州大風海溢

致和元年春正月乙丑朔高麗王遣使來朝賀獻方物甲戌享太廟命繪蠶麥圖乙亥詔諭百司凡不赴任及擅離職者奪其官避差遣者笞之御史鄒惟亨言時享太廟三獻官舊皆勳戚大臣而近以戶部尚書爲亞獻人旣疎遠禮難嚴肅請仍舊制以省臺樞密宿衞重臣爲之丁丑頒農桑舊制十四條于天下仍詔勵有司以察勤惰己卯帝將畋柳林御史王獻等以歲饑諫帝曰其禁衞士毋擾民家命御史二人巡察之諸王星吉班部饑賑鈔萬錠米五千石占城遣使來貢方物且言爲交趾所侵詔諭解之禁僧道匿商稅給宗仁衞蒙古子

女糧六月辛巳靜江猺寇靈川臨桂二縣命廣西招捕之甲申遣使祀海神天
妃戊子詔優護爪哇國主札牙納哥仍賜衣物弓矢罷河南鐵冶提舉司歸有
司命帝師修佛事于禁中免陝西撈鹽一年發卒修京城罷益都諸屬縣食鹽
加封幸淵龍神福應昭惠公河間真定順德諸路饑賑鈔萬一千錠大都路東
安州大名路白馬縣饑並賑之二月癸卯弛汴梁路酒禁乙卯牙即遣使藏古
來貢方物庚申詔天下改元致和免河南自實田糧一年被災州郡稅糧一年
流民復業者差稅三年疑獄繫三歲不決者咸釋之賜遼王脫脫鈔五千錠梁
王王禪鈔二千錠壬戌太白晝見癸亥解州鹽池黑龍堰壞調番休鹽丁修之
陝西諸路饑賑鈔五萬錠河間汴梁二路屬縣及開城乾州蒙古軍饑並賑之
三月庚午阿速衛兵出戍者千人人給鈔四十錠貧乏者六千一百人人給米
五石雲南安隆寨土官岑世忠與其兄世興相攻籍其民三萬二千戶來附歲
輸布三千匹請立宣撫司以總之不允置州一以世興知州事置縣二聽世忠
舉人用之仍諭其兄弟共處立萬戶府二領征西紅胖襖軍塔失帖木兒倒刺

沙言災異未彌由官吏以罪黜罷者怨誹所致請量才敘用從之辛未大天源延聖寺顯宗神御殿成置總管府以司財賦壬申雨霾甲戌雅濟國遣使獻方物乙卯帝御興聖殿受無量壽佛戒于帝師庚辰命僧千人修佛事于鎮國寺辛巳賜壽寧公主鹽價鈔萬引甲申遣戶部尚書李家奴往鹽官祀海神仍集議修海岸丙戌詔帝師命僧修佛事于鹽官州仍造浮屠二百一十六以厭海溢戊子車駕幸上都己丑以趙世延知經筵事趙簡預經筵事阿魯威同知經筵事曹元用吳秉道虞集段輔馬祖常燕赤李朮魯翀並兼經筵官雲南土官撒加布降奉方物來獻置州一以撒加布知州事隸羅羅宣慰司徵其租賦壬辰太平路當塗縣楊氏婦一產三子晉寧衞輝二路及泰安州饑賑鈔四萬八千三百錠冀寧路平定州饑賑糶米三萬石陝西四川及河南府等處饑並賑之夏四月丙申欽州猺黃焱等為寇命湖廣行省備之己亥塔失帖木兒倒剌沙請凡蒙古色目人効漢法丁憂者除其名從之壬寅李家奴以作石囤捍海議聞己酉御史楊倬等以民饑請分僧道儲粟濟之不報甲寅改封蒙山神曰

嘉惠昭應王鹽池神曰靈富公洞庭廟神曰忠惠順利靈濟昭佑王唐柳州刺
史柳宗元曰文惠昭靈公戊午禁僞造金銀器皿大都東昌大寧汴梁懷慶之
屬州縣饑發粟賑之保定冠州德州般陽彰德濟南屬州縣饑發鈔賑之是月
靈州濬州大雨雹薊州及岐山石城二縣蝗廣寧路大水崇明州大風海溢五
月甲子遣官分護流民還鄉仍禁聚至千人者杖一百丙寅廣西普寧縣僧陳
慶安作亂僭建國改元己巳八百媳婦蠻遣子哀招獻馴象癸酉籍在京流民
廢疾者給糧遣還大理怒江甸土官阿哀你寇樂辰諸寨命雲南行省督兵捕
之庚辰有流星大如缶其光燭地甲申安南國及八洞蠻酋遣使獻方物戊子
以嶺北行省平章政事塔失帖木兒爲中書平章政事是月燕南山東東道及
奉元大同河間河南東平濮州等處饑賑鈔十四萬三千餘錠峽州屬縣饑賑
糶糧五千石冀寧廣平眞定諸路屬縣大雨雹汝寧府頴州衞輝路汲縣蝗涇
州靈臺縣旱六月高麗世子完者禿訴取其印遣平章政事買閭往諭高麗王
俾還之丙午遣使祀世祖神御殿是月諸王喃答失徹徹禿火沙乃馬台諸郡

風雪斃畜牧士卒饑賑糧五萬石鈔四十萬錠奉元延安二路饑賑鈔四千八百九十錠彰德屬縣大雨雹南寧開元永平諸路水江陵路屬縣旱河南安德屯蝗食桑秋七月辛酉朔寧夏地震庚午帝崩壽三十六葬起輦谷己卯大寧路地震癸未修佛事于欽明殿乙酉皇后皇太子降旨諭安百姓丙戌太白犯軒轅大星九月倒剌沙立皇太子爲皇帝改元天順詔天下泰定之世災異數見君臣之間亦未見其引咎責躬之實然能知守祖宗之法以行天下無事號稱治平茲其所以爲足稱也

元史卷三十

元史卷三十一

明翰林學士亞中大夫知制誥兼修國史宋　濂等修

本紀第三十一

明宗

明宗翼獻景孝皇帝諱和世㻋武宗長子也母曰仁獻章聖皇后亦乞烈氏成宗大德三年命武宗撫軍北邊帝以四年十一月壬子生成宗崩十一年武宗入繼大統立仁宗爲皇太子命以次傳於帝武宗崩仁宗立延祐三年春議建東宮時丞相鐵木迭兒欲固位取寵乃議立英宗爲皇太子又與太后幸臣識烈門譖帝於兩宮浸潤久之其計遂行於是封帝爲周王出鎮雲南置常侍府官屬以遙授中書左丞相禿忽魯大司徒斡耳朵中政使尙家奴山北遼陽等路蒙古軍萬戶孛羅翰林侍講學士教化等並爲常侍中衞親軍都指揮使唐兀兵部尙書賽罕八都魯爲中尉仍置諮議記室各二員遣就鎮是年冬十一月帝次延安禿忽魯尙家奴孛羅及武宗舊臣釐日沙不丁哈八兒禿等皆來

會教化謀曰天下者我武皇之天下也出鎮之事本非上意由左右搆間致然請以其故白行省俾聞之朝廷庶可杜塞離間不然事變叵測遂與數騎馳去先是阿思罕爲太師鐵木迭兒奪其位出之爲陝西行省丞相及教化等至即與平章政事塔察兒行臺御史大夫脫里伯中丞脫歡悉發關中兵分道自潼關河中府入已而塔察兒脫歡襲殺阿思罕教化于河中帝遂西行至北邊金山西北諸王察阿台等聞帝至咸率衆來附帝至其部與定約束每歲冬居扎顏夏居斡羅斡察山春則命從者耕于野泥十餘年間邊境寧謐延祐七年仁宗崩英宗嗣立是歲夏四月丙寅子妥懽帖木爾生是爲至正帝至治三年八月癸亥御史大夫鐵失等弒英宗晉王也孫鐵木兒自立爲皇帝改元泰定五月遣使扈從皇后八不沙至自京師二年帝弟圖帖睦爾以懷王出居于建康三年三月癸酉子懿璘質班生是爲寧宗歲戊辰七月庚午泰定皇帝崩于上都倒剌沙專權自用踰月不立君朝野疑懼時僉樞密院事燕鐵木兒留守京師遂謀舉義八月甲午黎明召百官集興聖宮兵皆露刃號於衆曰武皇有聖

子二人孝友仁文天下歸心大統所在當迎立之不從者死乃縛平章烏伯都剌伯顏察兒以中書左丞朶朶參知政事王士熙等下于獄燕鐵木兒與西安王阿剌忒納失里固守內廷於是帝方遠在沙漠猝未能至慮生他變乃迎帝弟懷王于江陵且宣言已遣使北迎帝以安衆心復矯稱帝所遣使者自北方來云周王從諸王兵整駕南轅旦夕卽至矣丁巳懷王入京師羣臣請正大統固讓曰大兄在北以長以德當有天下必不得已當明以朕志播告中外九月壬申懷王卽位是爲文宗改元天曆詔天下曰謹俟大兄之至以遂朕固讓之心時倒剌沙在上都立泰定皇帝子爲皇帝乃遣兵分道犯大都而梁王王禪右丞相答失鐵木兒御史大夫紐澤太尉不花等兵皆次于榆林燕帖木兒與其弟撒敦子唐其勢等帥師與戰屢敗之上都兵皆潰十月辛丑齊王月魯帖木兒元帥不花帖木兒以兵圍上都倒剌沙乃奉皇帝寶出降兩京道路始通於是文宗遣哈散及撒迪等相繼來迎朔漠諸王皆勸帝南還京師遂發北邊諸王察阿台沿邊元帥朶烈捏萬戶買驢等咸帥師扈行舊臣孛羅尙家奴哈

八兒禿皆從至金山嶺北行省平章政事潑皮奉迎武寧王徹徹禿僉樞密院事帖木兒不花繼至乃命孛羅如京師兩京之民聞帝使者至驩呼鼓舞曰吾天子實自北來矣諸王舊臣爭先迎謁所至成聚天曆二年正月乙丑文宗復遣中書左丞躍里帖木兒來迎乙酉撒迪等至入見帝于行幄以文宗命勸進丙戌帝卽位于和寧之北扈行諸王大臣咸入賀乃命撒迪遣人還報京師是月前翰林學士承旨不答失里以太府太監沙剌班輦金銀幣帛至遣撒迪等還京師帝命之曰朕弟曩嘗覽觀書史邇者得無廢乎聽政之暇宜親賢士大夫講論史籍以知古今治亂得失卿等至京師當以朕意諭之二月壬辰宣靖王買奴自京師來覲辛丑追尊皇妣亦乞烈氏曰仁獻章聖皇后是月文宗立奎章閣學士院于京師遣人以除目來奏帝並從之三月戊午朔次潔堅察罕之地辛酉文宗遣右丞相燕鐵木兒奉皇帝寶來上御史中丞八卽剌知樞密院事禿兒哈帖木兒等各率其屬以從壬戌造乘輿服御及近侍諸服用丙寅帝謂中書左丞躍里帖木兒曰朕至上都宗藩諸王必皆來會非尋常朝會比

也諸王察阿台今亦從朕遠來有司供張皆宜豫備卿其與中書臣僚議之丁亥雨土霾四月癸巳燕鐵木兒見帝於行在率百官上皇帝寶帝嘉其勳拜太師仍命爲中書右丞相開府儀同三司上柱國錄軍國重事監修國史答剌罕太平王並如故復諭燕鐵木兒等曰凡京師百官朕弟所用者並仍其舊卿等其以朕意諭之燕鐵木兒奏陛下君臨萬方國家大事所繫者中書省樞密院御史臺而已宜擇人居之帝然其言以武宗舊人哈八兒禿爲中書平章政事前中書平章政事伯帖木兒知樞密院事常侍孛羅爲御史大夫甲午立行樞密院命昭武王知樞密院事火沙領行樞密院事賽帖木兒買奴並同知行樞密院事是日帝宴諸王大臣于行殿燕鐵木兒哈八兒禿伯帖木兒孛羅等侍帝特命臺臣曰太祖皇帝嘗訓敕臣下云美色名馬人皆悅之然方寸一有繫累卽能壞名敗德卿等居風紀之司亦嘗念及此乎世祖初立御史臺首命塔察兒奔帖傑兒二人協司其政天下國家譬猶一人之身中書則右手也樞密則左手也左右手有病治之以良醫省院闕失不以御史臺治之可乎凡諸王

百司違法越禮一聽舉劾風紀重則貪墨懼猶斧斤重則入木深其勢然也朕有闕失卿亦以聞朕不爾責也乙未特命孛羅等傳旨宣諭燕鐵木兒伯答沙火沙哈八兒秃八即剌等曰世祖皇帝立中書省樞密院御史臺及百司庶府共治天下大小職掌已有定制世祖命廷臣集律令章程以為萬世法成宗以來列聖相承罔不恪遵成憲朕今居太祖世祖所居之位凡省院臺百司庶政詢謀僉同標譯所奏以告于朕軍務機密樞密院當即以聞毋以夙夜為間而稽留之其他事務果有所言必先中書院臺其下百司及暬御之臣毋得隔越陳請宜宣諭諸司咸俾聞知儻違朕意必罰無赦丁酉以陝西行臺御史大夫鐵木兒脫為上都留守辛丑文宗立都督府于京師遣使來奏又以臺憲官除目來上並從之癸卯遣使如京師卜日命中書左丞相鐵木兒補化攝告即位于郊廟社稷遣武寧王徹徹秃及哈八兒秃立文宗為皇太子仍立詹事院罷儲慶司以徹里鐵木兒為中書平章政事闊兒吉思為中書右丞怯來只兒哈郎並為甘肅行省平章政事忽剌台為江浙行省平章政事那海為嶺北行省

平章政事甲辰敕中書省賜官吏送寶者秩一等從者賚以幣帛乙巳監察御史言嶺北行省控制一方廣輪萬里實爲太祖肇基之地國家根本繫焉方面之寄豈可輕任平章塔即吉素非勳舊奴事倒剌沙倔起宿衞輒爲右丞俄陞平章年已七十眊昏殊甚左丞馬謀本晉邸部民以女妻倒剌沙引爲都水遂除左丞郎中羅里市井小人禿魯忽乃晉邸衞卒不諳政務並宜黜退臺臣以聞帝曰御史言甚善其並黜之又諭臺臣曰御史劾嶺北省臣朕甚嘉之繼今所當言者毋有所憚被劾之人苟營求申訴朕必罪之或廉非其實毋輒以聞五月丁巳朔次朶里伯真之地戊午遣西安王阿剌忒納失里還京師封帖木兒爲保德郡王賜扈駕宿衞士等幣帛有差己未皇太子遣翰林學士承旨阿鄰帖木兒來覲庚申次斡耳罕木東辛酉御史大夫孛羅中政使尙家奴並特授開府儀同三司以典四番宿衞癸亥次必忒怯禿之地翰林學士承旨斡耳朶自京師來覲命有司新武宗幄殿車輿庚午命燕鐵木兒陞用嶺北行省官吏其餘官吏並賜散官一級選用潛邸舊臣及扈從士受制命者八十有五人

六品以下二十有六人壬申次探禿兒海之地封亦憐真八爲柳城郡王以八
卽剌爲陝西行臺御史大夫衆家奴爲御史中丞乙亥次禿忽剌敕大都省臣
鑄皇太子寶時求太子故寶不知所在近侍伯不花言寶藏于上都行幄遣人
至上都索之無所得乃命更鑄之西木憐等四十三驛旱災命中書以糧賑之
計八千二百石丁丑皇太子發京師鎭南王帖木兒不花諸王也速斡卽答來
不花朵來只班伯顏也不干駙馬別闍里及扈衞百官悉從行戊寅京師市馬
二百八十疋載乘輿服御送行在所己卯次禿忽剌河東加翰林學士承旨唐
兀爲太尉趙王馬札罕部落旱民五萬五千四百口不能自存敕河東宣慰司
賑糧兩月庚辰賜諸王燕只哥台鈔二百錠幣帛二千匹辛巳次斡羅斡禿之
地壬午次不魯通之地是日左丞相鐵木兒補化等以帝卽位攝告南郊甲申
次忽剌火失温之地六月丁亥朔次坤都也不剌之地是日鐵木兒補化等以
帝卽位攝告于宗廟社稷戊子燕鐵木兒等奏中政院越中書擅奏除授移文
來徵制勅已如所請授之然於大體非宜乞申命禁止庶使政權歸一從之庚

寅次撒里之地陝西行省告饑遣使還都與諸老臣議賑救之丁酉次兀納八之地陞都督府爲大都督府己亥次闊朵之地樞密院奏皇太子遣使來言近已頒敕四川諸省兵悉遣還營惟雲南逆謀叵測兵未可卽罷令臣等以聞帝曰可仍屯戍俟平定而後罷辛丑次撒里怯兒之地壬寅戒近侍毋得輒有奏請甲辰賜駙馬脫必兒鈔千錠往雲南丁未次哈里溫戊申次闊朵傑阿剌倫辛亥次哈兒哈納禿之地詔諭中書省臣凡國家錢穀銓選諸大政事先啓皇太子然後以聞癸丑次忽禿之地甲寅賑陝西臨潼華陰二十三驛鈔一千八百錠晉寧路十五驛鈔八百錠是月鐵木兒補化以久旱啓于皇太子辭相位乞更選賢德委以燮理皇太子遣使以聞帝諭闊兒吉思等曰修德應天乃君臣當爲之事鐵木兒補化所言良是天明可畏朕未嘗斯須忘于懷也皇太子來會當與共圖其可以澤民利物者行之卿等其以朕意諭羣臣七月丙辰朔日有食之甲子次孛羅火你之地壬申監察御史把的于思言朝廷自去秋命將出師戡定禍亂其供給軍需賞賚將士所費不可勝紀若以歲入經賦較之

則其所出已過數倍況今諸王朝會舊制一切供億俱尙未給而陝西等處饑
饉薦臻餓殍枕籍加以冬春之交雪雨愆期麥苗槁死秋田未種民庶遑遑流
移者衆臣伏思之此正國家節用之時也如果有功必當賞賚者宜視其官之
崇卑而輕重之不惟省費亦可示勸其近侍諸臣奏請恩賜宜悉停罷以紓民
力臺臣以聞帝嘉納之仍敕中書省以其所言示百司乙亥次不羅察罕之地
丙子文宗受皇太子寶戊寅次小只之地壬午遣使詣京師敕中書平章政事
哈八兒秃同翰林國史院官致祭太祖太宗睿宗三朝御容發諸衞軍六千完
京城八月乙酉朔次王忽察都之地丙戌皇太子入見是日宴皇太子及諸王
大臣于行殿庚寅帝暴崩年三十葬起輦谷從諸陵是月己亥皇太子復即皇
帝位十二月乙巳知樞密院事臣也不倫等議請上尊謚曰翼獻景孝皇帝廟
號明宗三年三月壬申祔于太廟

元史卷三十一

元史卷三十一考證

明宗翼獻景孝皇帝紀十二月乙巳知樞密院事臣也不倫等議請上尊諡○臣祖庚按文宗紀作十月丙申事

元史卷三十一考證

元史卷三十二

明翰林學士亞中大夫知制誥兼修國史宋　濂等修

本紀第三十二

文宗一

文宗聖明元孝皇帝諱圖帖睦爾武宗之次子明宗之弟也母曰文獻昭聖皇后唐兀氏大德三年武宗總兵北邊帝以八年春正月癸亥生十一年武宗入繼大統至大四年武宗崩傳位于弟仁宗延祐三年丞相鐵木迭兒等議立英宗爲皇太子明宗以武宗長子乃出之居于朔漠及英宗卽位鐵木迭兒復爲丞相懷私固寵搆釁骨肉諸王大臣莫不自危至治元年五月中政使咬住告脫歡察兒等交通親王於是出帝居于海南三年六月英宗在上都謂丞相拜住曰朕兄弟實相友愛曩以小人譖愬俾居遠方當亟召還明正小人離間之罪未幾鐵失也先鐵木兒等爲逆而晉王遂立爲皇帝改元泰定召帝于南海之瓊州還至潭州復命止之居數月乃還京師十月封懷王賜黃金印二年正

月又命出居于建康以殊祥院使也先揑掌其衞士初晉王旣爲皇帝以內史
倒刺沙爲中書平章政事遂爲丞相狡愎自用災異數見而帝兄弟播越南北
人心思之致和元年春大駕出畋柳林以疾還宮諸王滿秃阿馬刺台太常禮
儀使哈海宗正扎魯忽赤闊闊出等與僉樞密院事燕鐵木兒謀曰今主上之
疾日臻將往上都如有不諱吾黨扈從者執諸王大臣殺之居大都者即縛大
都省臺官宣言太子已至正位宸極傳檄守禦諸關則大事濟矣三月大駕至
上都滿秃闊闊出等扈從西安王阿剌忒納失里居守燕鐵木兒亦留大都時
也先揑私至上都與倒刺沙等圖弗利於帝乃遣宗正扎魯忽赤雍古台遷帝
居江陵七月庚午泰定皇帝崩于上都倒刺沙及梁王王禪遼王脫脫因結黨
害政人皆不平時燕鐵木兒實掌大都樞密符印謀於西安王阿剌忒納失里
陰結勇士以圖舉義八月甲午黎明百官集興聖宮燕鐵木兒率阿剌鐵木兒
孛倫赤等十七人兵皆露刃號於衆曰武宗皇帝有聖子二人孝友仁文天下
正統當歸之今爾一二臣敢紊邦紀有不順者斬乃手縛平章政事烏伯都刺

伯顏察兒分命勇士執中書左丞朶朶參知政事王士熙參議中書省事脫脫吳秉道侍御史鐵木哥丘世傑治書侍御史脫歡太子詹事丞王桓等皆下之獄燕鐵木兒與西安王阿剌忒納失里共守內廷籍府庫錄符印召百官入內聽命卽遣前河南行省參知政事明里董阿前宣政使答里麻失里馳驛迎帝於江陵密以意諭河南行省平章政事伯顏令簡兵以備扈從是日前湖廣行省左丞相別不花爲中書左丞相太子詹事塔失海涯爲中書平章政事前湖廣行省右丞速速爲中書左丞前陝西行省參知政事王不憐吉台爲樞密副使與中書右丞趙世延同僉樞密院事燕鐵木兒翰林學士承旨亦列赤通政院使寒食分典機務調兵守禦關要徵諸衞兵屯京師下郡縣造兵器出府庫犒軍士燕鐵木兒直宿禁中達旦不寐一夕或再徙人莫知其處乙未以西安王令給宿衞京城軍士鈔有差調諸衞兵守居庸關及盧兒嶺丙申遣左衞率使禿魯將兵屯白馬甸隆鎮衞指揮使斡都蠻將兵屯泰和嶺丁酉發中衞兵守遷民鎮又遣撒里不花等往迎帝且令塔失帖木兒矯爲使者自南來言帝

已次近郊使民毋驚疑戊戌徵宣靖王買奴諸王燕不花於山東己亥徵兵遼
陽明里董阿至汴梁執行省臣皆下之獄又收肅政廉訪司萬戶府及郡縣印
庚子發宗仁衛兵增守遷民鎮辛丑遣萬戶徹里帖木兒將兵屯河中壬寅河
南行省以郡縣闕人權署官攝其事癸卯燕鐵木兒之弟撒敦子唐其勢自上
都來歸河南行省殺平章曲烈右丞別鐵木兒是日明里董阿等至江陵甲辰
帝發江陵遣使召鎮南王鐵木兒不花威順王寬徹不花湖廣行省平章政事
高昌王鐵木兒補化來會執湖廣行省左丞馬合某送京師以別薛代之河南
行省出府庫金千兩銀四千兩鈔七萬一千錠分給官吏將士又命有司造乘
輿供張儀仗等物乙巳遣隆鎮衛指揮使也速台兒將兵守碑樓口河南行省
殺其參政脫孛臺召陝西行臺侍御史馬扎兒台及行省平章政事探馬赤不
至丙午諸王按渾察至京師遣前西臺御史刺馬黑巴等諭陝西丁未撒敦守
居庸關唐其勢屯古北口命河南行省造銀符以給軍士有功者戊申燕鐵木
兒又令乃馬台矯爲使者北來言周王整兵南行聞者皆悅帝命河南行省平

章政事伯顏爲本省左丞相河南行省遣前萬戶孛羅等將兵守潼關己酉諸王滿禿阿馬剌台宗正扎魯忽赤闊闊出前河南行平章政事買閭集賢侍讀學士兀魯思不花太常禮儀院使哈海赤等十八人同謀援大都事覺倒剌沙殺之庚戌帝至汴梁伯顏等扈從北行以前翰林學士承旨阿不海牙爲河南行省平章政事發平灤民塹遷民鎮以禦遼東軍辛亥以燕鐵木兒知樞密院事亦列赤爲御史中丞壬子阿速衞指揮使脫脫木兒帥其軍自上都來歸卽命守古北口癸丑鑄樞密分院印是日上都諸王及用事臣以兵分道犯京畿留遼王脫脫諸王孛羅帖木兒太師朶帶左丞相倒剌沙知樞密院事鐵木兒脫居守甲寅剌馬黑巴等至陝西皆見殺乙卯脫脫木兒及上都諸王失剌平章政事乃馬台詹事欽察戰于宜興斬欽察于陣禽乃馬台送京師戮之失剌敗走丙辰燕鐵木兒奉法駕郊迎丁巳帝至京師入居大內貴赤衞指揮使脫迭出自上都率其軍來歸命守古北口戊午以速速爲中書平章政事前御史中丞曹立爲中書右丞江浙行省參知政事張友諒爲中書參知政事河南行

省左丞相伯顏爲御史大夫中書右丞趙世延爲御史中丞己未以河南萬戶也速台兒同知樞密院事罷回回掌教哈的所上都梁王王禪右丞相塔失鐵木兒太尉不花平章政事買閭御史大夫紐澤等兵次榆林陞宜興縣爲州隆鎮衞指揮使黑漢謀附上都坐棄市籍其家九月庚申朔燕鐵木兒督師居庸關遣撒敦以兵襲上都兵于榆林擊敗之追至懷來而還隆鎮衞指揮使斡都蠻以兵襲上都諸王滅里鐵木兒脫木赤于陀羅臺執之歸于京師遣使即軍中賜脫脫木兒等銀各千兩以分給軍士有功者賜京師耆老七十人幣帛命有司括馬中書左丞相別不花言回回人哈哈的自至治間貸官鈔違制別往番邦得寶貨無算法當沒官而倒剌沙私其種人不許今請籍其家從之燕鐵木兒請釋馬合某從之陝西兵入河中府劫行用庫鈔萬八千錠殺同知府事不倫禿壬戌遣使祭五嶽四瀆命速速宣諭中外曰昔在世祖以及列聖臨御咸命中書省綱維百司總裁庶政凡錢穀銓選刑罰興造罔不司之自今除樞密院御史臺其餘諸司及左右近侍敢有隔越中書奏請政務者以違制論監

察御史其糾言之以高昌王鐵木兒補化知樞密院事也先捏爲宣徽使給居庸關軍士糗糧賜鎮南王鐵木兒不花等鈔有差徵五衞屯田兵赴京師安南國來貢方物賜上都將士來歸者鈔各有差樞密院臣言河南行省軍列戍淮西距潼關河中不遠湖廣行省軍唯平陽保定兩萬戶號稱精銳請發蘄黃戍軍一萬人及兩萬戶軍爲三萬命湖廣參政鄭昂霄萬戶脫脫木兒將之並黃河爲營以便徵遣從之召燕鐵木兒赴闕上都諸王也先帖木兒平章禿滿迭兒自遼東以兵入遷民鎮諸王八剌馬也先帖木兒以所部兵入管州殺掠吏民丙寅命造兵器江浙江西湖廣三省六萬事內郡四萬事丁卯燕鐵木兒率諸王大臣伏闕請早正大位以安天下帝固辭曰大兄在朔方朕敢紊天序乎燕鐵木兒曰人心向背之機間不容髮一或失之噬臍無及帝曰必不得已必明著朕意以示天下而後可賜西安王阿剌忒納失里鎮南王帖木兒不花威順王寬徹不花宣靖王買奴等金各五十兩銀各五百兩幣各三十匹遣撒敦拒遼東兵于薊州東流沙河元帥阿兀剌守居庸關上都軍攻碑樓口指揮使

也速臺兒禦之不克戊辰大司農明里董阿大都留守闊闊台並爲中書平章
政事募勇士從軍遣使分行河間保定真定及河南等路括民馬徵鄢陵縣河
西軍赴闕命襄陽萬戶楊克忠鄧州萬戶孫節以兵守武關命海道萬戶府來
年運米三百一十萬石造金符八十己巳鑄御寶成立行樞密院于汴梁以同
知樞密院事也速台兒知行樞密院事將兵行視太行諸關西擊河中潼關軍
以摺疊弩分給守關軍士上都諸王忽剌台等引兵犯𡒄州庚午命有司和市
粟豆十六萬五千石分給居庸等關軍馬遣軍民守歸峽諸隘辛未常服謁太
廟雲南孟定路土官來貢方物烏伯都剌鐵木哥棄市朶朶王士熙伯顏察兒
脫歡等各流于遠州並籍其家同知樞密院事脫脫木兒與遼東禿滿迭兒戰
于薊州兩家店壬申帝即位於大明殿受諸王百官朝賀大赦詔曰洪惟我太
祖皇帝混一海宇爰立定制以一統緒宗親各受分地勿敢妄生覬覦此不易
之成規萬世所共守者也世世祖之後成宗武宗仁宗英宗以公天下之心以次
相傳宗王貴戚咸遵祖訓至於晉邸具有盟書願守藩服而與賊臣鐵失也先

帖木兒等潛通陰謀冒干寶位使英宗不幸罹於大故朕兄弟播越南北備歷艱險臨御之事豈獲與聞朕以叔父之故順承惟謹于今六年災異迭見權臣倒剌沙烏伯都剌等專權自用踈遠勳舊廢棄忠良變亂祖宗法度空府庫以私其黨類大行上賓利於立幼顯握國柄用成其奸宗王大臣以宗社之重統緒之正協謀推戴屬於眇躬朕以菲德宜俟大兄固讓再三宗戚將相百僚耆老以爲神器不可以久虛天下不可以無主周王遼隔朔漠民庶遑遑已及三月誠懇迫切朕故從其請謹俟大兄之至以遂朕固讓之心已於致和元年九月十三日即皇帝位於大明殿其以致和元年爲天曆元年可大赦天下自九月十三日昧爽已前除謀殺祖父母父母妻妾殺夫奴婢殺主謀故殺人但犯強盜印造僞鈔不赦外其餘罪無輕重咸赦除之於戲朕豈有意於天下哉重念祖宗開創之艱恐隳大業是以勉徇輿情尚賴爾中外文武臣僚協心相予輯寧億兆以成治功咨爾多方體予至意癸酉翰林院增給驛璽書命燕鐵木兒將兵擊遼東軍封燕鐵木兒爲太平王以太平路爲食邑賜金五百兩銀二

千五百兩鈔萬錠平江官地五百頃中書右丞曹立爲江浙行省平章政事福
建廉訪使易釋董阿爲右丞前中書左丞張思明爲左丞諸王塔尤只兒哈郎
佛寶等自恩州來朝賜按灰鈔百錠以祀天神括河東馬甲戌燕鐵木兒加開
府儀同三司上柱國錄軍國重事中書右丞相監修國史依前知樞密院事伯
顏加太尉以江南行臺御史大夫朶兒只爲江浙行省左丞相淮西道肅政廉
訪使阿兒思蘭海牙爲江南行臺御史大夫諸王孛羅忽都火者來朝徵左右
兩阿速衞軍老幼赴京師不行者斬籍其家乙亥立太禧院以奉祖宗神御殿
祠祭秩正二品罷會福殊祥兩院江西行省平章政事禿堅帖木兒江浙行省
右丞易釋董阿並爲太禧院使中書平章速速御史中丞亦列赤兼太禧院使
上都王禪兵襲破居庸關將士皆潰燕鐵木兒軍次三河丙子王禪游兵至大
口燕鐵木兒還軍次榆河帝出齊化門視師丁丑燕鐵木兒來見曰乘輿一出
民心必驚軍旅之事臣請以身任之即日還宮命司天監禜星戊寅諭中外曰
近以姦臣倒剌沙烏伯都剌潛通陰謀變易祖宗成憲既已明正其罪凡回回

種人不預其事者其安業勿懼有因而扇惑其人者罪之又敕軍中逃歸及京城游民敢攘民財者斬命高昌僧作佛事於延春閣又命也里可溫於顯懿莊聖皇后神御殿作佛事諸王阿兒八忽按灰脫脫來朝命留守司完京城軍士乘城守禦燕鐵木兒與王禪前軍戰于榆河敗之追奔紅橋北其樞密副使阿剌帖木兒指揮使忽都帖木兒以兵會王禪復來戰又敗之我師據紅橋增給大都驛馬百匹庚辰太白犯亢宿詔諭御史臺今後監察御史廉訪司凡有刺舉並著其實無則勿妄以言廉訪司書吏當以職官教授吏員鄉貢進士參用加封漢將軍關羽爲顯靈義勇武安英濟王遣使祠其廟辛巳命司天監禜星以別不花知樞密院事依前中書左丞相括山東馬燕鐵木兒與上都軍大戰白浮之野燕鐵木兒手刃七人于陣敗之脫脫木兒與遼東軍戰薊州之檀子山壬午大霧王禪等遁崑山州獲上都頒詔使者及遼東徵兵使者以聞詔誅之癸未以同知樞密院事禿兒哈帖木兒知樞密院事中書平章政事明里董阿爲江浙行省平章政事王禪收集散亡復來戰我師列陣白浮之西敵不敢

犯至夜撒敦脫脫木兒前後夾攻敗走之追及于昌平北斬首數千級降者萬
餘人帝遣使賜燕鐵木兒上尊諭旨曰丞相每臨陣躬冒矢石脫有不虞奈何
自今第以大將旗鼓督戰可也燕鐵木兒對曰凡戰臣必以身先之敢後者論
以軍法若委之諸將萬一失利悔將何及甲申慶雲見王禪單騎亡撒敦追之
不及而還命御史臺凡各道廉訪司官用蒙古二人畏兀河西回回漢人各一
人各司書吏十六人用職官五各路司吏五教授二鄉貢進士四人本臺經歷
品秩相當者除各道廉訪使都事除副使今臺譯史通事考滿不得除御史靖
安王闊不花等將陝西兵潛由潼關南水門入萬戶孛羅棄關走闊不花等分
據陝州等縣縱兵四劫乙酉以明里董阿爲中書平章政事嶺北行省左丞燕
不鄰知樞密院事募丁壯千人守捍城郭上都兵入古北口將士皆潰其知樞
密院事竹温台以兵掠石槽追封乳母完者雲國夫人其夫幹羅思贈太保封
雲國公謚忠懿子鎖乃贈司徒封雲國公謚貞閔燕鐵木兒遣撒敦倍道趨石
槽掩其不備擊之燕鐵木兒大兵繼至轉戰四十餘里至牛頭山擒駙馬孛羅

帖木兒平章蒙古塔失帖木兒將作院使撒兒討溫送闕下戮之將校降者萬人餘兵奔竄夜遣撒敦出古北口逐之脫脫木兒與遼東軍戰薊州南殺獲無算調河南蒙古軍老幼五萬人增守京師募丁壯守直沽調臨淸萬戶府運糧軍三千五百並御河分守山東丁壯萬人守禦益都般陽諸處海港居庸關壘石以爲固丁亥遼東軍抵京城燕鐵木兒引兵拒之令京城里長召募丁壯及百工合萬人與兵士爲伍乘城守禦月給鈔三錠米三斗冀寧晉寧兩路所轄代州之鴈門關崞州之陽武關嵐州之大澗口皮庫口保德州之寨底天橋白羊三關石州之塢堡口汾州之向陽關隰州之烏門關吉州之馬頭秦王嶺二關靈石縣之陰地關皆令穿塹壘石以爲固調丁壯守之戊子上都諸王忽剌台等兵入紫荊關將士皆潰行樞密院官卜顏斡都蠻指揮使也速臺兒將兵援之陝西行臺御史大夫也先帖木兒引兵從大慶關渡河擒河中府官殺之萬戶徹里帖木兒軍潰而遁河南廉訪副使萬家閭言徹里帖木兒身爲大將紀律不嚴望風奔潰宜加重罰以示勸懲不報河東聞也先帖木兒軍至官吏

皆棄城走也先帖木兒悉以其黨代之召雲南行省左丞相也先吉尼不至前
尙書左丞相三寶奴以罪誅其二子上都哈剌八都兒近侍命以所籍家貲及
制命還之冬十月己丑朔命西僧作佛事燕鐵木兒引兵至通州擊遼東軍敗
之皆渡潞水走遣脫脫木兒等將兵四千西援紫荊關調江浙兵萬人西禦潼
關紫荊關潰卒南走保定因肆剽掠同知路事阿里沙及故平章張珪子武昌
萬戶景武等率民持挺擊死數百人河南行省調兵守虎牢關庚寅我師與遼
東軍夾潞水而陣遼東軍宵遁我師渡而襲之辛卯禮官言卽位之始當告祭
郊廟社稷時享之禮請改用仲月從之紫荊關兵進逼涿州同知州事教化的
調丁壯禦之壬辰也先捏以軍至保定殺阿里沙等及張景武兄弟五人幷取
其家貲倒剌沙貸其姻家長蘆鹽運司判官亦剌馬丹鈔四萬錠買鹽營利於
京師詔追理之癸巳立壽福會福隆禧崇祥四總管府分奉祖宗神御殿秩正
三品並隸太禧院忽剌台游兵進逼南城令京城居民戶出壯丁一人持兵仗
從軍士乘城仍於諸門列甕貯水以防火燕鐵木兒及陽翟王太平國王朵羅

台等戰于檀子山之棗林唐其勢陷陣殺太平死者蔽野餘皆宵遁遣撒敦追之弗及甲午命有司市馬千匹賜軍士出征者脫脫木兒章吉與也先捏合擊敵軍於良鄉南轉戰至瀘溝橋忽剌台被創據橋而宿乙未燕鐵木兒率軍循北山而西趣良鄉諸將時與忽剌台阿剌帖木兒等戰于瀘溝橋聲言燕鐵木兒大軍至敵兵皆遁使者頒詔于甘肅至陝西行省行臺官塗毀詔書械使者送上都湘寧王八剌失里引兵入冀寧殺掠吏民時太行諸關守備皆闕冀寧路來告急敕萬戶和尚將兵由故關援之冀寧路官募民丁迎敵和尚以兵爲殿殺獲甚衆會上都兵大至和尚退保故關冀寧遂破丙申燕鐵木兒入朝賜宴興聖殿賑通州被兵之家命速速等董度支芻粟中書省臣言上都諸王大臣不思祖宗成憲惑於姦臣倒剌沙之言輒以兵犯京畿賴陛下洪福王禪遂致潰亡生擒諸王孛羅帖木兒及諸用事臣蒙古答失雅失帖木兒等既已明正典刑宜傳首四方以示衆從之丁酉以縉山縣民十人嘗爲王禪向導誅其爲首者四人餘杖一百七籍其家貲妻子分賜守關軍士戊戌命湖廣行省平

章政事乞住調兵守歸峽左丞別薛守八番以禦四川軍諸將追阿剌帖木兒等至紫荆關獲之送京師皆棄市己亥幸大聖壽萬安寺謁世祖裕宗神御殿賜燕鐵木兒太平王黃金印幷降制書及賜玉盤龍衣珠衣寶珠金腰帶海東白鶻青鶻各一河南行中書省行樞密院皆聽便宜行事禿滿迭兒軍復入古北口燕鐵木兒引軍禦之大戰于檀州南敗之其萬戶以兵萬人降禿滿迭兒遂走還遼東使者頒詔於陝西行省行臺官焚詔書下使者獄告于上都庚子以梁王王禪第賜諸王帖木兒不花廷臣言保定萬戶張昌其諸父景武等既受誅宜罷其所將兵而奪其金虎符不許辛丑以同知樞密院事脫脫木兒通政使也不倫並知樞密院事御史中丞亦列赤爲御史大夫還給伯顏察兒朵朵家貲齊王月魯帖木兒東路蒙古元帥不花帖木兒等以兵圍上都倒剌沙等奉皇帝寶出降梁王王禪遁遼王脫脫爲齊王月魯帖木兒所殺遂收上都諸王符印壬寅以宣徽使也先捏知行樞密院事宣徽副使章吉爲行樞密院副使與知樞密院事也速台兒等將兵西擊潼關軍中書省臣言野理牙舊以

贓罪除名近復命爲太醫使臣等不敢奉詔帝曰往者勿咎比兵興之時朕已錄用其依朕命行之以張珪女歸也先捏癸卯以故徽政使失烈門妻賜燕鐵木兒以通州知州趙義能禦敵賜幣二匹也先鐵木兒軍至晉寧本路官皆遁甲辰晉邸及遼王所轄路府州縣達魯花赤並罷免禁錮選流官代之給淮東宣慰司銀字圓符命有司收將士所遺符印兵仗賑糶京城米十萬石石爲鈔十五貫丙午中書省臣言凡有罪者既籍其家貲又没其妻子非古者罪人不孥之意今後請勿没人妻子制可丁未告祭于南郊以中書平章政事塔失海涯爲大司農復以欽察台爲中書平章政事侍御史玥璐不花爲中丞以度支芻豆經用不足凡諸王駙馬來朝並節其給宿衛官已有廩祿者及內侍宮人歲給芻豆皆權止之糴豆二十萬石於瀕御河州縣以河間山東鹽課鈔給其直放還防河運糧軍陝西兵至鞏縣黑石渡遂據虎牢我師皆潰儲仗悉爲所獲河南行省來告急戒有司修城壁嚴守衛雲南銀羅甸土官哀贊等來貢方物己酉別不花加太保落知樞密院事命刑部郎中大都前廣東僉事張世榮

追理爲伯都剌家貲開居庸關陝西軍奪武關萬戶楊克忠等兵潰庚戌帝御
興聖殿齊王月魯帖木兒諸王別思帖木兒阿兒哈失里那海罕及東路蒙古
元帥不花帖木兒等奉上皇帝寶倒剌沙等從至京師下之獄分遣使者檄行
省內郡罷兵以安百姓以宦者伯帖木兒妻及奴婢田宅賜撒敦辛亥雲南徹
里路土官刁賽等來貢方物詔自今朝廷政務及籍沒田宅賜人者非與燕鐵
木兒議諸人不許奏陳以宦者米薛迷奴婢家貲賜伯顏壬子以河南江西湖
廣入貢鴛鴦太頻令減其數以省驛傳以諸王火沙第賜燕鐵木兒繼母公主
察吉兒癸丑燕鐵木兒辭知樞密院事命其叔父東路蒙古元帥不花帖木兒
代之燕鐵木兒請以蒙古塔失等三十人田宅賜徹里鐵木兒等三十人從之
以所括河北諸路馬四百匹給四宿衛阿塔赤二百匹給中宮阿塔赤餘二千
匹分牧於內郡覈上都倉庫錢穀御史臺臣言近北兵奪紫荆關官軍潰走掠
保定之民本路官與故平章張珪子景武五人率其民擊官軍死也先捏不俟
奏聞輒擅殺官吏及珪五子珪父祖三世爲國勳臣設使珪子有罪珪之妻女

又何罪焉今既籍其家又以其女妻也先捏誠非國家待遇勳臣之意帝曰卿等言是命中書革正之命御史臺擇人充各道廉訪司官遣官賑艮鄉涿州定興保定驛戶之被兵者甲寅罷徽政院改立儲慶使司秩正二品平章政事速速明里董阿並領儲慶司事鷹坊伯撒里河南行省左丞姚煒並爲儲慶使元帥也速答兒執湘寧王八剌失里送京師八剌失里及趙王馬扎罕諸王忽剌台承上都之命各起所部兵南侵冀寧還攻馬邑至是被執其所俘男女千人悉還其家遣使止江浙軍士之往潼關者就還鎮也先鐵木兒兵至潞州乙卯以倒剌沙宅賜不花帖木兒倒剌沙子潑皮宅賜斡都蠻內侍王伯顏宅賜唐其勢丙辰燕鐵木兒請以所沒逆臣赤斤鐵木兒家貲還其妻鐵木哥兵入鄧州丁巳毀顯宗室升順宗祔右穆第二室成宗祔右穆第三室武宗祔左昭第三室仁宗祔左昭第四室英宗祔右穆第四室加命燕鐵木兒爲答剌罕仍命子孫世襲其號燕鐵木兒請以河南平章曲列等二十三人田宅賜西安王阿剌忒納失里等二十三人從之戊午詔諭廷臣曰凡今臣僚唯丞相燕鐵木兒

大夫伯顏許兼三職署事餘者並從簡省百司事當奏者共議以聞或私任己意者不許獨請上都官吏自八月二十一日以後擢用者並追收其制敕天下僧道有妻者皆令爲民也先捏軍次順德令廣平大名兩路括馬盜殺太尉不花初不花乘國家多事率衆剽掠居庸以北皆爲所擾至是盜入其家殺之興和路當盜以死罪刑部議以爲不花不道衆所聞知幸遇盜殺而本路隱其殘剽之罪獨以盜聞於法不當中書以聞帝嘉其議十一月己未詔諭中外曰諸王王禪及禿滿迭兒阿剌不花禿堅等兵敗而逃有能擒獲者授五品官同黨之人若能去逆效順擒王禪等來歸者免本罪依上授官家奴獲之者得備宿衛敢有隱匿者事覺與犯人同罪給殿中侍御史及冀寧路印凡內外百司印因兵興而失者令中書如品秩鑄給之命太保伯答沙陞太傅兼宗正扎魯忽赤總兵北邊中書省臣言侍御史左吉非才不當任風憲御史臺臣伯顏等言左吉御史所薦若既用之又以人言而止臺綱不能振矣必如省臣所言臣等乞辭避帝曰汝等其勿爲是言左吉果不可用省臣何不先言之其令左吉仍

爲侍御史帝謂中書省臣曰朕在瓊州建康時撒迪皆從備極艱苦其賜鹽引六萬俾規利以贍其家命郡縣招集被兵流亡之民貧者賑給之遼東降軍給行糧遣還京畿及四方民爲兵所掠而奴于人者令有司追理送還山北京東驛被兵者賑以鈔二萬一千五百錠放高麗官者米薛迷剛答里歸田里庚申中書錄用前御史臺官亦憐真蔡文淵用江南行臺御史王琚仁言汰近歲白身入官者敕行御史臺凡有糾劾必由御史臺陳奏勿徑以封事聞命中書省追理倒剌沙及其兄馬某沙子潑皮木八剌沙等家貲辛酉燕鐵木兒請以紐澤田宅賜欽察台也先捏兵至武安也先鐵木兒以軍降河東州縣聞之盡殺其所署官吏癸亥帝宿齋宮甲子服袞冕享于太廟陝西兵進逼汴梁聞朝廷傳檄罷兵乃解去乙丑燕鐵木兒請以烏伯都剌等三十人田宅賜斡魯思等三十人從之丁卯伯顏兼忠翊侍衞都指揮使庚午復立察罕腦兒宣慰司命總宿衞官分簡所募勇士非舊嘗宿衞者皆罷去汴梁河南等路及南陽府頻歲蝗旱禁其境內釀酒日本舶商至福建博易者江浙行省選廉吏征其稅中

書省臣言今歲既罷印鈔本來歲擬印至元鈔一百一十九萬二千錠中統鈔四萬錠監察御史言戶部鈔法歲會其數易故以新期於流通不出其數邇者倒剌沙以上都經費不足命有司刻板印鈔今事既定宜急收毀從之監察御史撒里不花鎖南八于欽張士弘言朝廷政務賞罰爲先功罪既明天下斯定國家近年自鐵木迭兒竊位擅權假刑賞以遂其私綱紀始紊迨至泰定爵賞益濫比以兵興用人甚急然而賞罰不可不嚴夫功之高下過之重輕皆係天下之公論願命有司務合公議明示黜陟功罪既明賞罰攸當則朝廷肅清紀綱振舉而天下治矣帝嘉納之辛未遣西僧作佛事於興和新內鐵木哥兵入襄陽本路官皆遁襄陽縣尹谷庭珪主簿張德獨不去西軍執使降不屈死之時僉樞密院事塔海擁兵南陽不救壬申遣官告祭社稷以故平章黑驢平江田三百頃及嘉興蘆地賜西安王阿剌忒納失里癸酉八百媳婦國使者昭哀雲南威楚路土官脈放等九十九寨土官必也姑等各以方物來貢燕鐵木兒言向者上都舉兵諸王失剌樞密同知阿乞剌等十人南望宮闕鼓譟其黨拒

命逆戰情不可恕詔各杖一百七流遠籍其家貲甲戌居泰定后雍吉剌氏于東安州杭州火命江浙行省賑被災之家乙亥賜西安王阿剌忒納失里齊王月魯帖木兒知樞密院事不花帖木兒金各五百兩銀各二千五百兩鈔各萬錠諸王朵列帖木兒金五十兩銀五百兩鈔千錠從者及軍士有差丙子速速坐受賂杖一百七徙襄陽以母年老詔留之京師丁丑以躬祀太廟禮成御大明殿受諸王文武百官朝賀荆王也速也不干遣使傳檄至襄陽鐵木哥引兵走戊寅以御史中丞玥璐不花爲太禧使監察御史撒里不花等言玥璐不花素稟直氣操履端正陛下欲振憲綱非任斯人不可乃復以玥璐不花爲中丞兼太禧使作佛事于五臺寺命河南江浙兩省以兵五萬益湖廣己卯中書省臣言內外流官年及致仕者並依階敘授以制敕今後不須奏聞制可以也先鐵木兒烏伯都剌珠衣賜撒迪趙世安諸衛漢軍及州縣丁壯所給甲冑兵杖皆令還官庚辰遣使奉迎皇兄明宗皇帝於漠北以中政院使敬儼爲中書平章政事同知樞密院事徹里帖木兒爲中書左丞辛巳遣欽察百戶及其軍士

還鎮以脫脫等三人妻賜闊闊出等三人以朵台等十一人田宅賜駙馬朵必兒等十一人壬午第三皇子寶寧易名太平訥命大司農買住保養於其家詔行樞密院罷兵還以御史中丞玥璐不花爲中書右丞癸未倒剌沙伏誅磔其尸於市王禪亦賜死馬某沙紐澤撒的迷失也先鐵木兒等皆棄市以所賜速速也先捏宅改賜駙馬謹只兒及乳媪也孫真甲申命威順王寬徹不花還鎮湖廣御史中丞趙世延以老疾辭職不許用故中丞崔彧故事加平章政事居前職御史臺臣言行宣政院行都水監宜罷從之丙戌作水陸會以阿魯灰帖木兒等六人在上都欲舉義不克而死並賜贈諡卹其家燕鐵木兒言晉王及遼王等所轄府縣達魯花赤既已黜罷其所舉宗正府扎魯忽赤中書斷事官皆其私人亦宜革去從之敕趙世延及翰林直學士虞集製御史臺碑文遣諸衞兵各還鎮别不花罷命有司追理上都官吏預借俸遼王脫脫之子八都聚黨出剽掠敕宣德府官捕之四川行省平章囊加台自稱鎮西王以其省左丞脫脫爲平章前雲南廉訪使楊靜爲左丞殺其省平章寬徹等官稱兵燒絕棧

道爲蒙路教授杜巖肖謂聖明繼統方內大寧省臣當罷兵入朝庶免一方之害囊加台以其妄言惑衆杖一百七禁錮之十二月己丑朔監察御史言伯顏宜與燕鐵木兒一體論功行賞帝曰伯顏之功朕心知之御史不必言庚寅令內外諸司天壽節聽具肉食民間禁屠宰如舊制命通政院整飭蒙古驛諸關隘嘗毀民屋以塞者賜民鈔俾完之甲午以王禪奴婢賜鎭南王鐵木兒不花及燕鐵木兒乙未以王禪弓矢賜燕鐵木兒伯顏燕鐵木兒請以馬某沙等九人田宅賜燕不鄰等九人從之丙午幸大崇恩福元寺謁武宗神御殿分命諸僧於大明殿延春閣興聖宮隆福宮萬歲山作佛事雲南土官普雙等來貢方物御史臺臣言也先捏將兵所至擅殺官吏俘掠子女貨財詔刑部鞫之籍其家杖一百七竄于南寧命其妻歸父母家己亥造皇后玉冊玉寶庚子赦天下賜諸王滿禿爲果王阿馬剌台爲穀王宗正札魯忽赤闊闊出等十七人並賜功臣號及階官爵諡仍命有司刻其功于碑賜鈔卹其家中書省臣言陝西行省行臺官焚棄詔書坐罪當流雖經赦宥永不錄用爲宜制可辛丑立龍翊侍

衛親軍都指揮使司分掌欽察軍士秩正三品指揮使三人命燕鐵木兒及卜
蘭奚卯罕爲之餘官悉聽燕鐵木兒選人以聞命高昌僧作佛事於寶慈殿江
南行臺御史言遼王脫脫自其祖父以來屢爲叛逆蓋因所封地大物衆宜削
王號處其子孫遠方而析其元封分地詔中書與勳舊大臣議其事火兒忽答
等十三人從湘寧王八剌失里用兵旣伏誅命皆籍其家賫西僧百人作佛事
於徽猷閣七日癸卯欽察阿速二部依宿衛軍士例給芻豆乙巳伯顏加大尉
開府儀同三司與亦列赤並爲御史大夫同振臺綱詔天下立內宰司隸儲慶
使司秩正三品以阿伯等六人田宅賜諸王老的等六人雲南姚州知州高明
來貢方物戊申以潛邸所用工匠百五十人付皇子阿剌忒納答剌立異樣局
以司之秩從六品加伯顏爲太保知樞密院事不花帖木兒爲太尉香山爲司
徒己酉開上都酒禁壬子以諸路民匠提領所合爲提舉司秩從五品甲寅復
遣治書侍御史撒迪內侍不顏禿古思奉迎皇兄於漠北西安王阿剌忒納失
里及燕鐵木兒鐵木兒補化請各遣人送名鷹於行在所以王禪妻金珠首飾

歸中宮丙辰陞太禧院從一品中書左丞玥璐不花爲太禧使丁巳封西安王阿剌忒納失里爲豫王賜南康路爲食邑徹里鐵木兒陞右丞參知政事躍里鐵木兒爲左丞參議省事趙世安爲參知政事戊午詔被兵郡縣免雜役禁釀酒弛山場河濼之禁私相假貸者俟秋成責償蒙古色目人願丁父母憂者聽如舊制御史臺言囊加台拒命西南罪不可宥所授制敕宜從追奪中書省臣言令方許囊加台等自新則御史言宜勿行從之教坊司達魯花赤撒剌兒在武宗時遙授參知政事階中奉大夫詔落遙授之職而仍其舊階是月復遣使者召雲南行省左丞相也兒吉你又不至加謚唐司徒顏真卿正烈文忠公令有司歲時致祭陝西自泰定二年至是歲不雨大饑民相食杭州嘉興平江湖州鎮江建德池州太平廣德等路水沒民田萬四千餘頃河北山東有年

元史卷三十二

珍做宋版郑

元史卷三十三

明翰林學士亞中大夫知制誥兼修國史宋　濂等修

本紀第三十三

文宗二

天曆二年春正月己未朔立都督府以總左右欽察及龍翊衛庚申封知樞密院事火沙爲昭武王床兀兒之子答鄰答里襲父封爲句容郡王高麗國遣使來朝賀遣前翰林學士承旨不荅失里北還皇兄行在所仍命太府太監沙剌班奉金幣以往辛酉封朵列帖木兒復爲楚王高昌王鐵木兒補化爲中書左丞相大司農王毅爲平章政事欽察台知樞密院事皇兄遣火里忽達孫剌剌至京師以伯帖木兒扈從有功遣使以幣帛百匹卽行在賜之諸王渾都帖木兒薨取其印及王傅印以賜斡卽武寧王徹徹秃遣使來言皇兄啓行之期癸亥燕鐵木兒爲御史大夫太平王如故賜魯國大長公主鈔二萬錠營第宅甲子太白犯壘壁陣時享于太廟齊王月魯帖木兒薨乙丑中書省言度支今歲

帑藏不足常例支給外凡陳乞者宜勿予從之仍命中書右丞徹里帖木兒總
其事丙寅帝幸大崇恩福元寺遣使賜西域諸王燕只吉台海東鶻二戊辰遣
使獻海東鶻于皇兄行在所己巳賜內外軍士四萬二千二百七十人鈔各一
錠作佛事陝西告饑賑以鈔五萬錠辛未以冊命皇后告于南郊賜豫王黃金
印回回人戶與民均當差役中書省臣言近籍沒欽察家其子年十六請令與
其母同居仍請繼今臣僚有罪致籍沒者其妻其子他人不得陳乞亦不得沒
爲官口從之壬申遣近侍星吉班以詔往四川招諭囊加台癸酉命中書省宣
徽院臣稽考近侍宿衛廩給定其名籍以遼陽省蒙古高麗肇州三萬戶將校
從逆舉兵犯京畿拘其符印制敕罷今歲柳林田狩復鹽制每四百斤爲引引
爲鈔三錠四川囊加台乞師于鎮西武靖王搠思班搠思班以兵守關隘甲戌
復命太僕卿教化獻海東鶻于皇兄行在所罷中瑞司丙子皇后媵臣張住童
等七人授集賢侍講學士等官丁丑四川囊加台攻破播州猫兒垭隘宣慰使
楊延里不花開關納之陝西蒙古軍都元帥不花台者囊加台之弟囊加台遣

使招之不花台不從斬其使中書省臣言朝廷賞賚不宜濫及罔功鷹鶻獅豹之食舊支肉價二百餘錠今增至萬三千八百錠控鶴舊止六百二十八戶今增二千四百戶又佛事歲費以今較舊增多金千一百五十兩銀六千二百兩鈔五萬六千二百錠幣帛三萬四千餘匹請悉揀汰從之中正院臣言皇后日用所需鈔十萬錠幣五萬匹綿五千斤詔鈔予所需之半幣給一萬匹賑大都路涿州房山范陽等縣饑民糧兩月己卯以冊命皇后告于太廟庚辰賜潛邸說書劉道衡等四人官從七品薛允等十六人官從八品辛巳起復中書左丞史惟良爲御史中丞上都官吏惟初入仕及驟陞者黜之餘聽敘復以御史臺贓罰鈔三百錠賜教坊司撒剌兒壬午以陝西行臺御史大夫阿不海牙爲中書平章政事皇兄遣常侍孛羅及鐵住訖先至京師賞以金幣居宅仍遣內侍禿教化如皇兄行在所播州楊萬戶引四川賊兵至烏江峯官軍敗之八番元帥脫出亦破烏江北岸賊兵復奪關口諸王月魯帖木兒統蒙古漢人答剌罕諸軍及民丁五萬五千俱至烏江癸未遣宣靖王買奴往行在所丙戌皇兄明

宗即皇帝位於和寧之北四川囊加台焚鷄武關大橋又焚棧道命中書省錄
江陵汴梁郡縣官扈從者三十四人並陞其階秩陝西大饑行省乞糧三十萬
石鈔三十萬錠詔賜鈔十四萬錠遣使往給之大同路言去年旱且遭兵民多
流殍命以本路及東勝州糧萬三千石減時直十之三賑糶之奉元蒲城縣民
王顯政五世同居衞輝安寅妻陳氏河間王成妻劉氏冀寧李孝仁妻寇氏濮
州王義妻雷氏南陽鄧二妻張氏懷慶阿魯輝妻翟氏皆以貞節並旌其門二
月己丑曲赦四川囊加台庚寅燕鐵木兒復爲中書右丞相立繕工司掌織御
用紋綺秩正三品辛卯帝御大明殿册命皇后雍吉剌氏廣西思明路軍民總
管黄克順來貢方物壬辰囊加台據鷄武關奪三义柴關等驛癸巳遣翰林侍
講學士曹元用祀孔子於闕里囊加台以書誘鞏昌總帥汪延昌丙申命中書
省翰林國史院官祀太祖太宗睿宗御容于普慶寺丁酉遣晉邸部曲之在京
師者還所部囊加台以兵至金州據白土關陝西行省督軍禦之樞密院言囊
加台阻兵四川其亂未已請命鎮西武靖王搠思班等皆調軍以湖廣行省官

脫歡別薛孛羅及鄭昂霄總其兵進討從之戊戌命察罕腦兒宣慰使撒忒迷失將本部蒙古軍會鎮西武靖王等討四川諸傭雇者主家或犯惡逆及侵損己身許訴官餘非干己不許告訐著爲制頒行農桑輯要及栽桑圖辛丑中書省議追尊皇妣亦乞烈氏曰仁獻章聖皇后唐兀氏曰文獻昭聖皇后命有司具冊寶建遊皇城佛事雲南行省蒙通蒙算甸土官阿三木開南土官哀放八百媳婦金齒九十九洞銀沙羅甸咸來貢方物癸卯賜吳王木楠子西寧王忽答的迷失諸王那海罕闊兒吉思金銀有差丙午囊加台分兵逼襄陽湖廣行省調兵鎮播州及歸州己酉熒惑犯井宿辛亥帝謂廷臣曰撒迪還言大兄已即皇帝位凡二月二十一日以前除官者速與制敕後凡銓選其詣行在以聞廬州路合肥縣地震壬子命有司造行在帳殿癸丑諸王月魯帖木兒等至播州招諭土官之從囊加台者楊延里不花及其弟等皆來降甲寅立奎章閣學士院秩正三品以翰林學士承旨忽都魯都兒迷失集賢大學士趙世延並爲大學士侍御史撒迪翰林直學士虞集並爲侍書學士又置承制供奉各一員

更鑄鈔板仍毀其刓者調河南江浙江西山東兵萬一千及左右翼蒙古侍衛
軍二千討四川乙卯置銀沙羅甸等處宣慰司都元帥府丙辰奉元臨潼咸陽
二縣及畏兀兒八百餘戶告饑陝西行省以便宜發鈔萬三千錠賑咸陽麥五
千四百石賑臨潼麥百餘石賑畏兀兒遣使以聞從之永平大同二路上都雲
需兩府貴赤衛皆告饑永平賑糧五萬石大同賑糶糧萬三千石雲需府賑糧
一月貴赤衛賑糧二月真定平山縣河間臨津等縣大名魏縣有蟲食桑葉盡
蟲俱死三月辛酉遣燕鐵木兒奉皇帝寶于明宗行在所仍命知樞密院事禿
兒哈帖木兒御史中丞八即剌翰林直學士馬哈某典瑞使教化的宣徽副使
章吉僉中政院事脫因通政使那海太醫使呂廷玉給事中咬驢中書斷事官
忽兒忽答右司郎中孛别出左司員外郎王德明禮部尚書八剌哈赤等從行
復命有司奉金千五百兩銀七千五百兩幣帛各四百匹及金腰帶二十詣行
在所以備賜予帝命廷臣曰寶璽既北上繼今國家政事其遣人聞于行在所
癸亥命有司造乘輿服御北迎大駕改潛邸所幸諸路名建康曰集慶江陵曰

中興瓊州曰乾寧潭州曰天臨甲子減大官羊直丙寅躍里帖木兒自行在還
諭旨曰朕在上都宗王大臣必皆會集有司當備供張上都積貯已爲倒剌沙
所耗大都府藏聞亦悉虛供億如有不足其以御史臺司農司樞密宣徽宣政
等院所貯充之蒙古饑民之聚京師者遣往居庸關北人給鈔一錠布一匹仍
令興和路賑糧兩月還所部戊辰雲南諸王答失不花禿堅不花及平章馬忽
思等集衆五萬數丞相也兒吉尼專擅十罪將殺之也兒吉尼遁走八番答失
不花等僞署參知政事等官己巳命改集慶潛邸建大龍翔集慶寺以來歲興
工辛未監察御史與扎魯忽赤等官錄囚壬申以去冬無雪今春不雨命中書
及百司官分禱山川羣祀設奎章閣授經郎二員職正七品以勳舊貴戚子孫
及近侍年幼者肄業甲戌舊賜篤麟帖木兒平江田百頃官嘗收其租米詔特
予之開遼陽酒禁乙亥置行樞密院以山東都萬戶也速台兒知行樞密院事
與湖廣河南兩省官進兵平四川也速台兒以病不往命明里董阿爲蒙古巫
覡立祠丁丑文獻昭聖皇后神御殿月祭特命如列聖故事僧道也里可温朮

忽合失蠻爲商者仍舊制納稅丙戌囊加台所遣守隘碉門安撫使布答思監
等降於雲南行省丁亥雨土霾夏四月己丑時享于太廟辛卯命躍里鐵木兒
王不憐吉台代也速台兒討四川不憐吉台以母老辭同僉樞密院事傳巖起
請往從之壬辰匠官年七十者許致仕浚漷州漕運河甲午四番衛士各分五
十人直東宮丁酉給鈔萬錠爲集慶大龍翔寺置永業戊戌以陝西久旱遣使
禱西嶽西鎮諸祠賜衛士萬三千人鈔人八十錠四番衛士舊以萬人爲率至
是增三千人己亥湖廣行省參知政事孛羅奉詔至四川赦囊加台等罪囊加
台等聽詔蜀地悉定諸省兵皆罷癸卯明宗遣武寧王徹徹禿中書平章政事
哈八兒禿來錫命立帝爲皇太子命仍置詹事院罷儲慶司陝西諸路饑民百
二十三萬四千餘口諸縣流民又數十萬先是嘗賑之不足行省復請令商賈
入粟中鹽富家納粟補官及發孟津倉糧八萬石及河南漢中廉訪司所貯官
租以賑從之德安府屯田饑賑糧千石常德澧州慈利州饑賑糶糧萬石賑衛
輝路饑民萬七千五百餘戶丙午封孛羅不花爲鎮南王占臘國來貢羅香木

及象豹白猿戒翰林典瑞兩院官不許互相奏請璽書以護其家諸王分邑達魯花赤受代不得仍留官所其父兄所居官子弟不得再任辛亥賑鄧州諸縣被兵逃戶糧三千六百石壬子賑通州諸縣被兵之民糧兩月被俘者四千五百一十人命遼陽行省督所屬簿錄護送歸其家丙辰行在所遣只兒哈郎等至京師河南廉訪司言河南府路以兵旱民饑食人肉事覺者五十一人餓死者千九百五十人饑者一萬七千四百餘人乞弛山林川澤之禁聽民採食行入粟補官之令及括江淮僧道餘糧以賑從之江浙行省言池州廣德寧國太平建康鎮江常州湖州慶元諸路及江陰州饑民六十餘萬戶當賑糧十四萬三千餘石從之諸王忽剌答兒言黃河以西所部旱蝗凡千五百戶命賑糧兩月大都興和順德大名彰德懷慶衛輝汴梁中興諸路泰安高唐曹冠徐邳諸州饑民六十七萬六千餘戶賑以鈔九萬錠糧萬五千石大都宛平縣保定遂州易州賑糧一月靖州賑糶糧九千八百石濮州鄄城縣蠶災大寧興中州懷慶孟州廬州無爲州蝗廣西猺寇古縣五月丁巳朔復賜魯國大長公主鈔二

萬錠以搆居第賜燕鐵木兒祖父紀功碑銘水達達路阿速古兒千戶所大水
己未遣翰林學士承旨阿鄰帖木兒北迎大駕命司天監禜星昌王八剌失里
還鎮庚申太白犯鬼宿積尸氣癸亥復遣翰林學士承旨斡耳朵迎大駕乙丑
命有司給行在宿衛士衣糧及馬芻豆以儲慶司所貯金三十錠銀百錠建大
承天護聖寺給皇子宿衛之士千人鈔四番宿衛增爲萬三千人至是又增千
人甲戌命中書省臣擬注中書六部官奏于行在所乙亥幸大聖壽萬安寺作
佛事于世祖神御殿又於玉德殿及大天源延聖寺作佛事丙子武寧王徹徹
秃中書平章政事哈八兒秃至自行在所致立皇太子之命賜徹徹秃金五百
兩餘有差改儲慶使司爲詹事院伯顏鐵木兒補化及江南行臺御史大夫阿
兒思蘭海牙江浙行省平章政事曹立並爲太子詹事又除副詹事詹事丞及
斷事官家令司典寶典用典醫等官丁丑帝發京師北迎明宗皇帝戊寅次于
大口徵諸王鼎八入朝庚辰次香水園置江淮財賦都總管府秩正三品隸詹
事院陝西行省言鳳翔府饑民十九萬七千九百人本省用便宜賑以官鈔萬

五千錠又豐樂八屯軍士饑死者六百五十人萬戶府軍士饑者千三百人賑以官鈔百三十錠從之給保定路定興驛車馬又賑被兵之民百四十五戶糧一月真定路民被兵者二千七百四十八戶亦命賑之上都迭只諸位宿衞士及開平縣民被兵者並賑以糧大名路蠶災六月丁亥朔明宗遣近侍馬駒塔台別不花至丁酉鐵木兒補化以旱乞避宰相位有旨諭之曰皇帝遠居沙漠未能卽至京師是以勉攝大位今亢陽爲災皆予闕失所致汝其勉修厥職祗修實政可以上答天變仍命馳奏于行在己亥江浙行省言紹興慶元台州婺州諸路饑民凡十一萬八千九十戶乙巳命中書省逮繫也先捏以還丙午永平屯田府所隸昌國諸屯大風驟雨平地出水丁未太白晝見庚戌次于上都之六十店辛亥陝西行臺御史孔思迪言人倫之中夫婦爲重比見內外大臣得罪就刑者其妻妾卽斷付他人似與國朝旌表貞節之旨不侔夫亡終制之令相反況以失節之婦配有功之人又與前賢所謂娶失節者以配身是己失節之意不同今後凡負國之臣籍沒奴婢財產不必罪其妻子當典刑者則孥

戮之不必斷付他人庶使婦人均得守節請著爲令壬子海運糧至京師凡百四十萬九千一百三十石是月陝西雨賜鳳翔府岐陽書院額書院祀周文憲王仍命設學官春秋釋奠如孔子廟儀明宗遣吏部尙書別兒怯不花還京師命中書集老臣議賑荒之策時陝西河東燕南河北河南諸路流民十數萬自嵩汝至淮南死亡相藉命所在州縣官以便宜賑之順元思播州諸驛因兵興馬多羸斃驛戶貧乏令有司市馬補之益都莒密二州春水夏旱蝗饑民三萬一千四百戶賑糧一月陝西延安諸屯以旱免徵舊所逋糧千九百七十石永平屯田府昌國濟民豐贍諸署以蝗及水災免今年租汴梁蝗衛輝蠶災峽州旱淮東諸路歸德府徐邳二州大水秋七月丙辰朔日有食之丁巳次上都之三十里店宗仁衛屯田大水壞田二百六十頃戊午大都之東安薊州永清益津潞縣春夏旱麥苗枯六月壬子雨至是日乃止皆水災己未更定遷徙法凡應徙者驗所居遠近移之千里在道遇赦皆得放還如不悛再犯徙之本省不毛之地十年無過則量移之所遷人死妻子聽歸土著著爲令征京師僧道商

税癸亥太白經天丙子帝受皇太子寶辛巳發諸衞軍六千完京城冀寧陽曲縣雨雹大者如雞卵令諸王封邑達魯花赤推擇本部年二十五以上識達治體廉愼無過者以充或有冒濫罪及王傅遣使以上尊腊羊鈔十錠至大都國子監助仲秋上丁釋奠以淮安海寧州鹽城山陽諸縣去年水免今年田租真定河間汴梁永平淮安大寧廬州諸屬縣及遼陽之蓋州蝗八月乙酉朔明宗次于王忽察都丙戌帝入見明宗宴帝及諸王大臣于行殿庚寅明宗崩帝入臨哭盡哀燕鐵木兒以明宗后之命奉皇帝寶授于帝遂還壬辰次孛羅察罕以伯顏爲中書左丞相依前太保欽察台阿兒思蘭海牙趙世延並中書平章政事甘肅行省平章朵兒只爲中書右丞中書參議阿榮太子詹事丞趙世安並中書參知政事前右丞相塔失鐵木兒知樞密院事鐵木兒補化及上都留守鐵木兒脫並爲御史大夫癸巳帝至上都乙未賜護守大行皇帝山陵官御史大夫孛羅等鈔有差焚四川僞造鹽茶引丙申監察御史徐奭言天下不可一日無君神器不可一時而曠先皇帝奄棄臣庶已踰數日伏望聖上早正宸

極以安億兆之心實宗社無疆之福流諸王忽剌出于海南丁酉命阿榮趙世安提調通政院事一切給驛事皆關白然後給遣戊戌四川囊加台以指斥乘輿坐大不道棄市己亥帝復卽位于上都大安閣大赦天下詔曰朕惟昔上天啓我太祖皇帝肇造帝業列聖相承世祖皇帝既大一統卽建儲貳而我裕皇天不假年成宗入繼纔十餘載我皇考武宗歸膺大寶克享天心志存不私以仁廟居東宮遂嗣宸極甫及英皇降割我家晉邸違盟構逆據有神器天示譴告竟隕厥身於是宗戚舊臣協謀以舉義正名以討罪揆諸統緒屬在眇躬朕興念大兄播遷朔漠以賢以長曆數宜歸力拒羣言至於再四乃曰艱難之際天位久虛則衆志弗固恐隳大業朕雖從請而臨御秉初志之不移是以固讓之詔始頒奉迎之使已遣尋命阿剌忒納失里燕鐵木兒奉皇帝寶璽遠迓于途受寶卽位之日卽遣使授朕皇太子寶朕幸釋重負實獲素心乃率臣民北迎大駕而先皇帝跋涉山川蒙犯霜露道里遼遠自春徂秋懷嚮阻於歷年望都邑而增慨徒御弗慎屢爽節宣信使往來相望於道路彼此思見交切於衷

懷八月一日大駕次王忽察都朕欣瞻對之有期獨兼程而先進相見之頃悲喜交集何數日之間而宮車弗駕國家多難遽至於斯念之痛心以夜繼旦諸王大臣以爲祖宗基業之隆先帝付托之重天命所在誠不可違請卽正位以安九有朕以先皇帝奄棄方新摧怛何忍銜哀辭對固請彌堅執誼伏闕者三日皆宗社大計乃以八月十五日卽皇帝位于上都可大赦天下自天曆二年八月十五日昧爽以前罪無輕重咸赦除之於戲戡定之餘莫急乎與民休息丕變之道莫大乎使民知義亦惟爾中外大小之臣各究乃心以稱朕意庚子命阿榮趙世安督造建康龍翔集慶寺辛丑立寧徽寺掌明宗宮分事壬寅以鈔萬錠幣帛二千匹供明宗后八不沙費用陞奎章閣學士院秩正二品吏司籍郎爲羣玉署秩正六品癸卯幸世祖所御幄殿祓祭禁凡送諸王駙馬恩賜者毋受金幣犯者以贓論或以衣馬爲贈者聽遣道士苗道一吳全節修醮事于京師毛穎遠祭遁甲神于上都南屏山大都西山甲辰命司天監及回回司天監禜星中書省臣言祖宗故事卽位之初必恩賚諸王百官比因兵興經費

不足請如武宗之制凡金銀五錠以上減三之一五錠以下全畀之又以七分爲率其二分準時直給鈔制可遣欽察台先還京師經理政務燕鐵木兒阿榮留上都監給恩賚金幣以仁宗英宗潛邸宿衛士二百人還大都備直宿乙巳立藝文監秩從三品隸奎章閣學士院又立藝林庫廣成局皆隸藝文監賜御史中丞史惟良沛縣地五十頃發諸衛軍浚通惠河丙子自庚子至是日晝霧夜晴封牙納失里爲遼王以故遼王脫脫印賜之出官米五萬石賑糶京師貧民丁未以馬扎兒台爲上都留守馬扎兒台前爲陝西行臺侍御史坐塗毀詔書得罪以其兄伯顏有功故特官之戊申封諸王寬徹爲肅王己酉車駕發上都賜明宗北來衞士千八百三十人各鈔五十錠怯薛官十二人各鈔二百錠賜諸部曲出征者幣帛人各二匹遣還冀寧之忻州兵後薦饑賑鈔千錠庚戌改詹事院爲儲政院伯顏兼儲政使中政使哈撒兒不花太子詹事丞胥雲世月思前儲慶使姚煒並儲政使河東宣慰使哈散託朝賀爲名斂所屬鈔千錠入己事覺雖會赦仍徵鈔還其主敕自今有以朝賀斂鈔者依枉法論罪癸丑

徵吳王潑皮及其諸父木楠子赴京師甲寅置隆祥總管府秩正三品總建大承天護聖寺工役監察御史劾前丞相别不花昔以贓罷天曆初因人成功遂居相位既矯制以買驢家貲賜平章速速又與速速等潛呼日者推測聖算今奉詔已釋其罪宜竄諸海島以杜姦萌帝曰流竄海島朕所不忍其并妻子置之集慶河南府路旱疫又被兵賑以本府屯田租及安豐務遞運糧三月莒密沂諸州饑民採草木實盜賊日滋賑以米二萬一千石并賑晉寧路饑民鈔萬錠大名真定河間諸屬縣及湖池饒諸路旱保定之行唐縣蝗加封大都城隍神爲護國保寧王夫人爲護國保寧王妃九月乙卯朔作佛事于大明殿興聖隆福諸宮市故宋太后全氏田爲大承天護聖寺永業戊午賜武寧王徹徹秃金百兩銀五百兩西域諸王燕只吉台金二千五百兩銀萬五千兩鈔幣有差己未立龍翔萬壽營繕提點所海南營繕提點所並秩正四品隸隆祥總管府庚申加封故領諸路道教事張留孫爲上卿大宗師輔成贊化保運神德真君辛酉凡往明宗所送寶官吏越次超陞者皆從黜降賑甘肅行省沙州察八等

驛鈔各千五百錠癸亥敕宣徽院所儲金銀鈔幣百司毋得奏請甲子賜雲南烏撒土官祿余曲靖土官舉精衣各一襲丁卯大駕至大都戊辰敕翰林國史院官同奎章閣學士采輯本朝典故準唐宋會要著爲經世大典召威順王寬徹不花赴闕敕使者頒詔赦率日行三百餘里既受命逗留三日及所至飲宴稽期者治罪取賂者以枉法論辛未以控鶴士二十人賜宣靖王買奴監察御史劾奏知樞密院事塔失帖木兒阿附倒剌沙又與王禪舉兵犯闕今既待以不死而又付之兵柄事非便詔罷之壬申怯薛官武備卿定住特授開府儀同三司癸酉帝御大明殿受諸王百官朝賀鐵木迭兒諸子鎖住等明宗嘗敕流于南方燕鐵木兒言鎖住天曆初有勞于國請各遣還田里從之甲戌命江浙行省明年漕運糧二百八十萬石赴京師廣西思明州土官黃宗永遣其子來貢虎豹方物乙亥史惟良上疏言今天下郡邑被災者衆國家經費若此之繁帑藏空虛生民凋瘵此政更新百廢之時宜遵世祖成憲汰冗濫蠶食之人罷土木不急之役事有不便者咸釐正之如此則天災可弭禎祥可致不然將恐

因循苟且其弊漸深治亂之由自此而分矣帝嘉納之丙子改太禧院爲太禧宗禋院立温州路竹木場以衞輝路畢罷蘇門歲輸米二千石鐵木兒補化加錄軍國重事以翰林學士承旨也兒吉尼元帥梁國公都列捏並知行樞密院事立衞候司秩正四品隸儲政院賑陝西臨潼等二十三驛各鈔五伯錠論也先捏以不忠不敬伏誅嵐管臨三州所居諸王八剌馬忽都火者等部曲乘亂爲寇遣省臺宗正府官往督有司捕治之壬午伯顏以病在告居赤城遣使召赴闕封知樞密院事燕不鄰爲與國公以大司農卿燕赤爲司徒癸未建顏子廟于曲阜所居陋巷上都西按塔罕闊干忽剌禿之地以兵旱民告饑賑糧一月冬十月甲申朔帝服袞冕享于太廟丙戌命欽察台兼領度支監遣鎮南王孛羅不花還鎮楊州禁奉元永平釀酒戊子知樞密院事昭武王火沙知行樞密院事己丑立大承天護聖寺營繕提點所秩正五品又立大都等處平江等處田賦提舉司二秩從五品皆隸隆祥總管府辛卯燕鐵木兒率羣臣請上尊號不許雲南行省立元江等處宣慰司申飭海道轉漕之禁籍四川囊加台家

產其黨楊靜等皆奪爵杖一百七籍其家流遼東封太禧宗禋使禿堅帖木兒爲梁國公甲午以登極恭謝遣官代祀于南郊社稷中書省臣言舊制朝官以三十月爲一考外任則三年爲滿比年朝官率不久於其職或數月即改遷於典制不類且治蹟無從考驗請如舊制爲宜敕除風憲官外其餘朝官不許二十月內遷調監察御史劾奏吏部尚書八剌哈赤先除陝西行臺侍御史避難不行罷之丙申中書省臣言臣等謹集樞密院御史臺翰林集賢院奎章閣太常禮儀院禮部諸臣僚議上大行皇帝尊謚曰翼獻景孝皇帝廟號明宗國言謚號曰護都篤皇帝是日奉玉冊玉寶于太廟如常儀命江西湖廣分漕米四十萬石以紓江淛民力給鈔十五萬錠賑陝西饑民己亥加封天妃爲護國庇民廣濟福惠明著天妃賜廟額曰靈慈遣使致祭申飭都水監河防之禁辛丑遣使括勘內外郡邑官久次事故應代者歲終上名于中書省以怯憐口諸色民匠總管府及所屬諸司隸徽政院者悉隸儲政院發中政院財賦總管府糧儲在江南者赴京師以助經費驗時直以鈔還之諸王公主官府寺觀撥賜田

租除魯國大長公主聽遣人徵收外其餘悉輸於官給鈔酬其直壬寅弛陝西
山澤之禁以與民大寧路地震癸卯命道士苗道一建醮于長春宮改瓊州軍
民安撫司爲乾寧軍民安撫司陞定安縣爲南康州隸海北元帥府以南建洞
主王官知州事佩金符領軍民監察御史劾奏張思明在仁宗朝阿附權臣鐵
木迭兒間諜兩宮仁宗灼見其姦既行黜降及英宗朝鐵木迭兒再相復援爲
左丞稔惡不悛竟以罪廢今又冒居是官宜從黜罷詔罷之敕刑部尚書察民
之無賴者懲治之甲辰畏兀僧百八人作佛事于興聖殿戊申以江淮財賦都
總管府隸儲政院供皇后湯沐之用作佛事于廣寒殿徵朶朶王士熙等十二
人于貶所放還鄉里庚戌以親祀太廟禮成詔天下罷大承天護聖寺工役囚
在獄三年疑不能決者釋之民間拖欠官錢無可追徵者盡行蠲免命通政院
官分職往所在官司僉補逃亡驛戶大都至上都幷塔思哈剌旭麥怯諸驛自
備首思供給繁重天曆三年官爲應付免徵奉元路民間商稅一年命所在官
司設置常平倉雲南八番爲囊加台所詿誤反側未安者並貰其罪免各處煎

鹽竈戸雜泛夫役二年遣使代祀嶽瀆山川免永平屯田總管府田租申禁天下私殺馬牛明宗乳媪夫斡耳朵在武宗時爲大司徒仁宗朝拘其印燕鐵木兒以爲言詔給還之雲南威楚路黃州土官哀放遣其子來朝貢湖廣常德武昌澧州諸路旱饑出官粟賑糶之陝西鳳翔府饑民四萬七千戸皆賑以鈔十一月乙卯以立皇后詔天下受佛戒於帝師作佛事六十日丙辰以句容郡王荅鄰荅里知行樞密院事詔列聖諸宮后妃陪從之臣永給衣糧芻粟后八不沙請爲明宗資冥福命帝師率羣僧作佛事七日于大天源延聖寺道士建醮于玉虛天寶太乙萬壽四宮及武當龍虎二山戊午遣使代祀天妃賜燕鐵木兒宅一區皇后以銀五萬兩助建大承天護聖寺冠州旱命朵耳只亦都護爲河南行省丞相近制行省不設丞相中書省以爲言帝有旨朵耳只先朝舊臣不當以例拘武宗宿衞士歲賜如仁宗衞士例西夏僧總統封國公沖卜卒其弟監藏班臧卜襲職仍以璽書印章與之癸亥以翰林學士承旨閣徹伯知樞密院事位居衆知院事上甲子廬州旱饑發糧五千石賑之止鷹坊毋獵畿甸

江西龍興南康撫瑞袁吉諸路旱丙寅陞山東河北蒙古軍大都督府秩從二品改普慶修寺人匠提舉司爲營繕提點所秩從五品隸崇祥總管府雲南威楚路土官昵放來朝貢罷功德使司以所掌事歸宣政院己巳撒迪爲中書右丞命中書左丞趙世安提調國子監學庚午諸王闊不花至自陝西收其印遣還壬申毀廣平王木剌忽印命哈班代之更鑄印以賜癸酉太陰犯填星丙子諸王阿剌忒納失里翊戴有勞以其父越王禿剌印與之丁丑復立孟定路軍民總管府復給元江路軍民總管府印湖廣州縣爲廣源等猺寇掠者二百八十餘所命行省平章劉脫歡招捕之造青木綿衣萬領賜圍宿軍乙卯翰林國史院臣言纂修英宗實錄請具倒剌沙款伏付史館從之高麗國王王燾久病不能朝請命其子禎襲位以平江官田百五十頃賜大龍翔集慶寺及大崇禧萬壽寺辛巳還山東河北蒙古軍大都督府於濮州仍聽山東廉訪司按治欽察台兼右都威衞使壬午詔豫王阿剌忒納失里鎮雲南賜其衞士鈔萬錠仍每歲豫給其衣糧十二月甲申給豳王忽塔忒迷失王傅印以西僧輦真吃剌

思爲帝師詔僧尼徭役一切無有所與丙戌詔百官一品至三品先言朝政得失一事四品以下悉聽敷陳仍命趙世安阿榮輯錄所上章疏善者卽議舉行追封燕鐵木兒曾祖班都察爲溧陽王祖土土哈爲昇王父牀兀兒爲楊王庚寅祓祭于太祖幄殿以末吉爲大司徒中書省臣言舊制凡有奏陳衆議定共署乃入奏近年事方議擬一二省臣輒已上請致多乖滯今請如舊制御史臺臣言風憲官赴任毋拘遠近均給驛爲宜並從之辛卯命帝師率其徒作佛事於凝暉閣甲午冀寧路旱饑賑糧二千九百石乙未改封前鎮南王帖木兒不花爲宣讓王初鎮南王脫不花薨子孛羅不花幼命帖木兒不花襲其爵孛羅不花既長帖木兒不花請以王爵歸之乃特封宣讓王以示褒寵收諸王帖古思金印詔諭廷臣曰皇姑魯國大長公主蚤寡守節不從諸叔繼尚鞠育遺孤其子襲王爵女配予一人朕思庶民若是者猶當旌表況在懿親乎趙世延虞集等可議封號以聞詔諸僧寺田自金宋所有及累朝賜予者悉除其租其有當輸租者仍免其役僧還俗者聽復爲僧戊戌以淮浙山東河間四轉運司鹽

引六萬爲魯國大長公主湯沐之資己亥遣使驛致故帝師舍利還其國給以金五百兩銀二千五百兩鈔千五百錠幣五千匹加謚漢長沙王吳芮爲長沙文惠王壬寅命江浙行省印佛經二十七藏癸卯蘄州路夏秋旱饑賑米五千石甲辰以明年正月武宗忌辰命高麗漢僧三百四十人預誦佛經二藏于大崇恩福元寺丁未造至元鈔四十五萬錠中統鈔五萬錠如歲例中書省臣言在京酒坊五十四所歲輸課十餘萬錠比者間以賜諸王公主及諸官寺諸王公主自有封邑歲賜官寺亦各有常產其酒課悉令仍舊輸官爲宜從之開河東冀寧路四川重慶路酒禁罷土番巡捕都元帥府賑上都留守司八剌哈赤二千二百餘戶燭剌赤八百餘戶糧三月鈔有差牙連禿傑魯迭所居鷹坊八百七十戶糧三月戊申以玥璐不花爲御史大夫兼領隆祥總管府事庚戌詔與舉中政院事辛亥趣內外已授官者速赴任改上都饅頭山爲天曆山壬子織武宗御容成卽神御殿作佛事敕凡階開府儀同三司者班列居一品之前武昌江夏縣火賑其貧乏者二百七十戶糧一月黃州路及恩州旱並免其租

是歲會賦入之數金三百二十七錠銀千一百六十九錠鈔九百二十九萬七千八百錠幣帛四十萬七千五百匹絲八十八萬四千四百五十斤綿七萬六百四十五斤糧千九十六萬五十三石

元史卷三十三

元史卷三十四

明翰林學士亞中大夫知制誥兼修國史宋　濂等修

本紀第三十四

文宗三

至順元年春正月丙辰命趙世延趙世安領纂脩經世大典事懷慶路饑賑鈔四千錠丁巳賜明宗妃按出罕月魯沙不顏忽魯都鈔幣有差以知樞密院事伯帖木兒爲遼陽行省左丞相戊午頒璽書諭雲南辛酉時享太廟命回回司天監禜星壬戌中興路饑賑糶糧萬石貧者仍賙其家甲子燕鐵木兒伯顏並辭丞相職不允仍命阿榮趙世安慰諭之丁卯雲南諸王禿堅及萬戶伯忽阿禾怯朝等叛攻中慶路陷之殺廉訪司官執左丞忻都等迫令署諸文牘庚午芍陂屯及鷹坊軍士饑賑糧一月辛未中書省臣言科舉會試日期舊制以二月一日三日五日近歲改爲十一十三十五請依舊制從之壬申衡陽猺爲寇劫掠湘鄉州癸酉以宣徽使撒敦復知樞密院事與欽察台並領長密卿乙亥

賜燕鐵木兒質庫一密海州文登牟平縣饑賑以糧三千石丙子衡州路饑總管王伯恭以所受制命質官糧萬石賑之丁丑追封三寶奴爲郢城王諡榮敏召荆王之子脱脱木兒赴闕趙世延請致仕不允命中書省製玉帶二十賜臣僚官一品者遣使齎金千五百兩銀伍伯兩詣杭州書佛經賜海南大興龍普明寺鈔萬錠市永業地戊寅賜隆禧總管府田千頃立荆襄等處平松等處田賦提舉司並隸太禧宗禋院命陝西行省以鹽課鈔十萬錠賑流民之復業者猺賊八百餘人寇石康縣己卯封太醫院使野理牙爲秦國公庚辰陞羣玉署爲羣玉内司秩正三品置司尉亞尉僉司司丞仍隸奎章閣學士院禮部尚書巙巙兼監羣玉内司事辛巳改大都田賦提舉司爲宣農提舉司荆襄田賦提舉司爲荆襄濟農香戸提舉司平江提舉司爲平江善農提舉司遣使齎鈔三千錠往甘肅市氂牛濠州去年旱賑糧一月大明路及江淛諸路俱以去年旱告永平路以去年八月雹災告加封秦蜀郡太守李冰爲聖德廣裕英惠王其子二郎神爲英烈昭惠靈顯仁祐王二月壬午朔以趙世安爲御史中丞史惟

艮爲中書左丞癸未加知樞密院事燕不憐開府儀同三司籍張珪子五人家
資乙酉以西僧加瓦藏卜藏八兒監藏並爲烏思藏土蕃等處宣慰使都元帥
雲南麓州等土官來貢方物楊州安豐廬州等路饑以兩淮鹽課鈔五萬錠糧
五萬石賑之真定蘄黃等路汝寧府鄭州饑各賑糧一月丁亥命江南陝西河
南等處富民輸粟補官江南萬石者官正七品陝西千五百石河南二千石江
南五千石者從七品自餘品級有差四川富民有能輸粟赴江陵者依河南例
其不願仕乞封父母者聽僧道輸己粟者加以師號徵江浙江西湖廣賑糶糧
價鈔赴京師己丑禿堅伯忽等攻陷仁德府至馬龍州調八番元帥完澤將八
番答剌罕軍千人順元土軍五百人禦之庚寅改萬聖祐國興龍普明龍翔萬
壽三提點所並爲營繕都司秩正四品萬安規運普慶營繕等八提點所並爲
營繕司秩正五品以脩經世大典久無成功專命奎章閣阿憐帖木兒忽都魯
都兒迷失等譯國言所紀典章爲漢語纂修則趙世延虞集等而燕鐵木兒如
國史例監修開元路胡里改萬戶府軍士饑給糧賑之二月辛卯朔以御史臺

贓罰鈔萬錠金千兩銀五千兩付太禧宗禋院供祭祀之需賜燕鐵木兒給驛
璽書以徵其食邑租賦奎章閣學士忽都魯都兒迷失撒迪虞集辭職詔諭之
曰昔我祖宗睿知聰明其於致理之道自然生知朕以統緒所傳實在眇躬夙
夜憂懼自惟早歲跋涉艱阻視我祖宗既乏生知之明於國家治體豈能周知
故立奎章閣置學士員日以祖宗明訓古昔治亂得失陳說於前使朕樂於聽
聞卿等其推所學以稱朕意其勿復辭帖麥赤驛戶及建康廣德鎮江諸路饑
賑糧一月衞輝江州二路饑賑鈔二萬錠寧國路饑嘗賑糧二萬石不足復賑
萬五千石癸巳衞輝路胙城新鄉縣大風雨災甲午自庚寅至是日京師大霜
晝霿立諸色民匠打捕鷹坊都總管府秩正二品置奎章閣監書博士二人秩
正五品禿堅伯忽等攻晉寧州禿堅自立爲雲南王伯忽爲丞相阿禾忽剌忽
等爲平章等官立城柵焚倉庫以拒命乙未中書省言江浙民饑今歲海運爲
米二百萬石其不足者來歲補運從之丙申雲南蒲蠻來朝賑常德澧州路饑
丁酉帝及皇后燕王阿剌忒納答剌並受佛戒己亥命明宗皇子受佛戒監察

御史言中書平章朵兒失職任台衡不思報効銓選之際紊亂綱紀貪污著聞恬不知恥黜罷爲宜從之猺賊入灌陽縣劫民財庚子以兵與所收諸王也先帖木兒撒思監等印還給之壬寅玥璐不花辭御史大夫職不允土蕃等處民饑命有司以糧賑之新安保定諸驛孳畜疫死命中書給鈔濟其乏癸卯汴梁路封丘祥符縣霜災甲辰流王禪之子于吉陽軍乙巳封明宗皇子亦璘真班爲鄜王豫王阿剌忒納失里所部千六百餘人饑賑糧二月淮安路民饑以兩淮鹽課鈔五萬錠賑之丙午復以阿兒思蘭海牙爲江南行臺御史大夫命中尚卿小云失以兵討雲南御史臺臣言欽察台天曆初在上都常與闊闊出等謀執倒剌沙事泄同謀者皆死欽察台以出征獲免頃臺臣疑而劾之不稱事情宜雪其枉制曰可丁未以伯顏知樞密院事依前太保錄軍國重事詔諭中書曰昔在世祖嘗以宰相一人總領庶務故治出於一政有所統今燕鐵木兒爲右丞相伯顏既知樞密院事左丞相其勿復置太禧宗禋院所隸總管府各置副達魯花赤一人賜豫王王傅官金虎符戊申命中書省及翰林國史院官

祭太祖太宗睿宗三朝御容以太禧宗禋使阿不海牙爲中書平章政事命史
惟良及參知政事和尚總督建言之事中書省臣言舊制正旦天壽節內外諸
司各有贄獻頃者罷之今江浙省臣言聖恩公溥覆幬無疆而臣等殊無補報
凡遇慶禮進表稱賀請如舊制爲宜從之降璽書申鹽法之禁以嘉興路崇德
縣民四萬戶所輸租稅供英宗后妃歲賜錢帛詔諭樞密院以屯田子粒鈔萬
錠助建佛寺免其軍卒土木之役庚戌茶陵州民饑同知萬家奴江存禮以所
受敕質糧三千石賑之辛亥遼西蒙古驛戶饑給芻粟有差賑河南流民復歸
者鈔五千錠泰安州饑民三千戶真定南宮縣饑民七千七百戶松江府饑民
萬八千二百戶及王蕃朵里只失監萬戶部內饑命所在有司從宜賑之濟寧
路饑民四萬四千九百戶賑以山東鹽課鈔萬錠杭州火賑糧一月命市故瀛
國公趙㬎田爲大龍翔集慶寺永業御史臺臣言不必予其直帝曰吾建寺爲
子孫黎民計若取人田而不予直非朕志也察罕腦兒宣慰司所部千戶察剌
等衛饑者萬四千四百五十六人人給鈔一錠三月甲寅命宣政院供顯懿莊

聖皇后神御殿祭祀乖西斛蠻三千人入松梨山燒沿邊官軍營堡東平路須城縣饑賑以山東鹽課鈔安慶安豐蘄黄廬五路饑以淮西廉訪司贓罰鈔賑之丁巳徙封濟陽王木楠子爲吳王吳王潑皮爲濟陽王賜八番順元曲靖烏撒烏蒙蒙慶羅羅斯嵩明州土官幣帛各一禁泛濫給驛四川官吏脅從囊加台者皆復故職戊午封皇子阿剌忒納答剌爲燕王立宮相府總其府事秩正二品燕鐵木兒領之廷試進士賜篤列圖王文燁等九十七人及第出身有差命彰德路歲祭羑里周文王祠以河南行省平章乞住爲雲南行省平章八番順元宣慰使帖木兒不花爲雲南行省左丞從豫王由八番道討雲南賜明宗近侍七十人官有差裕宗及昭獻元聖皇后位宿衞三千人命儲政院給其衣糧芻粟發米十萬石賑糶京師貧民癸亥遣諸王桑哥班撒忒迷失買哥分使西北諸王燕只吉台不賽因月即別等所甲子詔諭中外命御史大夫鐵木兒補化玥璐不花振舉臺綱丁卯木八剌沙來貢蒲萄酒賜鈔幣有差以山東鹽課鈔萬錠賑東昌饑民三萬三千六百戶己巳議明宗升祔序于英宗之上視

順宗成宗廟遷之例辛未羣臣請上皇帝尊號不許固請不已乃許之封知樞密院事不花帖木兒爲武平郡王錄討雲南秃堅伯忽之功雲南宣慰使土官舉宗祿余並遙授雲南行省參知政事餘賜賚有差分龍慶州隸大都路諸王也孫台部七百餘人入天山縣掠民財產遣樞密院宗正府官往捕之壬申奉玉冊玉寶祔明宗神主于太廟濮州臨清館陶二縣饑賑鈔七千錠光州光山縣饑出官粟萬石下其直賑糶信陽息州及光之固始縣饑並以附近倉糧賑之甲戌封諸王速來蠻爲西寧王乙亥西番哈剌火州來貢蒲萄酒諸王駙馬還鎮錫賚有差丙子改山東都萬戶府爲都督府雲南木邦路土官渾都來貢方物河南登封偃師孟津諸縣饑賑以兩淮鹽課鈔三萬錠鞏昌臨洮蘭州定西州饑賑鈔三千五百錠沂莒膠密寧海五州饑賑糧五千石中興峽州歸州安陸沔陽饑戶三十萬有奇賑糧四月丁丑陞太常禮儀院秩正二品敕有司供明宗后八不沙宮分幣帛二百匹及阿梯里脫忽思幣帛有差賜燕鐵木兒功勳之碑廣平路饑以河間鹽課鈔萬三千錠賑之辛巳諸王哈兒蠻遣使來

貢蒲萄酒廣德太平集慶等路饑凡數百萬戶濮州諸縣蟲食桑葉將盡夏四月壬午朔命西僧作佛事于仁智殿自是日始至十二月終罷癸未置怯憐口錢糧都總管府秩正三品中書省臣言各宮分及宿衞士歲賜錢帛舊額萬人去歲增四千人邇者增數益廣請依舊額爲宜詔命阿不海牙裁省以聞甲申時享太廟丙戌封也真也不干爲桓國公燕鐵木兒言天曆初阿速軍士爲國有勞請以鈔十萬錠米十萬石分給其家從之戊子四川行省調重慶五路萬戶以兵救雲南庚寅中書省臣言邇者諸處民饑累常賑救去歲賑鈔百三十四萬九千六百餘錠糧二十五萬一千七百餘石今汴梁懷慶彰德大名與和衞輝順德歸德及高唐泰安徐邳曹冠等州饑民六十七萬六千戶一百一萬二千餘口請以鈔九萬錠米萬五千石命有司分賑制曰可以陝西饑敕有司作佛事七日壬辰以所籍張珪諸子田四百頃賜大承天護聖寺爲永業沿邊部落蒙古饑民八千二百人給鈔三錠布二匹糧二月遣還其所部癸巳置豫王王傅副尉司馬各二員丁酉遣諸王桑兀孫還雲南金蘭等驛馬牛死賑鈔

五百錠庚子降璽書申諭太禧宗禋院天臨之醴陵湘陰等州台州之臨海等
縣饑各賑糶米五千石辛丑明宗后八不沙崩壬寅括益都般陽寧海閑田十
六萬二千九十頃賜大承天護聖寺爲永業立益都廣農提舉司及益都般陽
寧海諸提領所竝隸隆祥總管府烏蒙土官祿余殺烏撒宣慰司官吏降于伯
忽羅羅諸蠻俱叛與伯忽相應平章帖木兒不花爲其所害晉寧建昌二路民
饑賑糧五萬五千石鈔二萬三千錠戊申陝西行臺言奉元鞏昌鳳翔等路以
累歲饑不能具五穀種請給鈔二萬錠俾分糴于他郡從之雲南賊祿余以蠻
兵七百餘人拒烏撒順元界立關固守重慶五路萬戶軍至雲南境值羅羅蠻
萬餘人遇害千戶祝天祥等引餘衆遁還詔江浙河南江西三省調兵二萬命
諸王云都思帖木兒及樞密判官洪浹將之與湖廣行省平章脫歡會兵討雲
南己酉作佛事是月滄州高唐州屬縣蟲食桑葉盡芍陂屯饑賑糧二月土蕃
等處脫思麻民饑命有司賑之賑懷慶承恩孟州等驛鈔千錠五月乙卯遣宣
徽使定住等以受尊號告祭南郊故四川行省平章寬徹四川道廉訪使忽都

魯養阿等皆爲囊加台所害並贈官賜謚榆次縣主簿太帖木兒河中府判官禿塔兒皆爲遼東軍所害並加褒贈戊午帝御大明殿燕帖木兒率文武百官及僧道耆老奉玉冊玉寶上尊號曰欽天統聖至德誠功大文孝皇帝是日改元至順詔天下河南懷慶衛輝晉寧四路曾經賑濟人戶今歲差發全行蠲免其餘被災路分人民已經賑濟者腹裏差發江淮夏稅亦免三分己未羅羅斯權土官宣慰撒加伯阿漏土官阿剌里州土官德益叛附于祿余庚申以受尊號恭謝太廟辛酉四川行省討雲南進軍至烏蒙壬戌歸德府之譙縣霧傷麥癸亥四川軍至雲南之雪山峽遇羅羅斯軍敗之德州饑賑以山東鹽課鈔三千錠武昌路饑賑以糧五萬石鈔二千錠甲子申命燕鐵木兒爲中書右丞相詔天下以鈔四萬錠分給宮人賜魯國大長公主鈔萬錠丁卯翰林國史院修英宗實錄成戊辰車駕發大都次大口陞尚舍寺秩正三品命阿鄰帖木兒爲大司徒遣豫王阿剌忒納失里鎮西番授以金印賜諸王脫歡金印大司徒不蘭奚銀印加趙世延翰林學士承旨封魯國公賑衛輝大名廬州饑民鈔六千

錠糧五千石開元路胡里該萬戶府寧夏路哈赤千戶所軍士饑各賑糧二月
己巳改龍虎臺置肅王寬徹傅尉司馬各一員辛未置宣忠扈衛親軍都萬戶
府秩正三品總幹羅思軍士隸樞密院以太禧宗禋使亦列赤爲中書平章政
事左右欽察龍翊侍衛軍士五千三百七十戶饑戶賑鈔二錠布一疋糧一月
癸酉遣使勞軍于雲南時諸王禿剌率萬戶忽都魯沙怯列孛羅等皆領兵進
討禿堅伯忽甲戌八番乖西鮮苗阿馬察伯秩等萬人侵擾邊境詔樞密臣分
兵討之乙亥置順元宣撫司統答剌斥軍征雲南人賜鈔五錠衞輝路之輝州
以荒乏穀種給鈔三千錠俾糴於他郡己卯遣使詣五臺山作佛事庚辰命湖
廣行省以鈔五萬錠給雲南軍需是月右衞左右手屯田大水害禾稼八百餘
頃廣平河南大名般陽南陽濟寧東平汴梁等路高唐開濮輝德冠滑等州及
大有千斯等屯田蝗以澧東宣慰使陳天祐湖廣參知政事樊楫死於王事贈
封特加一級龍興張仁與妻鄒氏奉元李郁妻崔氏以志節汴梁尹華以孝行
皆旌其門六月辛巳朔燕鐵木兒言嚮有旨惟許臣及伯顏兼領三職今趙世

延以平章政事兼翰林學士承旨奎章閣大學士引疾以辭帝曰朕皇老成人其令世延仍視事中書果病無預銓選可也丙戌大駕至上都戊子給左右欽察龍翊侍衛軍士糧壬辰鎮江饑賑糧四萬石饒州饑亦命有司賑之癸巳御史臺臣言宣徽院錢穀出納無經以上供飲膳冒昧者多不稽其案牘則弊日滋宜如舊制具實上之省部以備考覈從之丙申立行樞密院討雲南賜給驛璽書十五銀字圓符五以河南行省平章徹里鐵木兒知行樞密院事陝西行省平章探馬赤近侍教化爲同知副使發朵甘思朵思麻及鞏昌諸處軍萬三千人人乘馬三匹徹里鐵木兒同鎮西武靖王搠思班等由四川教化從豫王阿剌忒納失里等由八番分道進軍黃河溢大名路之屬縣沒民田五百八十餘頃庚子以內侍中瑞卿撒里爲大司徒賜四川行省左丞孛羅金虎符以鹽課鈔二十萬錠供雲南軍需命河南湖廣江西甘肅行省誦藏經六百五十部施鈔三萬錠知樞密院事闊徹伯脫脫木兒通政使只兒哈郎翰林學士承旨教化的伯顏也不干燕王宮相教化的斡羅思中政使尙家奴禿烏台右阿速

衛指揮使那海察拜住以謀變有罪並棄市籍其家癸卯四川孛羅以蒙古漸丁軍五千往雲南乙巳羅羅斯土官撒加伯合烏蒙蠻兵萬人攻建昌縣雲南行省右丞躍里帖木兒拒之斬首四百餘級四川軍亦敗撒加伯于蘆古驛丙午朵思麻蒙古民饑賑糧一月丁未改東路蒙古軍元帥府爲東路欽察軍萬戸府是月高唐曹州及前後武衛屯田水災大都益都真定河間諸路獻景泰安諸州及左都威衛屯田蝗迤北蒙古饑民三千四百人人給糧二石布二匹旌表真定梁子益妻李氏等貞節徐州胡居仁孝行秋七月辛亥封諸王按渾察爲廣寧王授以金印壬子命西僧禜星丙辰以闊徹伯大司徒印授撒里丁巳命中書省翰林國史院官祀太祖太宗睿宗御容于大普慶寺命西僧爲皇子燕王作佛事西域諸王不賽因遣使來朝賀監察御史請以所籍闊徹伯衣物分賜宿衛軍士從之己未以闊徹伯宅賜太禧宗禋院衣服賜羣臣通渭山崩壓民舍命陝西行省賑被災者十二家庚申籍脫脫木兒家貲輸內府辛酉改哈思罕萬戸府爲總管府秩四品詔僧道獵戸鷹坊合得璽書者翰林院無

得越中書省以聞真定路之平棘廣平路之肥鄉保定路之曲陽行唐等縣大風雨雹傷稼許失台速怯月謹真孛可等部獻人口牧畜命酬其直江西建昌萬戶府軍戍廣海者一歲更役來往勞苦詔仍至元舊制二歲一更乙丑翰林學士承旨也兒吉尼知樞密院事調諸衞卒築漷州柳林海子堤堰丙寅蒙古百姓以饑乏至上都者閱口數給以行糧俾各還所部增大都賑糶米五萬石大都之順州東安州大風雨雹傷稼戊辰壽寧公主薨收其印己巳命江浙行省以鈔十萬錠至雲南增其軍需庚午歲星犯氐宿開平路雨雹傷稼中書省臣言近歲帑廩虛空其費有五曰賞賜曰作佛事曰創置衙門曰濫冒支請曰續增衞士鷹坊請與樞密院御史臺各怯薛官同加汰減從之御史臺臣劾奏新除河南府總管張居敬避難不之官有旨免所授官加其罪笞甲戌賜諸王養怯帖木兒孛欒台徹棘斯察阿兀罕等金銀鈔幣有差丙子敕中書省御史臺遣官詣江浙江西湖廣四川雲南諸行省遷調三品以下官命四川行省於明年茶鹽引內給鈔八萬錠增軍需以討雲南賑木鄰扎里至苦鹽泊等九驛

每驛鈔五百錠增給戍居庸關軍士糧海潮溢漂沒河間運司鹽二萬六千七
百餘引丁丑以給驛璽書五銀字圓符二增給陝西蒙古都萬戶府以討雲南
故丞相鐵木迭兒子將作使鎖住與其弟觀音奴姊夫太醫使野理牙坐怨望
造符錄祭北斗呪咀事覺詔中書鞫之事連前刑部尚書烏馬兒前御史大夫
孛羅上都留守馬兒及野理牙姊阿納昔木思等俱伏誅雲南禿堅伯忽等勢
愈猖獗烏撒祿余亦乘勢連約烏蒙東川茫部諸蠻欲令伯忽弟拜延順等兵
攻順元樞密臣以聞詔卽遣使督豫王阿納忒剌失里及行樞密院四川雲南
行省亟會諸軍分道進討以烏蒙烏撒及羅羅斯地接西番與碉門安撫司相
爲唇齒命宣政院督所屬軍民嚴加守備又命鞏昌都總帥府調兵千人戍四
川開元大同真定冀寧廣平諸路及忠翊侍衛左右屯田自夏至于是月不雨
奉元晉寧興國揚州淮安懷慶衛輝益都般陽濟南濟寧河南河中保定河間
等路及武衛宗仁衛左衛率府諸屯田蝗永平屯田豐贍署蝗以孝行福州王薦以隱逸
大同李文實妻齊氏河南閻遂妻楊氏大都潘居敬妻陳氏王成妻高氏以志

節順德馬奔妻胡閏奴真定民妻周氏冀寧民妻魏益紅以夫死自縊殉葬並旌其門閭七月庚辰朔封諸王卯澤爲永寧王授金印及給銀字圓符給驛璽書併以所隸封邑歲賦賜之癸未遣諸王篤憐渾禿孛羅等共銀千兩幣二百匹賜諸王朵列鐵木兒監察御史葛明誠言中書平章政事趙世延年踰七十智慮耗衰固位苟容無補於事請斥歸田里臺臣以聞詔令中書議之雲南茫部路九村夷人阿斡阿里詣四川行省自陳本路舊隸四川今土官撒加伯與雲南連叛願備糧四百石民丁千人助大軍進征事聞詔嘉其去逆效順厚慰諭之衞士上都駐冬者所給糧以三分爲率二分給鈔大駕將還敕上都兵馬司官二員率兵士由偏嶺至明安巡邏以防盜賊市橐駝百牛三百充扈從屬軍之用丙戌忠翊衞左右屯田隕霜殺稼籍鎖住野里牙等庫藏田宅奴僕牧畜給大承天護聖寺爲永業鑄黃金神仙符命印賜掌全真教道士苗道一己丑立掌醫署秩正五品庚寅以所籍野理牙宅爲都督府公署辛卯以陝西行臺御史中丞脫亦納爲中書參知政事燕鐵木兒言趙世延向自言年老屢乞

致仕臣等以聞嘗有旨世延舊人宜與共政中書御史之言不知前有旨也帝曰如御史言世延固難任中書矣其仍任以翰林奎章之職四川行省平章汪壽昌言雲南伯忽叛逆與兵進討調遣餽餉皆壽昌領之頃以市馬造器械軍官俸給軍士行糧已給鈔十五萬錠今伯忽未及殄滅而烏撒烏蒙相繼爲亂大兵深入去朝廷益遠元請軍需早乞頒降從本省酌其緩急便宜以行庶不稽誤從之寧夏奉元鞏昌鳳翔大同晉寧諸路屬縣隕霜殺稼癸巳以月魯帖木兒爲大司徒賜哈剌赤軍士鈔一萬錠糧十萬石察罕腦兒并東西涼亭諸衞士九百五十人人賜鈔五錠糧二月朔漠軍士人鈔三錠布二匹糧二月命燕鐵木兒以鈔萬錠分賜天曆初諸王羣臣死事之家行樞密院言征戍雲南軍士二人逃歸捕獲法當死詔曰如臨戰陣而逃死宜也非接戰而逃輒當以死何視人命之易耶其杖而流之丁酉大駕發上都授阿憐帖木兒大司徒印戊戌甘肅平章政事乃馬台封宣寧郡王授以金印駙馬謹只兒封鄆國公授以銀印並知行樞密院事贈安南國王陳益稷儀同三司湖廣行省平章政事

王爵如故諡忠懿益稷在世祖時自其國來歸遂授以國王卽居于漢陽府天曆二年卒至是加贈諡庚子魯王阿剌哥識里所部三萬餘人告饑賑鈔萬錠糧二萬石中書省臣言內外佛寺三百六十七所用金銀鈔幣不貲今國用不充宜從裁省命省人及宣政院臣裁減上都歲作佛事百六十五所定爲百四所令有司永爲歲例乙巳雲南使來報捷遣使賜雲南四川省臣行樞密院臣以上尊丙午諸王卜顏帖木兒請給鞍馬願從諸軍擊雲南帝嘉其意從之戊申加封孔子父齊國公叔梁紇爲啓聖王母魯國太夫人顏氏爲啓聖王夫人顏子兗國復聖公曾子郕國宗聖公子思沂國述聖公孟子鄒國亞聖公河南伯程顥豫國公伊陽伯程頤洛國公羅羅斯土官撒加伯及阿陋土官阿剌里州土官德益兵八千撤毀棧道遣把事曹通潛結西番欲據大渡河進寇建昌四川行省調碉門安撫司軍七百人成都保寧順慶廣安諸屯兵千人令萬戶周戡統領直抵羅羅斯界以控扼西番及諸蠻部又遣成都順慶二翼萬戶昝定遠等以軍五千同邛部知州馬伯所部蠻兵會周戡等從便道共討之發成

都沙糖戶二百九十人防遏敘州徵重慶夔州逃士軍八百人赴成都廣西猺于國安率千五百人寇修仁荔浦等縣廣西元帥府發兵捕之賊衆潰走生擒國安大都太寧保定益都諸屬縣及京畿諸衞大司農諸屯水没田八十餘頃杭州常州慶元紹興鎮江寧國諸路及常德安慶池州荆門諸屬縣皆水没田一萬三千五百八十餘頃松江平江嘉興湖州等路水漂民廬没田三萬六千六百餘頃饑民四十萬五千五百七十餘戶詔江浙行省以入粟補官鈔三千錠及勸率富人出粟十萬石賑之寶慶衡永諸處田生青蟲食禾稼冠州郁世復大都趙祥及弟英以孝行旌其門大都愛祖丁塔尤涿州劉仲温以輸米賑貧旌其門八月庚戌河南府路新安沔池等十五驛饑疫人給粟馬給芻粟各一月辛亥雲南躍里鐵木兒以兵屯建昌執羅羅斯把事曹通斬之丁巳北邊諸王月卽別遣使來京師燕鐵木兒由西道田獵未至詔以機務至重遣使趣召之己未大駕至京師勞遣人士還營有言蔚州廣靈縣地產銀者詔中書太禧院遣人涖其事歲所得銀歸大承天護聖寺辛酉以世祖是月生命京師率

僧百七十人作佛事七日御史臺臣請立燕王爲皇太子帝曰朕子尚幼非裕宗爲燕王時比俟燕帖木兒至共議之甲子忠州土官黃祖顯遣其子宗忠來朝獻方物乙丑遣使詣真定玉華宮祀睿宗及顯懿莊聖皇后神御殿戊辰太白犯氐宿壬申詔與舉蒙古字學中書省樞密院御史臺言臣等比奉旨裁省衞士今定大內四宿衞之士每宿衞不過四百人累朝宿衞之士各不過二百人鷹坊萬四千二十四人當減者四千人內饔九百九十人四怯薛當留者各百人累朝舊邸宮分饔人三千二百二十四人當留者千一百二十人媵臣怯憐口共萬人當留者六千人其汰去者斥歸本部著籍應役自裁省之後各宿衞復有容匿漢南高麗人及奴隸濫充者怯薛官與其長杖五十七犯者與曲給散者皆杖七十七沒家貲之半以籍入之半爲告者賞仍令監察御史察之制可九月庚辰江浙行省言今歲夏秋霖雨大水沒民田甚多稅糧不滿舊額明年海運本省止可二百萬石餘數令他省補運爲便從之罷入粟補官例糴豆二十三萬石於河間保定等路冠恩高唐等州出馬八萬匹令諸路分牧之

大寧路地震甲申授不蘭奚及月魯鐵木兒大司徒印史惟艮辭中書左丞職
不允命藝文監以燕鐵木兒世家刻板行之命河南行省給湖廣行省鈔四千
錠爲軍需討雲南遼陽諸王老的鑾子台諸部擾民敕樞密院宗正府及行省
每歲遣官偕往巡問以治其獄訟監察御史葛明誠劾奏遼陽行省平章哈剌
鐵木兒嘗坐贓被杖罪今復任以宰執控制東藩亦足見國家名爵之濫黜罷
爲宜從之丙戌印部州土官馬伯嚮導征雲南軍有功以爲征進招討知本州
事江西湖廣蒙古軍進征雲南者人給鈔五錠雲南羅羅斯叛與成都甚邇而
成都軍馬俱進征雲南詔四川鄰境諸王發藩部丁壯二千人戍成都廣源賊
弗道閉覆寇龍州羅回洞龍州萬戶府移文詰安南國其國回言本國自歸順
天朝恪共臣職彼疆我界盡歸一統豈以羅回元隸本國遂起爭端此蓋邊吏
生釁假閉覆爲名爾本府宜自加窮治湖廣行省備其言以聞命龍州萬戶府
申嚴邊防己丑熒惑犯鬼宿辛卯賜陝西蒙古軍之征雲南者三十人人鈔六
錠監察御史朵羅台王文若言嶺北行省乃太祖肇基之地武宗時太師月赤

察兒爲右丞相太傅答剌罕爲左丞相保安邊境朝廷遂無北顧之患今天子臨御及命哈八兒禿爲平章政事其人無正大之譽有鄙俚之稱錢穀甲兵之事懵無所知豈能昭宣皇猷贊襄國政且以月赤察兒輩居於前而以斯人繼其後賢不肖固不待辯而明理宜黜罷制曰可癸巳白虹貫日置麓川路軍民總管府復立總管府於哈剌火州甲午熒惑犯鬼宿積尸氣封魏王阿木哥子阿魯於西靖王乙未以立冬祀五福十神太一眞君御史臺臣劾奏前中書平章速速叨居台鼎專肆貪淫兩經杖斷一百七方議流竄幸蒙恩宥量徙湖廣不復畏法自守而乃攜妻娶妾濫污百端況湖廣乃屯兵重鎭豈宜居此乞屏之遠裔以示至公詔永竄雷州湖廣行省遣人械送其所丙申以魯國大長公主邸第未完復給鈔萬錠命中書平章亦列赤董其役己亥以奎章閣纂修經世大典命省院臺諸司以次宴其官屬以平江等處官田五百頃賜魯國大長公主敕諸人非其本俗敢有弟收其嫂子收庶母者坐罪壬寅覈實諸衞軍戸物力賜魯國大長公主鈔萬錠命燕鐵木兒詣其邸第送之丙午命西僧作佛

事於大明殿史惟良復乞辭職歸養允其請仍賜鈔二百錠丁未中書參知政事張友諒爲左丞知樞密院事脫別台爲陝西行臺御史大夫鐵里干木驎等三十二驛自夏秋不雨牧畜多死民大饑命嶺北行省人賑糧二石至治初以白雲宗田給壽安山寺爲永業至是其僧沈明琦以爲言有旨令中書省改正之敕有司繕治南郊齋宮遼陽行省水達達路自去夏霖雨黑龍宋瓦二江水溢民無魚爲食至是末魯孫一十五狗驛狗多餓死賑糧兩月狗死者給鈔補市之辰州萬戶圖格里不花母石抹氏以志節漳州龍溪縣陳必達以孝行並旌其門冬十月戊申朔降璽書申飭衍聖公崇奉孔子廟事賜雲南行省參政忽都沙三珠虎符辛亥命湖廣行省給諸王云都思鐵木兒幣百匹以賞將士捕猺賊有功者壬子諸王大臣復請立燕王爲皇太子帝曰卿等所言誠是但燕王尚幼恐其識慮未弘不克負荷徐議之未晚也立宣忠扈衛親軍都萬戶營於大都北市民田百三十餘頃賜之戊午致齋於大明殿己未遣亞獻官中書右丞相燕鐵木兒終獻官貼木爾補化率諸執事告廟請以太祖皇帝配享

南郊庚申出次郊宮辛酉帝服大裘袞冕祀昊天上帝于南郊以太祖皇帝配禮成是日大駕還宮甲子以奉元驛馬瘠死命陝西行省給鈔三千錠補市之木納火失溫所居諸牧人三千戶瀕黃河所居鷹坊五千戶各賑糧兩月乙丑廣西猺賊寇橫州及永淳縣敕廣西元帥府率兵捕之樞密院臣言每歲大駕幸上都發各衞軍士千五百人扈從又發諸衞漢軍萬五千人駐山後蒙古軍三千人駐官山以守關梁乞如舊數調遣以俟來年從之辛未烏蒙路土官阿朝歸順遣其通事阿累等貢方物壬申御史臺臣言內外官吏令家人受財以其干名犯義罪止四十七解任今貪污者緣此犯法愈多請依十二章計贓多寡論罪從之甲戌敕累朝宮分官署凡文移無得稱皇后止稱某位下娘子其委用官屬並由中書擬聞乙亥改打捕鷹坊總管府爲仁虞都總管府知樞密院事撒敦宣徽使唐其勢並賜答剌罕之號中書省臣言近討雲南已給鈔二十萬錠爲軍需今費用已盡鎮西武靖王搠思班及行省行院復求鈔如前數臣等議方當進討之際宜依所請給之制曰可賜伯夷叔齊廟額曰聖清歲春

秋祠以少牢遣使趣四川雲南行省兵進討於是四川行省平章塔出引兵由永寧左丞孛羅引兵由青山茫部並進陳兵周泥驛及祿余等戰殺蠻兵三百餘人祿余衆潰卽奪其關隘以導順元諸軍時雲南行省平章乞住等俱失期不至十一月庚辰命中書賑糶糧十萬石濟京師貧民辛巳御史臺臣言陝西行省左丞怯列坐受人僮奴一人及鸚鵡請論如律詔曰位至宰執食國厚祿猶受人生口理宜罪之但鸚鵡微物以是論贓失於太苛其從重者議罪今後凡饋禽鳥者勿以贓論著爲令癸未賑上都鑾河駐冬各宮分怯憐口萬五千七百戶糧二萬石甲申熒惑退犯鬼宿命帝師率西僧作佛事內外凡八所以是日始歲終罷丙戌太白犯壘壁陣中書省臣言至元間安豐安慶廬州等路有未附籍戶千四百三十六世祖命以其歲賦賜床兀兒後既附籍所輸歲賦皆入官別令萬億庫歲給以鈔二百錠今乞停所給鈔復以其戶還賜床兀兒之子燕鐵木兒從之羅羅斯撒加伯烏撒阿答等合諸蠻萬五千人攻建昌躍里鐵木兒等引兵追戰于木托山下敗之斬首五百餘級賑襄鄧畏兀民被西

兵害者六十三戶戶給鈔十五錠米二石被西兵掠者五百七十七戶戶給鈔五錠米二石廣西廉訪司言今討叛猺各行省官將兵二萬人皆屯駐靜江遷延不進曠日持久恐失事機詔遣使趣之知樞密院事燕不憐請依舊制全給鷹坊芻粟使毋貧乏帝曰國用皆百姓所供當量入爲出朕豈以鷹坊失所重困吾民哉不從辛卯以闊闊台知樞密院事給山東鹽課鈔三千錠賑曹州濟陰等縣饑民癸巳以臨江吉安兩路天源延聖寺田千頃所入租稅隸太禧宗禋院戊戌立打捕鷹坊紅花總管府於遼陽行省秩四品辛丑徵河南行省民間自實田土糧稅不通舟楫之處得以鈔代輸命陝西行省賑河州蒙古屯田衞士糧兩月甲辰命司天監禜星丙午恩州諸王按灰坐擊傷巡檢張恭杖六十七謫還廣寧王所部充軍役十二月戊申遣伯顏等以將立燕王阿剌忒納答剌爲皇太子告祭于郊廟己酉以董仲舒從祀孔子廟位列七十子之下國子生積分及等者省臺集賢院奎章閣官同考試中式者以等第試官不中者復入學肄業以粟十萬石米豆各十五萬石給河北諸路牧官馬之家宣忠扈

衛斡羅思屯田給牛種農具辛亥立燕王阿剌忒納答剌爲皇太子詔天下甲寅西域軍士居永平灤州豐閏玉田者人給鈔三錠布二匹糧兩月監察御史言昔裕宗由燕邸而正儲位世祖擇耆舊老臣如王顒姚燧蕭𣂏等爲之師保賓客今皇太子仁孝聰睿出自天成誠宜慎選德望老成學行純正者俾之輔導於左右以宏養正之功實宗社生民之福也帝嘉納其言詔龍翔集慶寺工役佛事江南行臺悉給之戊午以十月郊祀禮成帝御大明殿受文武百官朝賀大赦天下癸亥知樞密院事闊闊台兼大都留守乙丑遣集賢侍讀學士珠遘詣真定以明年正月二十日祀睿宗及后于玉華宮之神御殿丁卯命西僧於興聖光天宮十六所作佛事癸酉詔宣忠扈衛親軍都萬戶府凡立營司境內所屬山林川澤其鳥獸魚鼈悉供內膳諸獵捕者坐罪甲戌御史中丞和尚坐受婦人爲賂遇赦原罪監察御史言和尚所爲貪縱有污臺綱罪雖見原理宜追奪所受制命禁錮元籍終其身臺臣以聞制可敕各行省凡遇邊防有警許令便宜發兵事緩則驛聞賑龍慶州懷來縣前歲被兵萬一千八百六十戶

糧兩月冀寧路梁世明妻程氏中興路伯顏妻阿迭的以志節大都宛平縣鄭
珪以行義並旌其門賑遼陽行省所居鷹坊戶糧一月

元史卷三十四

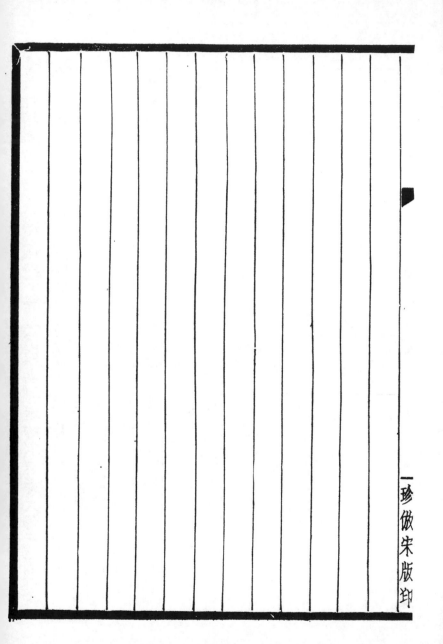

元史卷三十五

明翰林學士亞中大夫知制誥兼修國史宋　濂等修

本紀第三十五

文宗四

二年春正月己卯御製奎章閣記行樞密臣言十一月仁德府權達魯花赤曲朮糾集兵衆以討雲南首敗伯忽賊兵於馬龍州以是月十一日殺伯忽弟拜延獻馘於豫王十三日戰于馬金山獲伯忽及其弟伯顏察兒其黨拜不花卜顏帖木兒等十餘人誅之餘兵皆潰獨祿余猶據金沙江有旨趣進兵討之庚辰住持大承天護聖寺僧寶峯加司徒辛巳大名魏縣民曹革輸粟賑陝西饑旌其門癸未立侍正府以總近侍秩從二品乙酉時享太廟丙戌伯顏月魯帖木兒玥璐不花阿卜海牙等十四人並以本官兼侍正旌大都大興縣郭仲安妻李氏貞節丁亥以壽安山英宗所建寺未成詔中書省給鈔十萬錠供其費仍命燕鐵木兒撒迪等總督其工役命後衞指揮使史塤往四川行省調軍官

選戊子命奴都赤阿里火者按行北邊牧地以晉邸部民劉元良等二萬四千餘戶隸壽安山大昭孝寺爲永業戶中書省臣言四川省臣塔出脫帖木兒等討雲南以十一月九日領兵至烏撒周泥驛明日祿余阿奴阿答等賊兵萬餘自山後間道潛出塔出脫帖木兒等進擊屢戰敗之十五日又戰七星關六日凡十七戰賊大敗潰去詔遣使以銀幣賞塔出脫帖木兒等造歲額鈔本至元鈔八十九萬五十錠中統鈔五千錠給鈔五千錠賑寧海州饑民罷益都等處廣農提舉司改立田賦總管府秩從三品仍令隆祥總管府統之命與和路建燕鐵木兒鷹棚樞密院臣言四川行省地鄰烏撒而雲南未平今戍卒單少宜增兵防遏請調夔路怯憐口戶丁七百重慶河東五路兩營兵三百同往戍之侯征進軍還日悉罷遣從之庚寅改東路蒙古軍萬戶府爲東路蒙古侍衞親軍指揮使司諸王哈兒蠻遣使來貢葡萄酒國制累朝行帳設衞士給事如在位時近嘗汰其冗濫武宗仁宗兩朝各定爲八百人英宗七百人中書省臣言舊給事人有失職者詔復其百人辛卯皇太子阿剌忒納答剌薨壬辰命宮相

法里及給事者五十八人護靈輿北祔葬于山陵仍令法里等守之御史臺臣
劾奏福建宣慰副使哈只前爲廣東廉訪副使貪污狼籍宜罷黜從之己亥遣
吏部尚書撒里瓦佩虎符禮部郎中趙期頤佩金符賫卽位詔告安南國且賜
以授時曆賜武寧王徹徹禿金百兩銀五百兩以淮安路之海寧州爲其食邑
癸卯以皇子古納答剌疹疾愈賜燕鐵木兒及公主察吉兒各金百兩銀五百
兩鈔二千錠撒敦等金銀鈔各有差又賜醫巫乳媪宦官衞士六百人金三百
五十兩銀三千四百兩鈔五千三百四十錠甲辰敕每歲四祭五福太一星建
孔子廟于後衞至元末討諸王乃顏之叛獲其部蒙古軍分置河南江浙湖廣
江西諸省命樞密院遣使括其數得二千六百人乙巳封蒙古巫者所奉神爲
靈感昭應護國忠順王號其廟曰靈祐給衞士萬人歲例鈔人八十錠內以他
物及粟折五之一鎭西武靖王搠思班豫王阿剌忒納失里及行省行院官同
討雲南兵十餘萬以去年十一月十一日搠思班師次羅羅斯期躍里鐵木兒
俱至三泊郎仍趣小云失會於曲靖馬龍等州同進兵躍里鐵木兒倍道兼進

奪金沙江十二月十七日大兵與阿禾蒙古軍相值戰敗之阿禾僞降明日率其兵三千爲三隊來襲我營捌思班躍里鐵木兒等分十三隊又擊敗之阿禾竄走大兵直趣中慶二十六日遇賊黨蒙古軍於安寧州與再戰又大敗之二十八日阿禾來逆戰遂就禽斬于軍前三十日將抵中慶賊兵七千猶拒戰于伽橋古壁口兵交躍里鐵木兒左頰中流矢洞耳後拔矢復與戰大捷遂復行省治諸軍皆會駐于城中分兵追捕殘賊於嵩明州樞密院臣以捷聞詔總兵官量度緩急從宜區處新添安撫司壅河寨主訴他部猺獠蹂其禾民饑命湖廣行省發鈔二千錠市米賑之二月丙戌以上都留守乃馬台行嶺北行樞密院事太禧宗禋使謹只兒答鄰答里馬烈捏四人並知院事遙授平章政事戊申立廣教總管府以掌僧尼之政凡十六所曰京畿山後道曰河東山右道曰遼東山北道曰河南荊北道曰兩淮江北道曰湖北湖南道曰浙西江東道曰浙東福建道曰江西廣東道曰廣西兩海道曰燕南諸路曰山東諸路曰陝西諸路曰甘肅諸路曰四川諸路曰雲南諸路秩正三品府設達魯花赤總管同

知府事判官各一員宣政院選流內官擬注以聞總管則僧爲之四川行省招
諭懷德府驢谷什用等四洞及生蠻十二洞皆內附詔陞懷德府爲宣撫司以
鎮之諸洞各設長官司及巡檢司且命各還所掠生口湖廣參政徹里帖木兒
與速速班丹俱坐出怨言鞫問得實刑部議當徹里帖木兒班丹杖一百七速
速處死會赦徹里帖木兒流廣東班丹廣西速速徙海南皆置荒僻州郡有旨
此輩怨望於朕向非赦原俱當寘之極刑可俱籍其家速速禁錮終身己酉白
虹貫日旌鞏昌金州民杜祖隆妻張氏志節樞密院臣言徹里鐵木兒孛羅以
正月戊寅敗烏撒蠻兵射中祿余降其民烏蒙東川易良州蠻兵夷獠等俱款
附鎮西武靖王搠思班等駐中慶復行省事豫王阿剌忒納失里等至當當驛
安輯其人民又言澂江路蠻官郡容報賊古剌忽及禿堅之弟必剌都迷失等
僞降於豫王而反圍之至易龍驛古剌忽等兵掩襲官軍四川行省平章塔出
頓兵不進平章乞住妻子孳畜爲賊所掠諜知禿堅方修城堡布兵拒守無出
降意詔速進兵討之敕探馬赤軍士歲以五月十日還處山後諸州辛亥建燕

鐵木兒居第于興聖宮之西南詔撒迪及留守司董其役壬子太白晝見中書平章政事亦列赤兼瀋陽等路安撫使燕王宮相伯撒里爲中書平章政事陝西行臺中丞朶兒只班爲中書參知政事戶部尙書高履亭兩淮都轉運鹽使許有壬並參議中書省事甲寅燕鐵木兒言賽因怯列木丁英宗時嘗獻寶貨于昭獻元聖太后議給價鈔十二萬錠故相拜住奏酬七萬錠未給泰定間以鹽引萬六百六十道折鈔給之今有司以詔書奪之還官臣等議以爲寶貨太后既已用之以鹽引還之爲宜從之燕鐵木兒又言安慶萬戶鎖住坐令家人殺人繫獄久未款伏宜若無罪乞釋之制曰可乙卯太白犯昴祀太祖太宗睿宗御容雲南統兵官來報捷諸蠻悉降唯祿余追捕未獲命番休各衞漢軍十之二以三月一日放遣丁巳駙馬不顏帖木兒自北邊從武寧王徹徹禿來朝己未命西僧爲皇子古納答剌作佛事一周歲壬戌改封武寧王徹徹禿爲鄉王賜以金印甲子中書省臣言國家錢穀歲入有額而所費浩繁是以不足天曆二年嘗以鹽賦十分之一折銀納之凡得銀二千餘錠今請以銀易官帑鈔

本給宿衛士卒又言陛下不用經費不勞人民創建大承天護聖寺臣等願上繳所易鈔本十萬錠銀六百錠助建寺之需從之丙寅以太祖四大行帳世留朔方不還者其馬駝孳畜多死損發鈔萬錠命內史府市以給之行樞密院都事阿里火者來報雲南之捷庚午給宿衛士歲例鈔詔毋出定額萬人之外占城國遣其臣高暗都剌來朝貢創建五福太一宮于京城乾隅修上都洪禧崇壽等殿諸王徹徹禿沙哥坐妄言不道詔安置徹徹禿廣州沙哥雷州壬申命遼陽行省發粟賑國王朵兒只及納忽答兒等六部蒙古軍民萬五千戶旌大都民劉德仁妻王氏貞節甲戌給宣讓王王傅印荊王也速也不干貢犛牛命田賦總管府稅鑛銀輸大承天護聖寺命興和路爲玥璐不花作鷹棚雲南景東甸蠻官阿只弄遣子罕旺來朝獻馴象乞陞甸爲景東軍民府阿只弄知府事罕旺爲千戶常賦外歲增輸金五千兩銀七百兩許之以山東鹽課鈔萬錠賑膠州饑命龍翊衛以屯田歲入粟贍衛卒孤貧者是月深冀二州有蟲食桑爲災三月丙子朔熒惑犯鬼宿辛巳御史臺臣劾奏燕南廉訪使卜咱兒前爲

閩海廉訪使受賍計鈔二萬二千餘錠金五百餘兩銀三千餘兩男女生口二
十二人及宅寶貨無算雖遇赦原乞追奪制命籍沒流竄詔如所言仍暴其罪
示天下壬午賜南郊侍祠文武官金幣有差特令沙津愛護持必剌忒納失里
爲三藏國師賜玉印以陝西鹽課鈔萬錠賑察罕腦兒蒙古饑民癸未割外府
幣帛各千匹輸之中宮以供需用甲申繪皇太子真容奉安慶壽寺之東鹿頂
殿祀之如累朝神御殿儀鞫宦者拜住侍皇太子疹疾飲食不時進以酥拭其
眼鼻又爲禳呪杖一百七斥出京城冠州有蟲食桑四十餘萬株御史臺臣言
奎章閣參書雅琥阿媚奸臣所爲不法宜罷其職從之丙戌兩土霾伯撒里辭
所兼儲政使不允伯顏娶諸王女賜金二百兩銀千兩賜上都死事者不顔帖
木兒等十一家鈔各百錠分賜燕鐵木兒鷹坊百人中書省臣言宣課提舉司
歲榷商稅爲鈔十萬餘錠比歲數不登乞凡僧道爲商者仍征其稅有旨誠爲
僧者其仍免之司徒香山言陶弘景胡笳曲有負扆飛天曆終是甲辰君之語
今陛下生年紀號實與之合此實受命之符乞錄付史館頒告中外詔令翰林

集賢奎章禮部雜議之翰林諸臣議以謂唐開元間太子賓客薛讓進武后鼎銘云上玄降鑑方建隆基爲玄宗受命之符姚崇表賀請宣示史官頒告中外而宋儒司馬光斥其采偶合之文以爲符瑞乃小臣之諂而宰相實之是侮其君也今弘景之曲雖於生年紀號若偶合者然陛下應天順人紹隆正統于今四年薄海內外罔不歸心固無待於旁引曲說以爲符命從其所言恐啓讖緯之端非所以定民志事遂寢趙王不魯納食邑沙淨德寧等處蒙古部民萬六千餘戶饑命河東宣慰發近倉糧萬石賑之又發山東鹽課鈔朱王倉粟賑登萊饑民與和倉粟賑保昌饑民戊子以西僧旭你迭八答剌班的爲三藏國師賜金印以龍慶州之流杯園池水磑土田賜燕鐵木兒命諸王阿魯出鎮陝西行省以籍入速速班丹徹理帖木兒貲產賜大承天護聖寺爲永業浙西諸路比歲水旱饑民八十五萬餘戶中書省臣請令官私儒學寺觀諸田佃民從其主假貸錢穀自賑餘則勸分富家及入粟補官仍益以本省鈔十萬錠并給僧道度牒一萬道從之旌同知大都府事忙兀禿魯迷失妻海迷失貞節己丑賑

雲內州饑民及察忽涼樓戍兵共七千戶庚寅命威順王寬徹不花還鎮湖廣
癸巳詔累朝神御殿之在諸寺者各製名以冠之世祖曰元壽昭睿順聖皇后
曰睿壽南必皇后曰懿壽裕宗曰明壽成宗曰廣壽順宗曰衍壽武宗曰仁壽
文獻昭聖皇后曰昭壽仁宗曰文壽英宗曰宣壽明宗曰景壽召亳州太清宮
道士馬道逸汴梁朝天宮道士李若訥河南嵩山道士趙亦然各率其徒赴闕
修普天大醮賑浙西鹽丁五千餘戶命玥璐不花作佛事於德興府監察御史
劾江浙行省平章童童荒洪宴安才非輔佐詔免其官豫王阿剌忒納失里鎮
西武靖王搠思班等禽雲南諸賊也木干羅羅脫脫木兒板不阿居澂江路總
管羅羅不花伯忽之叔怯得該僞署萬戶哈剌荅兒及諸將校悉斬之磔尸以
徇賑遼陽境內蒙古饑民萬四千餘戶旌山丹州郝榮妻李閏貞節陝州諸縣
蝗八番軍從征雲南者俱屯貴州樞密院臣請遣使發粟給之己亥御史臺臣
劾奏大都總管劉原仁稱疾久不視事及還同知儲政院事即就職僥倖巧官
避難就易有旨罷之庚子以將幸上都命西僧作佛事於乘輿次舍之所壬寅

以欽察衛軍士增多析爲左右二衛給雲南行省鈔十萬錠以備軍資民食癸卯御史臺臣劾奏工部尚書蘇炳性行貪邪詔罷之大同路累歲水旱民大饑裁節衞士馬芻粟自四月一日始壽王脫里出陽翟王帖木兒赤西平王管不八昌王八剌失里等七部之民居遼陽境者萬四千五百餘戶告饑命遼陽行省發近境倉糧賑兩月命宣靖王買奴置王傅等官立宮相都總管府秩正三品給銀印以儒學教授在選數多凡仕由內郡江淮者注江西江浙湖廣由陝西兩廣者注福建由甘肅四川雲南福建者注兩廣敕河南行省右丞那海提督境內屯田中書省臣言嘉興平江松江江陰蘆場蕩山沙塗沙田等地之籍于官者嘗賜他人今請改賜燕鐵木兒有旨燕鐵木兒非他臣比其令所在有司如數給付發通州官糧賑檀順昌平等處饑民九萬餘戶以山東鹽課鈔三千五百錠賑益都三萬餘戶是月陝西行省遣官分給復業饑民七萬餘口行糧賑諸王伯顏也不干部內蒙古饑民千餘口眞定汴梁二路恩冠晉冀深蠡景獻等八州俱有蟲食桑爲災旌故戶部主事趙野妻柳氏貞節夏四月丙午

朔全寧民王脫歡獻銀鑛詔設銀場提舉司隸中政院中書樞密臣言天曆兵
興諸領軍與敵戰者宜定功賞臣等議諸王各金百兩銀五百兩金腰帶一織
金等幣各十八匹諸臣四戰以上者同三戰及一戰者各有差有旨賞格具如
卿等議燕鐵木兒首倡大義躬擐甲冑伯顏在河南先誅攜貳使朕道路無虞
兩人功無與比其賞不可與衆同其賜燕鐵木兒七寶腰帶一金四百兩銀九
百兩伯顏金腰帶一金二百兩銀七百兩受賞者凡九十六人用金二千四百
兩銀萬五千六百兩金腰帶九十一副幣帛千三百餘疋命西僧於五臺及霧
靈山作佛事各一月爲皇太子古訥答剌祈福以糧五萬石賑糶京師貧民戊
申皇姑魯國大長公主薨以宮中高麗女子不顏帖你賜燕鐵木兒高麗國王
請割國中田爲資送詔遣使往受之發衞卒三千助大承天護聖寺工役庚戌
詔建燕鐵木兒生祠於紅橋南樹碑以紀其勳御史臺臣言平章政事曹立累
任江浙今雖閑廢猶與富民交納宜遣還其本籍大同路又監察御史萬家閭
嘗薦中丞和尚脫脫嘗舉廉訪使卜咱兒今和尚卜咱兒俱以贓罪除名萬家

閭脫脫難任臺省之職並從之真定武陟縣地震逾月不止壬子命燕鐵木兒總制宮相都總管府事也不倫伯撒里俱以本官兼宮相都總管府都達魯花赤諸王哈兒蠻遣使來朝貢甲寅改宣忠扈衞親軍都萬戶府爲宣忠斡羅思扈衞親軍都指揮使司賜銀印中書省臣言越王禿剌在武宗時以紹興路爲食邑歲割賜本路租賦鈔四萬錠今其子阿剌忒納失里襲王號宜歲給其半從之乙卯時享太廟鎮西武靖王搠思班等已平雲南各遣使來報捷諸王朶列捏鎮雲南品甸自以貲力給軍協力討賊詔以襲衣賜之丙辰葺太祖所御大行帳戊午以集慶路玄妙觀爲大元興崇壽宮命與和建屋居海青上都建屋居鷹鶻庚申特命河南儒士吳炳爲藝文監典簿仍予對品階寧國路涇縣民張道殺人爲盜道弟吉從而不加功居囚七年不決吉母老無他子孫中書省臣以聞敕免死杖而黜之俾養其母辛酉以山東鹽課鈔五千錠賑博興州饑民九千戶一千錠賑信陽等場鹽丁御史臺臣言儲政使哈撒兒不花侍陛下潛邸時受馬七十九疋又盜用官庫物天曆初領兵蘆溝橋迎敵卽逃擅閉

城門驚惑民庶度支卿納哈出嘗匿官馬又矯增制命又受諸王斡即七寶帶一鈔百六十錠臣等議其罪宜杖一百七除名斥還鄉里從之壬戌樞密院臣言雲南事已平鎮西武靖王搠思班言蒙古軍及哈剌章羅羅斯諸種人叛者或誅或降雖已略定其餘黨逃竄山谷不能必其不反側今請留荊王也速也不干及諸王鎖南等各領所部屯駐一二歲以示威重從之仍命豫王阿剌忒納失里分兵給探馬赤三百乞赤伯三百共守一歲以鎮輯之餘軍皆遣還所部統兵官召赴闕時已命探馬赤爲雲南行省平章政事遂命總制境內軍事潞州潞城縣大水癸亥諸王完者也不干所部蒙古民二百八十餘戶告饑命河東宣慰司發官粟賑之甲子陝西行省言終南屯田去年大水損禾稼四十餘頃詔蠲其租鎮寧王那海部曲二百以風雪損孳畜命嶺北行省賑糧兩月欽察台以名園爲獻命御史臺給贓罰鈔千錠酬其直諸王乞八言臣每歲扈從時巡爲費甚廣臣兄豫王阿剌忒納失里弟亦失班歲給鈔五百錠幣帛各五千匹敢視其例以請制可詔故尚書省丞相脫脫可視三寶奴例以所籍家

貲還其家御史臺臣言同僉中政院事殷仲容姦貪邪佞冒哀居官詔黜之楊州泰興縣饑民萬三千餘戶河南行省先賑以糧一月後以聞許之命遼陽行省發粟賑孛羅部內蒙古饑民戊辰奎章閣以纂修經世大典請從翰林國史院取脫卜赤顏一書以紀太祖以來事蹟詔以命翰林學士承旨押不花塔失海牙押不花言脫卜赤顏事關祕禁非可令外人傳寫臣等不敢奉詔從之增置拱衞司儀仗命武備寺諸匠官避元籍遣使召趙世延於集慶詔以泥金畏兀字書無量壽佛經千部壬申散遣宣忠扈衞新籍軍士六百人還鄉里期以七月一日還營衡州路屬縣比歲旱蝗仍大水民食草木殆盡又疫癘死者十九湖南道宣慰司請賑糧米萬石從之河中府蝗晉寧冀寧大同河間諸路屬縣皆以旱不能種告饑甘州阿兒思蘭兗古妻忽都的斤以貞節旌其門五月丙子皇太子影殿造祭器如裕宗故事敕建宮相都總管府公廨丁丑熒惑犯軒轅左角賜宮相都總管府給驛璽書調衞兵浚金水河己卯安南世子陳日㷃遣其臣段子貞來朝貢安慶之望江縣淮安之山陽縣去歲皆水災免其田

租丙戌太禧宗禋院臣言累朝所建大萬安等十二寺舊額僧三千一百五十
人歲例給糧今其徒猥多請汰去九百四十三人制可常德府桃源州去歲水
災免其租丁亥復立怯憐口提舉司仍隸中政院命樞密院調軍士修京城己
丑置雲南等處宣慰司都元帥府以土官昭練爲宣慰使都元帥又置臨江元
江等處宣慰司兼管軍萬戶孟定路孟㒰路並爲軍民總管府秩從三品者線
蒙慶甸銀沙羅等甸並爲軍民府秩從四品孟併孟廣者樣等甸並設軍民長
官司秩從五品益都路宋德讓趙仁各輸米三百石賑膠州饑民九千戶中書
省臣請依輸粟補官例予官從之賑駐冬衞士二萬一千五百戶糧四月庚寅
立雲南省蘆傳路軍民總管府以土官爲之制授者各給金符癸巳雲南威楚
路之蒲蠻猛吾來朝貢願入銀爲歲賦詔爲置散府一及土官三十三所皆賜
金銀符甲午太白犯畢宿封宣政使脫因爲薊國公以平江官田五百頃立稻
田提舉司隸宮相都總管府乙未以陝西行臺御史大夫脫別台知樞密院事
御史大夫玥璐不花累辭職江南行省平章朵兒只以疾辭新任並許之脫忽

思娘子繼主明宗幄殿詔賜湘潭州民戶四萬爲湯沐奎章閣學士院纂修皇朝經世大典成詔以泥金書佛經一藏丙申大駕幸上都四川行省平章汪壽昌辭職不允赦在京百司日集公署自晨及暮毋廢事賑灤陽桓州李陵臺昔寶赤失兒禿五驛鈔各二百錠桓州民以所種麥獻詔賜幣帛二匹慰遣之戊戌次紅橋臨視燕鐵木兒生祠以太禧宗禋院所隸昭孝營繕司隸崇禧總管府賑遼陽東路蒙古萬戶府饑民三千五百戶糧兩月己亥也兒吉尼知行樞密院事八番西蠻官阿馬路奉方物入貢高郵寶應等縣去歲水免其租庚子太陰犯太白辛丑太白經天改阿速萬戶府爲宣毅萬戶府賜銀印命伯顏領之旌濟南章丘縣馬萬妻晉氏志節癸卯加也兒吉尼太尉賜銀印以河間鹽課鈔四千錠賑河間屬縣饑民四千一百戶甲辰詔通政院整治內外水陸驛傳宣政院臣言舊制列聖神御殿及諸寺所作佛事每歲計二百十六今汰其十六爲定式制可東昌保定二路濮唐二州有蟲食桑寧夏紹慶保定德安河間諸路屬縣大水六月乙巳朔徵儲政院鈔三萬錠給中宮道路之用敕河南

行省立阿不海牙政蹟碑監察御史韓元善言歷代國學皆盛獨本朝國學生僅四百員又復分辨蒙古色目漢人之額請凡蒙古色目漢人不限員額皆得入學又監察御史陳守中言請凡仕者親老別無侍丁奉養不限地方名次宜從優附近遷調庶廣忠孝之道皆不報發米五千石賑與和屬縣饑民丁未太白晝見乙卯監察御史陳良劾浙東廉訪使脫脫赤顏阿附權姦倒剌沙其生母何氏本父之妾而兄妻之欺誑朝廷封溫國夫人請黜罷憲職追還贈恩爲宜御史臺臣以聞從之旌大都右警巡院胡德妻曹氏貞節壬戌以鈔萬五千錠賑國王朶兒只等九部蒙古饑民三萬三百六十二戶癸亥詔諸官吏在職役或守代未任爲人行賕關說卽有所取者官如十二章論贓吏罷不敘終其身雖無所取訟起滅由己者罪加常人一等甲子太府監領宮嬪閹宦及宿衛士行帳資裝免控鶴衞士當驛戶丙寅雲南出征軍悉還烏撒羅羅蠻復殺戍軍黃海潮等撒加伯又殺掠良民爲亂命雲南行省及行樞密院凡境上諸關戍兵未可輕撤宜視緩急以制其變丁卯太陰犯畢太白犯井庚午以揚州泰

興江都二縣去歲雨害稼免今年租樞密院臣言征西萬戶府軍七百人自泰定以來累經優卹放還者四百五十人今邊防軍少例當追使還營從之是月晉寧亦集乃二路旱濟寧路蝗食桑河南晉寧二路諸屬縣蝗大都保定真定河間東昌諸路屬州縣及諸屯水彰德路臨漳縣漳水決秋七月甲戌朔賜野馬川等處駐冬衞士衣藝文少監歐陽玄言先聖五十四代孫襲封衍聖公爵最五等秩登三品而用四品銅印於爵秩不稱詔鑄從三品印給之德安府去年水免今年田租旌德安應山縣高可壽孝行己卯以雲南旣平惟祿余等懼罪竄伏降詔曲赦之辛巳只兒哈答兒坐罪當流遠以唐其勢舅氏故釋之壬午祀太祖太宗睿宗御容於翰林國史院監察御史張益等言欽察台在英宗朝陰與中政使咬住造謀誣告脫歡察兒將搆異圖辭連潛邸致出居海南及天曆初倒剌沙據上都遣欽察台以兵拒命倒剌沙疑其有異志復禽以歸卽追言昔日咬住之謀以自解皇上卽位不念舊惡擢居中書而又自貽厥咎以致奪官籍產旋復釋宥以爲四川平章今雲南未平與蜀接境其人反覆不可

信任宜削官遠竄仍沒入其家產臺臣以聞詔奪其制命金符同妻孥禁錮于
廣東毋籍其家仍詔諭御史凡憸人如欽察台者其極言之毋隱鐵木兒補化
辭御史大夫職不允乙酉遣使代祀護國庇民廣濟福惠明著天妃命西僧於
大都萬歲山憫忠閣作佛事起八月八日至車駕還大都日止丁亥海南黎賊
作亂詔江西湖廣兩省合兵捕之諸王搠思吉亦兒甘卜哈兒蠻駙馬完者帖
木兒遣使來獻蒲萄酒壬辰以知樞密院事脫別台爲御史大夫癸巳辰州與
國二路蟲傷稼免今年租甲午歸德府兩傷稼免今年租給諸衛士及蒙古戶
糧四月乙未立閔子書院於濟南杭州火賑被災民百九十戶丁酉調甘州兵
千人撒里畏兀兵五百人守參卜郎以防土番戊戌封伯顏爲浚寧王賜金印
仍前太保知樞密院事高郵府去歲水災免今年租湖州安吉縣大水暴漲漂
死百九十人人給鈔二十貫瘞之存者賑糧兩月庚子廣西猺賊平召諸王云
都思帖木兒還辛丑懷德府洞蠻二十一洞田先什用等以方物來貢還所虜
生口八百餘人給其家癸卯知行樞密院事徹里帖木兒以兵討叛蠻鎖力哈

迷失戮其黨七百餘人是月河南奉元屬縣蝗大都河間漢陽屬縣水冀寧屬縣雨雹傷稼廬州去年水寧夏霜爲災並免今年田租賑靈夏鳴沙蘭山二驛戶二百九十定州新軍戶千二百應理州民戶千三百糧各一月又賑龍興路饑民九百戶糧一月大寧和衆縣何千妻柏都賽兒夫亡以身殉葬旌其門八月甲辰朔日有食之封脫憐忽禿魯爲靖恭王沙藍朵兒只爲懿德王並給以塗金銀印西域諸王卜賽因遣使忽都不丁來朝灤陽驛戶增置馬牛各一免其和市雜役賜上都孔子廟碑御史臺臣劾奏宣徽副使桑哥比奉旨給宿衛士錢糧稽緩九日玩法欺公罪當黜罷從之己酉以銀符二十八賜拱衞直百戶命燕鐵木兒以鈔萬錠分賜蒙古孤寡者辛亥大駕南還大都壬子西域諸王答兒麻襲朵列帖木兒之位遣諸王孛兒只吉台等來朝貢甲寅雪別台之孫月魯帖木兒買閭也先來獻失刺奴賜以金百兩銀千五百兩鈔五百錠金帶一命宣課提舉司毋收燕鐵木兒邸舍商貨稅斡兒朵思之地頻年災畜牧多死民戶萬七千一百六十命內史府給鈔二萬錠賑之乙卯太白犯軒轅大

星丙辰封內史怯列該爲豐國公以星變令羣臣議赦丁巳命邠王不顏帖木兒圍獵於撫州己未立鎭寧王總管府於撫州公主脫脫灰來朝以汴梁路尉氏縣賜伯顏爲食邑詔刑部鞫內侍撒里不花巫蠱事凡當死者杖一百七流廣東西中書省臣言明年海運糧二百四十萬石已令江浙運二百二十萬河南二十萬今請令江浙復增二十萬本省參政杜貞督領從之復命賑糶米五萬石濟京城貧民旌濟寧路魏鐸孝行揚州路呂天麟妻韋氏貞節庚申太白犯軒轅左角中書樞密臣言西域諸王不賽因其臣怯列木丁矯王命來朝不賽因遣使來言請執以歸臣等議宗藩之國行人往來執以付之不可宜令乘驛歸國以自辨制可壬申陞侍正府秩正二品是月江浙諸路水潦害稼計田十八萬八千七百三十八頃景州自六月至是月不雨澧州泗州等縣去年水免今年租沅州饑賑糶米二千石金州及西和州頻年旱災民饑賑以陝西鹽課鈔五千錠九月癸酉朔市阿魯渾撒里宅命燕鐵木兒奉皇子古納答剌居之中書省臣言今歲當飼馬駝十四萬八千四百疋京城飼六萬疋餘令外郡

分飼每疋給芻粟價鈔四錠從之乙亥命留守司發軍士築駐蹕臺于大承天護聖寺東御史臺臣劾奏四川行省參政馬銘發糧六千石餉雲南軍中道輒還預借俸鈔一十九錠以娶妾又詬罵平章汪壽昌罪雖蒙宥難任宰輔帝曰綱常之理尊卑之分懵無所知其何以居上而臨下亟罷之丙子太白犯填星樞密院臣言雲南東川路總管普折兄那具會祿余兵殺烏撒宣慰使月魯東川路府判教化的二十餘人又會伯忽姪阿福領蒙古兵將擊羅羅斯臣等與燕鐵木兒議遣西域指揮使鎖住等發陝西都萬戶府兵直抵羅羅斯發碉門安撫司兵絕大渡河直抵卭部州巡守關隘詔宣政院亦遣使同往督之海南賊王周糾率十九洞黎蠻二萬餘人作亂命調廣東福建兵隸湖廣行省左丞移剌四奴統領討捕之阿速及斡羅思新戍邊者命遼陽行省給其牛具糧食己卯發粟五千石賑興和路鷹坊庚辰樞密院臣言六月中行樞密院官以兵與烏撒賊兵五戰破之惟祿余竄伏未獲命四川行省給其軍餉賑興和寶昌州饑民米二千石御史臺臣言大聖壽萬安寺壇主司徒嚴吉祥盜公物畜妻

孥宜免其司徒壇主之職從之禁諸驛毋畜籠行馬免控鶴戶雜役湖州安吉縣久雨太湖溢漂民居二千八百九十戶溺死男女百五十七人命江浙行省賑卹之丁亥御史臺臣言江西行省參政李允中乃故內侍李邦寧養子器質庸下誤叨重選宜黜罷從之庚寅幸大承天護聖寺以鈔五萬錠及預貸四川明年鹽課鈔五萬錠給行樞密院軍需祿余寇順元路癸巳罷供需府覆實司置廣誼司秩正三品以右丞撒迪領其務御史臺臣劾太禧宗禋使童童淫佚不潔不可以奉明禋又奎章閣監書博士柯九思性非純良行極矯譎挾其末技趨附權門請罷黜之乙未以金虎符賜中書平章政事亦列赤思州鎮遠府饑賑米五百石丁酉雲南行省遣都事那海鎮撫欒智等奉詔往諭祿余及授以參政制命至撒家關祿余拒不受俄而賊大至那海因與力戰賊乃退及晚烏撒兵入順元境左丞帖木兒不花禦戰那海復就陣宣詔招之遂遇害帖木兒不花等斂兵還壬寅改隆祥總管府爲隆祥使司秩從二品冬十月甲辰遣祕書太監王珪等代祀嶽鎮海瀆后土乙巳召行樞密院徹里鐵木兒小云失

還朝以前東川路總管普折子安樂襲其父職己酉時享于太廟爲皇子古納答別作佛事釋在京囚死罪者二人杖罪者四十七人辛亥召江南行臺御史大夫阿兒思蘭海牙赴闕癸丑幸大承天護聖寺蒙古都元帥怯烈引兵擊阿禾賊黨於靖江路海中山爲雲梯登山破其柵殺賊五百餘人禿堅之弟必剌都古彖失舉家赴海死又獲禿堅弟二人子三人誅之甲寅杭州火命江浙行省賑其不能自存者丁巳中書省臣言江浙平江湖州等路水傷稼明年海漕米二百六十萬石恐不足若令運百九十萬而命河南發三十萬江西發十萬爲宜又遣官齎鈔十萬錠鹽引三萬五千道於通漷陵滄四州優價和糴米三十萬石又以鈔二萬五千錠鹽引萬五千道於通漷二州和糴粟豆十五萬石以鈔三十萬錠往遼陽懿綿二州和糴粟豆十萬石並從之燒在京積年還倒昏鈔二百七十餘萬錠戊午詔還平江路大玉清昭應宮田百頃官勿徵其租己未給宿衛士有官者芻豆諸王卜賽因使者還西域詔酬其所貢藥物價直辛酉命西僧作佛事於興聖宮十有五日乃罷吳江州大風雨太湖溢漂沒廬

舍孳畜千九百七十家命江浙行省給鈔千五百錠賑之乙丑立昭功萬戶都總使府伯顏鐵木兒補化並兼昭功萬戶都總使丙寅命大都路定時估每月朔望送廣誼司以酬物價燕鐵木兒取犛牛五千於西域來獻十一月壬申朔日有食之雲南行省言亦乞不薛之地所牧國馬歲給鹽以每月上寅日啖之則馬健無病比因伯忽叛亂雲南鹽不可到馬多病死詔令四川行省以鹽給之乙亥李彥通蕭不蘭奚等謀反伏誅丙子封諸王斡卽爲保寧王賜以印以其先所受印賜諸王渾禿帖木兒之子庚兀台詔給移剌四奴分行省印丁丑興和路鷹坊及蒙古民萬一千一百餘戶大雪畜牧凍死賑米五千石戊寅樞密院臣言天曆兵興以揚州重鎮嘗假淮東宣慰司以兵權今事已寧宜以所部兵復隸河南行省又征西元帥府自泰定初調兵四千一百人戍龍剌亦集乃期以五年爲代今已十年逃亡者衆宜加優䘏期以來歲五月代還並從之己卯封蘸班爲豳國公庚辰左右欽察衛軍士千四百九十戶饑命上都留守司賑之辛巳以戶部尚書耿煥爲中書參知政事癸未詔養燕鐵木兒之子塔

剌海爲子賜居第及所籍李彥通貲產荊王也速也不干獻犛牛四百詔每歲樞密院宗正府遣官與遼陽行省官巡歷諸郡毋令諸王所部擾民隆祥司使晃忽兒不花言海南所建大興龍普明寺工費浩穰黎人不勝其擾以故爲亂詔湖廣行省臣玥璐不花及宣慰宣撫二司領其役仍命廉訪司涖之辛卯諸王撒兒蠻遣使者七十四人來賑左欽察衞撒敦等翼頂也兒古駐冬軍千五百八十戶諸鹽課鈔以十分之一折收銀銀每錠五十兩折鈔二十五錠乙未敕宮相都總管府勿隸昭功都總使府丁酉以南陽府之嵩州更賜伯顏爲食邑十二月戊申陝西行臺御史捏古伯高坦等劾奏本臺監察御史陳良恃勢肆毒徇私破法請罷職籍贓還歸田里有旨雖會赦其准風憲例追奪敕命餘如所奏以黃金符鐫文曰翊忠徇義迪節同勳賜西域親軍副都指揮使欽察以旌其天曆初紅橋戰功壬子復命諸王忽剌出還鎭雲南癸丑撒敦獻斡羅思十六戶酬以銀百七錠鈔五千錠以河間路清池南皮縣牧地賜斡羅思駐冬仍以忽里所牧官羊給之河南河北道廉訪副使僧家奴言自古求忠臣必

於孝子之門今官於朝者十年不省覲者有之非無思親之心實由朝廷無給
假省親之制而有擅離官次之禁古律諸職官父母在三百里於三年聽一給
定省假二十日無父母者五年聽一給拜墓假十日以此推之父母在三百里
以至萬里宜計道里遠近定立假期其應省覲匿而不省覲者坐以罪若詐冒
假期規避以掩其罪與詐奔喪者同科御史臺臣以聞命中書省禮部刑部及
翰林集賢奎章閣議之丁巳兩木冰戊午西域諸王秃列帖木兒遣使獻西馬
及蒲萄酒預給四宿衛及諸潛邸衛士歲賜鈔人二十錠庚申遣集賢直學士
答失蠻詣真定玉華宮祀睿宗及顯懿莊聖皇后神御殿辛酉遣兵部尚書也
速不花同僉通政院事忽納不花迎帝師詔中書省御史臺遣官詣各道同廉
訪司錄囚癸亥兩木冰給征東元帥府兵仗丁卯御史臺臣言甘肅行省平章
月魯帖木兒既非蒙古族姓且闇於事機使總兵柄恐非所宜詔樞密院勿令
提調軍馬己巳御史臺臣言河東道廉訪副使忽哥兒不花僉燕南道廉訪司
事不顏忽都王士元郝志善憲綱不振宜免官從之旌寧海州崔惟孝孝行是

歲真定路屬州水冀寧河南二路旱大饑

元史卷三十五

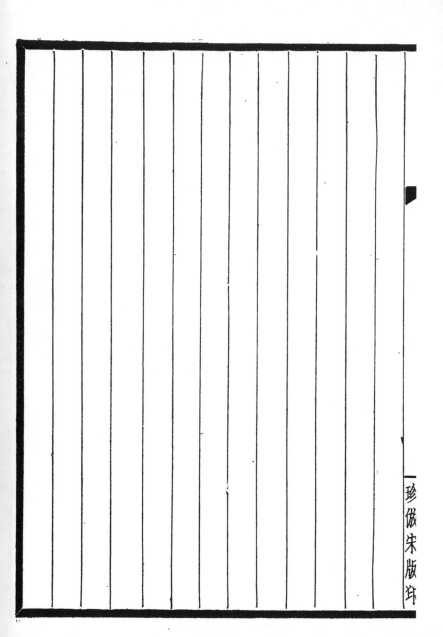

元史卷三十五考證

文宗聖明元孝皇帝紀二年四月戊辰請從翰林國史院取脫卜赤顏一書○脫卜赤顏卽今之起居注也

元史卷三十五考證

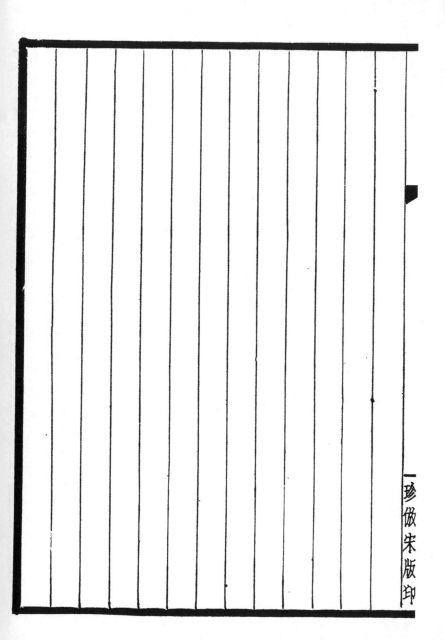

元史卷三十六

明翰林學士亞中大夫知制誥兼修國史宋　濂等修

本紀第三十六

文宗五

三年春正月辛未朔高麗國王楨遣其臣元忠奉表稱賀貢方物癸酉命高麗國王王燾仍爲高麗國王賜金印初燾有疾命其子楨襲王爵至是燾疾愈故復位甲戌賜燕鐵木兒妻公主月魯金五百兩銀五千兩丁丑禁冒哀求敘復者賑糶米五萬石濟京師貧民己卯時享太廟罷諸建造工役惟城郭河渠橋道倉庫勿禁廣西羅韋里叛寇馬武沖等合龍州嶺北朗龍洞韋大蟲賊兵萬人攻陷那馬違那馬安等砦命廣西宣慰司嚴軍禦之月闕察兒冒請衞士芻粟當坐罪燕鐵木兒請釋之壬午命甘肅行省爲豳王不顏帖木兒建居第封孔子妻鄆國夫人幵官氏爲大成至聖文宣王夫人癸未給納鄰等十四驛糧及芻粟賑永昌路流民慶遠南丹等處溪洞軍民安撫司言所屬宜山縣饑疫

死者衆乞以給軍積穀二百八十石賑糶從之江西行省言梅州頻年水旱民
大饑命發粟七百石以賑糶丙戌印造歲額鈔本至元鈔九十九萬六千錠中
統鈔四千錠丁亥幸大承天護聖寺賜諸王帖木兒及其妃阿剌赤八剌金五
百兩銀萬兩鈔二萬錠幣帛各千匹監察御史劾奏翰林學士承旨典哈其兒
野里牙坐誅當罷從之戊子萬安軍黎賊王奴羅等集衆五萬人寇陵水縣己
丑賑肇慶路高要縣饑民九千五百四十口四川行省言去年九月左丞帖木
兒不花與祿余賊兵戰被創賊遂侵境乞調重慶敘州兵二千五百人往救之
順元宣撫司亦言賊列行營爲十六所乞調兵分道備禦詔上都留守司爲燕
鐵木兒建居第御史臺言選除雲南廉訪司官多託故不行繼今有如是者風
憲勿復用制可戊戌命中書省以鈔三千錠幣帛各三千匹給皇子古納答剌
歲例鷹犬回賜諸王章吉獻斡羅思百七十人酬以銀七十二錠鈔五千錠己
亥給斡羅思千人衣糧山南道廉訪副使禿堅董阿劾荊湖北道宣慰使别列
怯都常貸內府鈔威逼部民代償不足則以宣慰使公帑鈔償之又副使驢駒

以修治沿江堤岸縱家奴掊斂民財二人罪雖遇赦宜從黜退御史臺臣以聞從之庚子封公主不納爲鄆安大長公主夔路忠信寨洞主阿具什用合洞蠻八百餘人寇施州二月辛丑朔八番苗蠻駱度來貢方物癸卯諸王也先帖木兒薨甲辰諸王答兒馬失里哈兒蠻各遣使來貢蒲萄酒西馬金鵶鶻乙巳以湖廣行省平章玥璐不華爲陝西行臺御史大夫給䘏王及其王傅祿戊申雲南行省言會通州土官阿賽及河西阿勒等與羅羅賊兵千五百人寇會州路之卜龍村又祿余將引兵與茫部合寇羅羅斯截大渡河金沙江以攻東川會通等州臣等敢奉先所降詔書招諭之不奉命則從宜進軍制可己酉賜怯薛官完者帖木兒及阿昔兒珠衣帽德寧路去年旱復值霜雹民饑賑以粟三千石旌晉寧路沁州劉璋妻張氏志節祿余言于四川行省自父祖世爲烏撒土官宣慰使佩虎符素無異心曩爲伯忽誘脅比聞朝廷招諭而今期限已過乞再降詔赦卽率四路土官出降仍乞改屬四川省隸永寧路冀得休息四川行省以聞詔中書樞密御史諸大臣雜議之己未旌寧夏路趙那海孝行辛酉燕

鐵木兒兼奎章閣大學士領奎章閣學士院事己巳命燕鐵木兒集翰林集賢
太禧宗禋院議立太祖神御殿詔修曲阜宣聖廟邛州有二井宋舊名曰金鳳
茅池天曆初九月地震鹽水湧溢州民侯坤願作什器煮鹽而輸課於官詔四
川轉運鹽司主之旌濟州任城縣王德妻秦氏婺州路金華縣吳塤妻宋氏盧
州路高仁妻張氏甘州路岳忽南妻失林蓋州完顏帖哥住妻李氏志節三月
庚午朔帝師至京師遣使往西域賜諸王不賽因繡綵幣帛二百四十匹中書
省臣言凡遠戍軍官死而歸葬者宜視民官例給道里之費又四川驛戶比以
軍興消乏宜遣官同行省量濟之制可燕鐵木兒言平江松江澱山湖圩田方
五百頃有奇當入官糧七千七百石其總田者死頗爲人占耕今臣願增糧爲
萬石入官令人佃種以所得餘米贍臣弟撒敦從之洛水溢爪哇國遣其臣僧
伽剌等八十三人奉金書表及方物來朝貢己卯詔以西寧王速來蠻鎮襍有
勞其如安定王朶兒只班例置王傅官四人鑄印給之庚辰以安陸府賜幷王
晃火兒不花爲食邑旌大都良鄉縣韋安妻張氏貞節丁亥諸王伯岳兀完者

帖木兒來朝戊子占城國遣其臣阿南那那里沙等四人奉金書表及方物來朝貢己丑復立功德使司癸巳皇子古剌答納更名燕帖古思置與瑞司掌中宮歲作佛事秩正三品乙未命燕鐵木兒依舊例以鈔萬錠分給蒙古孤寡者以帝師泛舟于西山高梁河調衛士三百挽舟丙申賜怯薛官篤憐鐵木兒璽書申飭其所部賑木憐苦鹽濼札哈掃憐九驛之貧者凡四百五十二戶丁酉緬國遣使者阿落等十人奉方物來朝貢己亥賜行樞密院鈔四萬錠分給征烏撒烏蒙所調陝西四川蒙古軍及漸丁萬人高唐德冀諸州大名汴梁廣平諸路有蟲食桑葉盡夏四月壬寅中書省臣言去歲宿衛士給鈔者萬五千人今減去千四百人餘當給者萬三千六百人又太府監歲支幣帛二萬匹不足於用請再給二百匹並從之四川師壁散毛盤速出三洞蠻野王等二十三人來貢方物戊申大寧路地震四川大盤洞謀者什用等十四人來貢方物丙辰諸王不別居法郎遣使者要忽難等及西域諸王不賽因使者也先帖木兒等皆來貢方物戊午命奎章閣學士院以國字譯貞觀政要鐫板模印以賜百官

四川行省平章汪壽昌辭職不允以作佛事祈福釋御史臺所囚定興劉縣尹及刑部囚二十六人乙丑安南國世子陳日焯遣其臣鄧世延等二十四人來貢方物安西王阿難答之子月魯帖木兒坐與畏兀僧玉你達八的刺板的國師必刺忒納失里沙津愛護持謀不軌命宗王大臣雜鞫之獄成三人皆伏誅仍籍其家以必刺忒納失里沙津愛護持妻丑丑賜通政副使伯藍玉鞍賜撒敦餘人畜土田及七寶奩具金珠寶玉鈔幣並沒入大承天護聖寺免四川行省境內今年租命有司爲伯顏建生祠立紀功碑于涿州仍別建祠立碑于汴梁戊辰免雲南行省田租三年安州饑給河間鹽課鈔萬錠賑之東昌濟寧二路及曹濮諸州皆有蟲食桑五月己巳朔高昌王藏吉薨其弟太平奴襲位壬申賑木憐七里等二十三驛人米二石癸酉熒惑犯東井賜燕鐵木兒宴于流盃池雲南大理中慶等路大饑賑鈔十萬錠甲戌陞尙舍寺爲從三品撒迪請備錄皇上登極以來固讓大凡往復奏答其餘訓敕辭命及燕鐵木兒等宣力效忠之蹟命朵來續爲蒙古脫不赤顏一書置之奎章閣從之賜湖廣行省平

章政事脫亦納金虎符旌保定路郭璹孝行探忒妻靈保賢孝戊寅幸大承天護聖寺京師地震有聲己卯命諸王也失班還鎭浙西道廉訪司劾副使三寶凶惡陰險紊亂紀綱詔罷之壬午復賑糶米五萬石濟京城貧民戊子唐其勢以疾先往上郡賜藥價鈔千錠遣使往帝師所居撒思吉牙之地以珠織制書宣諭其屬仍給鈔四千錠幣帛各五千匹分賜之賑帖里干不老也不徹温等十九驛人米二石庚寅大駕發大都時巡于上都置山東益都等處金銀銅鐵提舉司辛卯復以司徒印給萬安寺僧嚴吉祥詔給鈔五萬錠修帝師巴思八影殿壬辰太常博士王瓚言各處請加封神廟濫及淫祠按禮經以勞定國以死勤事能禦大災能捍大患則祀之其非祀典之神今後不許加封制可丁酉白虹並日出長竟天追封顏子父顏無繇爲杞國公謚文裕母齊姜氏杞國夫人謚端獻妻宋戴氏兗國夫人謚貞素甘州大雹揚州之江都泰興德安府之雲夢應城縣水汴梁之睢州陳州開封之蘭陽封丘諸縣河水溢滹沱河決沒河間淸州等處屯田四十三頃常寧州饑賑糶米二千四百石杭州火被災九

十一戶池州火被災七十三戶命江浙行省量賑之六月己亥朔以月魯帖木
兒等罪詔告中外赦天下免四川行省今年差稅陝西行省今年商稅錄用朵
朵王士熙脫歡等己酉以御史中丞趙世安爲中書左丞癸丑遣使分祀嶽鎮
海瀆戊午給鈔五萬錠賜雲南行省爲公儲己未燕鐵木兒言頃伯顏封浚寧
王賜食邑蔚州今請於潁汴擇一州賜之詔改賜陳州癸亥加授知樞密院事
也卜倫開府儀同三司乙丑御史臺臣劾遼陽行省參政賽甫丁庸鄙不勝任
罷之監察御史陳思謙言內外官非文武全才出處繫天下安危能拯金革之
難者勿許奪情起復制可禁諸卜筮陰陽人毋出入諸王公大臣家晉寧冀州
桑災益都濟寧大雨無爲州和州水旌歸德府永城縣民張氏孝節秋七月戊
辰朔諸王答里麻失里等遣使來貢虎豹雲南行省言本省舊降給驛璽書六
十九金字圓符四伯忽之亂散失殆盡乞更賜爲宜敕更賜璽書三十二圓符
四仍究詰所失者辛未以車坊官園賜伯顏賜從征雲南將校三百四十七人
鈔幣有差調軍士修柳林海子橋道乙亥命僧於鐵幡竿修佛事施金百兩銀

千兩幣帛各五百匹布二千匹鈔萬錠丁丑賑蒙古軍流離至陜西者四百六十七戶糧三月遣復其居戶給鈔五十錠湖廣行省言黎賊勢猖獗乞益兵三千以備調用有旨依前詔促移剌四奴剋日進兵壬午江西行省造螺鈿几榻遺燕鐵木兒詔賜匠者幣帛各一甲申燕鐵木兒獻斡羅思二千五百人旌裕州民李庭瑞孝行庚寅給鈔萬錠命燕鐵木兒分賜累朝官分嬪御之貧乏者壬辰西域諸王不賽因遣哈只怯馬丁以七寶水晶等物來貢給蒙古民及各部衛士鈔幣有差仍賑糧五月甲午北邊諸王月卽別遣南忽里等來朝貢燕鐵木兒言諸王徹徹禿沙哥曩坐罪流南荒乞賜矜閔俾還本部從之賑宗仁衛軍士九百戶各鈔一錠滕州民饑賑糶米二萬石慶都縣大饑以河間鹽課鈔萬錠賑之八月辛丑諸王阿兒加失里獻斡羅思三十人漸丁百三人賑大都寶坻縣饑民以京畿運司糧萬石癸卯吳王木喃子及諸王答都河海鎖南管卜帖木兒赤帖木迭兒等來朝賜護守上都宮殿衛卒二千二百二十九人人鈔二十五錠乙巳天鼓鳴于東北丙午遣官祭社稷丁未有事于太廟海道

漕運糧六十九萬餘石至京師己酉隴西地震帝崩壽二十有九在位五年癸丑靈駕發引葬起輦谷從諸帝陵元統二年正月己酉太師右丞相伯顏率文武百官等議上尊謚曰聖明元孝皇帝廟號文宗國言謚號曰札牙篤皇帝請謚于南郊三月己酉祔于太廟後至元六年六月以帝謀爲不軌使明宗飲恨而崩詔除其廟主放燕遐之後祖母太皇太后惑於憸慝俾皇考明宗皇帝出封雲南英宗遇害正統寖偏我皇考以武宗之嫡逃居朔漠宗王大臣同心翊戴肇啓大事于時以地近先迎文宗暫總機務繼知天理人倫之攸當假讓位之名以寶璽來上皇考推誠不疑卽授以皇太子寶文宗稔惡不悛當躬迓之際乃與其臣月魯不花也里牙明里董阿等謀爲不軌使我皇考飲恨上賓歸而再御宸極思欲自解於天下乃謂夫何數日之間宮車弗駕海內聞之靡不切齒又私圖傳子乃搆邪言嫁禍於八不沙皇后謂朕非明宗之子遂俾出居遐陬祖宗大業幾於不繼內懷愧慊則殺也里牙以杜口上天不祐隨降殞罰叔嬸不答失里怙其勢燄不明明考之嗣而妄立孺稚之弟亦憐真班奄復不

年諸王大臣以賢以長扶朕踐位國之大政屬不自遂者詎能枚舉每念治必本於盡孝事莫先於正身賴天之靈權奸屏黜盡孝正名不容復緩永惟鞠育罔極之恩忍忘不共戴天之義既往之罪不可勝誅其命太常徹去脫脫木兒在廟之主不答失里本朕之嬸乃陰搆奸臣弗體朕意僭膺太皇太后之號迹其閨門之禍離間骨肉罪惡尤重揆之大義削去帖古思於高麗未至月闊察兒害之于中道

元史卷三十六

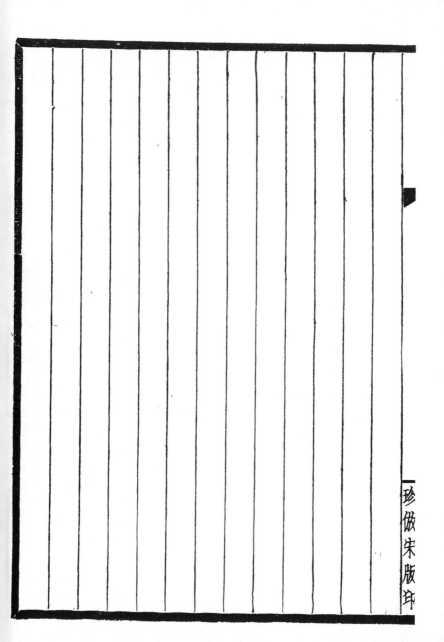

元史卷三十六考證

三月己酉祔於太廟○臣祖庚按順帝本紀作四月己卯

元史卷三十六考證

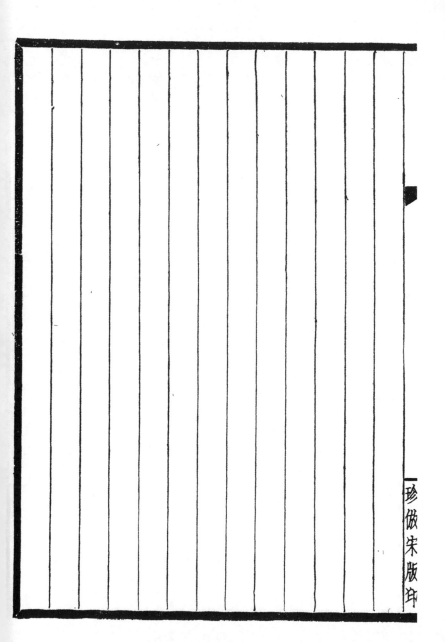

明翰林學士亞中大夫知制誥兼修國史宋　濂等修

本紀第三十七

寧宗

寧宗冲聖嗣孝皇帝諱懿璘質班明宗第二子也母曰皇后乃蠻真氏初武宗有子二人長明宗次文宗延祐中明宗封周王出居朔漠泰定之際正統遂偏天曆元年文宗入紹大統內難既平卽遣使奉皇帝璽綬北迎明宗明宗崩文宗復卽皇帝位明宗有子二人長妥懽帖木耳次卽帝也天曆二年二月乙巳封帝爲鄜王至順三年八月己酉文宗崩于上都皇后導揚末命申固讓初志傳位於明宗之子時妥懽帖木耳出居靜江帝以文宗眷愛之篤留京師太師太平王右丞相燕鐵木兒請立帝以繼大統於是遣使徵諸王會京師中書百司政務咸啓中宮取進止八月甲寅中書省臣奏中宮旨預備大朝會賞賜金銀幣帛等物乙卯燕鐵木兒奉中宮旨賜駙馬也不干子歡忒哈赤太尉孛蘭

奚句容郡王答隣答里僉事小薛呵麻剌台之子秃帖木兒公主本答里諸王
丑漢妃公主台忽都魯諸王卯澤妃公主完者台及公主本答里徹里帖木兒
等金銀幣鈔有差是月渾源雲內二州隕霜殺禾冀寧路之陽曲河曲二縣及
荊門州皆旱江水又溢高郵府之寶應興化二縣德安府之雲夢應城二縣大
雨水九月丁丑塡星犯太微垣左執法辛巳修皇太后儀仗是夜地震有聲來
自北是月益都路之莒沂二州泰安州之奉符縣濟寧路之魚臺豐縣曹州之
楚丘縣平江常州鎮江三路松江府江陰州中興路之江陵縣皆大水河南府
之洛陽縣旱十月庚子帝卽位于大明殿大赦天下詔曰洪惟太祖皇帝啓闢
疆宇世祖皇帝統一萬方列聖相承法度明著我曲律皇帝入纂大統修舉庶
政動合成法授大寶位于普顏篤皇帝以及格堅皇帝曆數之歸實當在我忽
都篤皇帝扎牙篤皇帝而各播越遼遠時則有若燕鐵木兒建義效忠戡平內
難以定邦國協恭推戴扎牙篤皇帝登極之始卽以讓兄之詔明告天下隨奉
璽紱遠迓忽都篤皇帝朔方言還奄棄臣庶扎牙篤皇帝薦正宸極仁義之至

視民如傷恩澤旁被無間遠邇顧育眇躬尤篤慈愛賓天之日皇后傳顧命於太師太平王右丞相答剌罕燕帖木兒太保浚寧王知樞密院事伯顏等謂聖體彌留益推固讓之初志以宗社之重屬諸大兄忽都篤皇帝之世嫡乃遣使召諸王宗親以十月一日來會于大都與宗王大臣同奉遺詔揆諸成憲宜御神器以至順三年十月初四日卽皇帝位于大明殿可大赦天下自至順三年十月初四日昧爽以前除謀反大逆謀殺祖父母父母妻妾殺夫奴婢殺主謀故殺人但犯強盜印造僞鈔蠱毒魘魅犯上者不赦外其餘一切罪犯咸赦除之大都上都興和三路差稅免三年腹裏差發幷其餘諸郡不納差發去處稅糧十分爲率免二分江淮以南夏稅亦免二分土木工役除倉庫必合修理外毋復剏造以紓民力民間在前應有逋欠差稅課程盡行蠲免監察御史肅政廉訪司官幷內外三品以上正官歲舉才堪守令者一人申達省部先行錄用如果稱職舉官優加旌擢一任之內或犯贓私者量其輕重黜罰其不該原免重囚淹禁三年以上疑不能決者申達省部詳讞釋放學校農桑孝義貞節科

舉取士國學貢試並依舊制廣海雲南梗化之民詔書到日限六十日內出官
與免本罪許以自新於戲肆予冲人託于天下臣民之上任大守重若涉淵冰
尙賴宗王大臣百司庶府交修乃職思盡厥忠嘉與億兆之民共保承平之治
咨爾多方體予至意故茲詔示想知悉辛丑以知樞密院事撒敦爲御史大夫
中書右丞撒迪爲中書平章政事宣政使闊里吉思爲中書左丞中書平章政
事秃兒哈鐵木兒知樞密院事乙巳造皇太后玉冊玉寶丁未皇太后命作兩
宮幄殿車乘供帳戊申賞賚諸王金幣其數如文宗卽位之制立徽政中政二
院己酉太白犯斗宿敕諸王駙馬勳舊大臣及中書省樞密院御史臺秩正二
品百司庶府秩至一品者闕門之內得施繩床以坐餘皆禁之庚戌修郊祀法
服以宦者鐵古思哈里兀答兒黑狗者闊闊出並爲中政院使辛亥以江浙歲
比不登其海運糧不及數俟來歲補運壬子定婦人犯私鹽罪著爲令甲寅諸
王不賽因遣使貢塔里牙八十八斤佩刀八十賜鈔三千三百錠乙卯以卽位
告祭南郊丙辰給宿衛士蒙古漢軍三萬人禦寒衣命江浙行省範銅造和寧

宣聖廟祭器凡百三十有五事己未告祭太廟庚申告祭社稷以伯顏爲徽政
使依前開府儀同三司浚寧王太保錄軍國重事知樞密院事提調忠翊侍衞
親軍都指揮使司事伯撒里右都威衞都指揮使常不蘭奚並爲徽政使賜諸
妃后大朝會賞賚有差甲子以諸王忽剌台貧乏賜鈔五百錠皇弟燕帖古思
受戒於西僧加兒麻哇剌百官及宿衞士有只孫衣者凡與宴饗皆服以侍其
或質諸人者罪之丙寅楚丘縣河堤壞發民丁二千三百五十人修之十一月
己巳詔翰林國史集賢院奎章閣學士院集議先皇帝廟號神主升祔武宗皇
后及改元事庚午賜郯王徹徹禿以海寧州朐山贛榆沭陽三縣壬申命郯王
徹徹禿鎭遼陽甲戌遣宿衞官阿察赤以上皇太后玉冊告祭南郊中書平章
政事伯撒里告祭太廟戊寅奉玉冊玉寶尊皇后曰皇太后皇太后御興聖殿
受朝賀己卯帝御大明殿受朝賀庚寅賜諸王寬徹幣帛各二千匹以周其貧
左欽察衞士饑賑糧二月壬辰帝崩年七歲甲午葬起輦谷從諸陵明年六月
己巳明宗長子妥懽帖木耳卽位至元四年三月辛酉諡曰沖聖嗣孝廟號寧

宗四月乙酉祔于太廟

元史卷三十七

元史卷三十八

明翰林學士亞中大夫知制誥兼修國史宋　濂等修

本紀第三十八

順帝一

順帝名妥懽貼睦爾明宗之長子母罕禄魯氏名邁來迪郡王阿兒廝蘭之裔孫也初太祖取西北諸國阿兒廝蘭率其衆來降乃封爲郡王俾領其部族及明宗北狩過其地納罕禄魯氏延祐七年四月丙寅生帝于北方當泰定帝之崩太師燕鐵木兒與諸王大臣迎立文宗文宗旣卽位以明宗嫡長復遣使迎立之明宗卽位于和寧之北而立文宗爲皇太子及明宗崩文宗復正大位至順元年四月辛丑明宗后八不沙被讒遇害遂徙帝于高麗使居大青島中不與人接閱一載復詔天下言明宗在朔漠之時素謂非其己子移于廣西之靜江三年八月己酉文宗崩燕鐵木兒請文宗后立太子燕帖古思后不從而命立明宗次子懿璘只班是爲寧宗十一月壬辰寧宗崩燕鐵木兒復請立燕帖

古思文宗后曰吾子尙幼妥懽貼睦爾在廣西今年十三矣且明宗之長子禮當立之乃命中書左丞闊里吉思迎帝于靜江至良鄉具鹵簿以迓之燕鐵木兒既見帝並馬徐行具陳迎立之意帝幼且畏之一無所答於是燕鐵木兒疑之故帝至京久不得立適太史亦言帝不可立立則天下亂以故議未決遷延者數月國事皆決於燕鐵木兒奏文宗后而行之俄而燕鐵木兒死后乃與大臣定議立帝且曰萬歲之後其傳位於燕帖古思若武宗仁宗故事諸王宗戚奉上璽綬勸進四年六月己巳帝卽位于上都詔曰洪惟我太祖皇帝受命于天肇造區夏世祖皇帝奄有四海治功大備列聖相傳丕承前烈我皇祖武宗皇帝入纂大統及致和之季皇考明宗皇帝遠居沙漠札牙篤皇帝戡定內難讓以天下我皇考賓天札牙篤皇帝復正宸極治化方隆奄棄臣庶今皇太后召大臣燕鐵木兒伯顏等曰昔者闊徹脫脫木兒只兒哈郎等謀逆以明宗太子爲名又先爲八不沙始以妬忌妄搆誣言疏離骨肉逆臣等既正其罪太子遂還于外札牙篤皇帝後知其妄尋至大漸顧命有曰朕之大位其以朕兄子

繼之時以朕遠征南服以朕弟懿璘只班登大位以安百姓乃遽至大故皇太
后體承札牙篤皇帝遺意以武宗皇帝之元孫明宗皇帝之世嫡以賢以長在
予一人遣使迎還徵集宗室諸王來會合辭推戴今奉皇太后勉進之篤宗親
大臣懇請之至以至順四年六月初八日即皇帝位于上都於戲惟天惟祖宗
全付予有家慄慄危懼若涉淵冰罔知攸濟尚賴宗親臣鄰交修不逮以底隆
平其赦天下時有阿魯輝帖木兒者明宗親臣也言於帝曰天下事重宜委宰
相決之庶可責其成功若躬自聽斷則必負惡名帝信之由是深居宮中每事
無所專焉辛未命伯顏爲太師中書右丞相上柱國監修國史兼奎章閣大學
士領學士院太史院回回漢人司天監事撒敦爲太傅右丞相是月大霖雨京
畿水平地丈餘饑民四十餘萬詔以鈔四萬錠賑之涇河溢關中水災黃河大
溢河南水災兩淮旱民大饑秋七月霖雨潮州路水己亥太陰犯房宿八月壬
申鞏昌徽州山崩是月立燕鐵木兒女伯牙吾氏爲皇后九月甲午太陰犯填
星乙未太陰犯天江甲寅中書省臣言官員遞陞窒礙選法今請自省院臺官

外其餘不許遞陞從之丁巳太陰犯填星己未太陰犯氐宿庚申詔太師右丞相伯顏太傅左丞相撒敦專理國家大事其餘官不得兼領三職秦州山崩賑恤寧夏饑民五萬三千人一月詔免儒人役冬十月甲子太陰犯斗宿丙寅鳳州山崩戊辰改元詔曰在昔世祖皇帝紹開丕圖稽古建元立經陳紀列聖相承恪遵成憲肆予冲人嗣大歷服茲圖治之云初嘉與民而更始乃新紀號誕告多方其以至順四年爲元統元年於戲一元運於四時惟裁成之有道大統綿於萬世思保佑於無疆中書省臣言凡朝賀遇雨請便服行禮從之己巳加知樞密院事答剌罕答里金紫光祿大夫庚午詔以察罕腦兒宣慰司人民止令應當徽政院差發癸酉雲南傀羅土官渾鄧馬弄來貢方物詔以其地陞立散府丁丑依皇太后行年之數釋放罪囚二十七人庚辰奉文宗皇帝及太皇太后御容於大承天護聖寺命左丞相撒敦爲隆祥使奉其祭祀乙酉詔以高郵府爲伯顏食邑戊子封撒敦爲榮王食邑廬州唐其勢襲父封爲太平王進階金紫光祿大夫庚寅中書省臣請集議武宗英宗明宗三朝皇后陞祔十一

月辛卯朔罷富州金課甲午太陰犯壘壁陣丙申鞏昌成紀縣地裂山崩令有司賑被災人民丁酉享于太廟辛丑起棕毛殿丙午申飭鹽運司辛亥江西湖廣江浙河南復立榷茶運司追謚札牙篤皇帝爲聖明元孝皇帝廟號文宗時寢廟未建於英宗室次權結綵殿以奉安神主封伯顏爲秦王錫金印是日秦州山崩地裂夜太陰犯太微東垣上相壬子太陰犯填星癸丑太陰犯亢宿乙卯以燕鐵木兒平江所賜田五百頃復賜其子唐其勢罷河間大報恩寺諸色人匠總管府江浙旱饑發義倉糧募富人入粟以賑之詔秦王右丞相伯顏榮王左丞相撒敦統百官總庶政十二月庚申命伯顏提調彰德威武衛乙丑廣西猺寇湖南陷道州千戶郭震戰死寇焚掠而去壬申遣省臺官分理天下囚罪狀明者處決冤者辨之疑者獻之淹滯者罪其有司以奴列你他代其父塔剌赤爲耽羅國軍民安撫使司達魯花赤錫三珠虎符癸酉太陰犯鬼宿甲戌禿堅帖木兒致仕錫太尉印置僚屬乙亥爲皇太后置徽政院設官屬三百六十有六員太白犯壘壁陣太陰犯軒轅己卯太陰犯進賢癸未太陰犯東咸

元統二年春正月庚寅朔雨血于汴梁著衣皆赤辛卯東平須城縣濟寧濟州曹州濟陰縣水災民饑詔以鈔六萬錠賑之以御史大夫脫別台爲中書平章政事阿里海牙爲河南行省左丞相丁酉享于太廟戊戌四川大盤洞蠻謀谷什用遣男謀者什用來貢方物即其地立盤順府命謀谷什用爲知府遣吏部尚書帖住禮部郎中智熙善使交趾以授時曆賜之太陰犯軒轅癸卯勑僧道與民一體充役己酉以上文宗皇帝謚號遣官告祭于南郊庚戌太陰犯房宿甲寅罷廣教總管府立行宣政院乙卯雲南土酋姚安路總管高明來獻方物錫符印遣之二月己未朔詔內外興舉學校癸亥廣西猺寇邊殺官吏廣海官已除而未上者罪之甲子塞北東涼亭雹民饑詔上都留守發倉廩賑之乙丑命有司以時給宿衞冬衣以燕不憐爲太保置僚屬戊辰封也真也不干爲昌寧王錫金印癸酉太陰犯太微上相丁丑封皇姑妥妥輝爲英壽大長公主癸未安豐路旱饑勑有司賑糶麥萬六千七百石甲申太廟木陛壞遣官告祭丁亥太白經天是月灤河漆河溢永平諸縣水災賑鈔五千錠瑞州路水賑米一

萬石三月己丑朔詔科舉取士國子學積分饍學錢糧儒人免役悉依累朝舊制學校官選有德行學問之人以充辛卯以陰陽家言罷造作四年太陰犯填星癸巳廣西傜賊復起殺同知元帥吉列思掠庫物遣右丞脫魯迷失將兵討之復立西番巡捕都元帥府罷廣誼司復立覆實司贈吉烈思官令其子孫襲職庚子杭州鎮江嘉興常州松江江陰水旱疾疫勑有司發義倉糧賑饑民五十七萬二千戶癸卯月食既甲辰中書省臣言與和路起建佛事一路所費爲鈔萬三千五百三十餘錠請依上都大都例給饍僧錢節其冗費從之乙巳中書省臣言益都真定盜起請選省院官往督捕之仍募能擒獲者倍其賞獲三人者與一官從之丁未以河南行省左丞相阿里海牙爲江浙行省左丞相壬子廣西慶遠府猺賊寇全州詔平章政事探馬赤統兵二萬人擊之丁巳詔蒙古色目犯奸盜詐僞之罪者隸宗正府漢人南人犯者屬有司是月山東霖雨水湧民饑賑糶米二萬二千石淮西饑賑糶米二萬石湖廣旱自是月不雨至于八月夏四月戊午朔日有食之庚申封宗室鑾子爲文濟王乙丑命順元等

處軍民宣撫使八番等處沿邊宣慰使伯顏溥花承襲父職丙寅罷龍慶州黑峪道上勝火兒站庚午詔雲南出征軍士亡歿者人賜鈔二錠以葬壬申命唐其勢爲總管高麗女直漢軍萬戶府達魯花赤與馬札兒台並爲御史大夫丁丑太白經天戊寅太白晝見己卯奉聖明元孝皇帝文宗神主祔于太廟躬行告祭之禮樂用宮懸禮三獻先是御史臺臣言郊廟國之大典王者必行親祀之禮所以盡尊尊親親之誠宜因陞祔有事于太廟帝從之是日罷夏季時享詔加榮王左丞相撒敦開府儀同三司上柱國錄軍國重事食邑廬州復立杭州四隅錄事司太白晝見壬午復如之帝嘉許衡輔世祖以不殺一天下特錄其孫從宗爲章佩監畢珍庫提點癸未立鹽局于京師南北城官自賣鹽以革專利之弊乙酉中書省臣言佛事布施費用太廣以世祖時較之歲增金三十八錠銀二百三錠四十兩繒帛六萬一千六百餘疋鈔二萬九千二百五十餘錠請除累朝期年忌日之外餘皆罷從之是月車駕時巡上都益都東平路水設酒禁大名路桑麥災成州旱饑詔出庫鈔及發常平倉米賑之河南旱自是

月不雨至于八月五月己丑詔威武西寧王阿哈伯之子亦里黑赤襲其父封宦者孛羅帖木兒傳皇后旨取鹽一十萬引入中政院辛卯以唐其勢代撒敦爲中書左丞相撒敦仍商量中書省事壬辰命中書平章政事撒的領蒙古國子監癸巳罷洪教提點所戊申詔文濟王蠻子鎭大名雲南王阿魯鎭雲南給銀字圓牌是月中書省臣言江浙大饑以戶計者五十九萬五百六十四請發米六萬七百石鈔二千八百錠及募富人出粟發常平義倉賑之并存海運糧七十八萬三百七十石以備不虞從之詔王侯宗戚軍站人匠鷹坊控鶴但隸京師諸縣者令所在一體役之贈故中書平章政事王泰亨諡清憲舊令三品以上官立朝有大節及有大功勳於王室者得賜功臣號及諡時寖冗濫失實惟泰亨在中書時安南請佛書乞以九經賜之使高麗不受禮遺爲尙書貧不能自給故特賜是諡贈漳州萬戶府知事闞文興英毅侯妻王氏貞烈夫人廟號雙節六月丁巳朔中書省臣言雲南大理中慶諸路曩因脫肩敗狐反叛民多失業加以災傷民饑請發鈔十萬錠差官賑恤從之戊午淮河漲淮安路山

陽縣滿浦清岡等處民畜房舍多漂溺丙寅宣德府水災出鈔二千錠賑之乙
亥唐其勢辭左丞相不拜復命撒敦爲左丞相辛巳詔蒙古色目人行父母喪
癸未復立繕工司造繒帛乙酉贈燕鐵木兒公忠開濟弘謨同德翊運佐命功
臣開府儀同三司太師中書右丞相追封德王謚忠武是月彰德雨白毛大寧
廣寧遼陽開元瀋陽懿州水旱蝗大饑詔以鈔二萬錠遣官賑之秋七月丁亥
戒陰陽人毋得於貴戚之家妄言禍福辛卯祭太祖太宗睿宗三朝御容罷秋
季時享壬辰帝幸大安閣是日宴侍臣於奎章閣甲午太白晝見己亥太白經
天壬寅詔蒙古色目人犯盜者免刺甲辰太白經天丙午復如之帝幸楠木亭
己酉太白晝見夜有流星大如酒盃色赤長五尺餘光明燭地起自天津沒于
離宮之南庚戌太白經天壬子復如之夜熒惑犯鬼宿癸丑甲寅太白復經天
是月池州青陽銅陵饑發米一千石及募富民出粟賑之八月丙辰朔太白經
天凡四日戊午祭社稷癸亥太白經天丙寅至戊辰太白復經天辛未赦天下
京師地震雞鳴山崩陷爲池方百里人死者甚衆自是日至甲戌太白經天丁

丑己卯復如之夜犯軒轅庚辰至壬午太白復經天癸未中書平章政事阿里海牙罷是月南康路諸縣旱蝗民饑以米十二萬三千石賑糶之九月庚寅太白經天辛卯車駕還自上都壬辰太陰入南斗癸巳太白犯靈臺甲午太白經天猺賊陷賀州發河南江浙江西湖廣諸軍及八番義從軍命廣西宣慰使都元帥章伯顏將以擊之乙未太白經天己亥壬寅復如之乙巳太白犯太微垣壬子吉安路水災民饑發糧二萬石賑糶夜太白犯太微垣冬十月乙卯朔正內外官朝會儀班次一依品從戊午享于太廟辛酉以侍御史許有壬爲中書參知政事癸亥太白犯太微上相復犯進賢丁卯立湖廣黎兵屯田萬戶府統千戶一十三所每所兵千人屯戶五百皆土人爲之官給田土牛種農器免其差徭又刱立武安縣移石山寨巡檢司於清水寨立霍丘縣淮陰鄉臨水山巡檢司改乾寧軍民安撫司曰乾寧安撫司乙亥太陰犯軒轅太白犯填星己卯奉玉冊玉寶上皇太后尊號曰贊天開聖仁壽徽懿昭宣皇太后詔曰朕登大寶君臨萬方永惟大母擁佑之勤神器奠安海宇寧謐實慈訓之致然也爰協

衆議再舉徽稱而皇太后以文宗皇帝未祔于廟至誠謙抑弗賜俞允今告祔禮成亦既閱歲始徇所請乃以吉日奉上尊號思與普天同茲大慶其赦天下免今年民租之半內外官四品以下減一資却天鵝之獻癸未命臺憲部官各舉材堪守令者一人十一月戊子中書省臣請發兩艘船下番爲皇后營利濟南萊蕪縣饑罷官冶鐵一年辛卯賜行宣政院廢寺錢一千錠以營公廨乙未塡星犯亢宿庚戌熒惑犯太微垣是月鎭南王孛羅不花來朝十二月立道州永明縣白面墟江華縣濤墟巡檢司各一以鎭遏猺賊甲戌詔整治學校是歲禁私剏寺觀庵院僧道入錢五十貫給度牒方出家

至元元年春正月癸巳申命廉訪司察郡縣勸農官勤惰達大司農司以憑黜陟乙未立徽政院屬官侍正府丙午雲南婦人一產三男二月甲寅朔革冗官乙卯車駕將田于柳林御史臺臣諫曰陛下春秋鼎盛宜思文皇付托之重致天下於隆平況今赤縣之民供給繁勞農務方興而馳騁冰雪之地倘有銜橛之變奈宗廟社稷何遂止丁巳立繯甸散府一穆由甸范陵甸軍民長官司二

以薊州寶坻縣稻田提舉司所轄田土賜伯顏戊午祭社稷甲戌熒惑逆行入太微己卯以上皇太后冊寶遣官告祭天地三月癸未朔詔遣五府官決天下囚御史臺臣言丞相已領軍國重事省院臺官俱不得兼領各衞從之平伐都雲定雲酋長寶郎天都蟲等來降即其地復立宣撫司參用其土酋爲官辛卯以上皇太后寶冊遣官告祭太廟壬辰河州路大雪十日深八尺牛羊駝馬凍死者十九民大饑丙申中書省臣言甘肅甘州路十字寺奉安世祖皇帝母別吉太后於內請定祭禮從之丁酉以霑益州所轄羅山石梁交水三縣幷歸巡檢司月食己亥龍興路饑出糧九萬九千八百石賑其民庚子御史臺臣言高麗爲國首效臣節而近年屢遣使往選取媵妾至使生女不舉女長不嫁乞賜禁止從之中書省臣言帝生母太后神主宜於太廟安奉命集議其禮甲辰山東河間兩淮福建四處增鹽課一十八萬五千引中書請權罷徽止令催辦正額乙巳以中書左丞王結參知政事許有壬知經筵事封安南世子陳端午爲安南國王是月益都路沂水日照蒙陰莒縣旱饑賑米一萬石夏四月癸丑朔

詔諸官非節制軍馬者不得佩金虎符辛酉享于太廟以江南行御史臺中丞
不花爲中書省參知政事壬戌太陰犯左執法丙寅詔以鈔五十萬錠命徽政
院散給達達兀魯思怯薛丹各愛馬己巳加唐其勢開府儀同三司己卯詔翰
林國史院纂修累朝實錄及后妃功臣列傳庚辰罷功德典瑞營繕集慶蚏正
羣玉繕工金玉珠翠諸提舉司以撒的爲御史大夫禁犯御名是月河南旱賑
恤芍陂屯軍糧兩月五月壬午朔皇太后以膺受寶冊恭謝太廟丙戌占城國
遣其臣刺忒納瓦兒撒來獻方物且言交趾遏其貢道詔遣使宣諭交趾戊子
車駕時巡上都遣使者詣曲阜孔子廟致祭加伯撒里金紫光祿大夫壬辰命
嚴諡法以絶冒濫京畿民饑詔有司議賑恤癸卯太陰犯壘壁陣甲辰伯顏請
以右丞相讓唐其勢詔不允命唐其勢爲左丞相是月永新州饑賑之六月辛
酉有司言甘肅撒里畏產金銀請遣官稅之壬戌太陰犯心宿癸酉禁服色不
得僭上乙亥罷江淮財賦總管府所管杭州平江集慶三處提舉司以其事歸
有司詔湖南宣慰使司兼都元帥府總領所轄諸路鎮守軍馬庚辰伯顏奏唐

其勢及其弟塔剌海謀逆誅之執皇后伯牙吾氏幽於別所大霖雨秋七月辛巳朔以馬札兒台阿察赤並爲御史大夫壬午伯顏殺皇后伯牙吾氏于開平民舍丁亥享于太廟壬辰加馬札兒台銀青榮祿大夫開府儀同三司領承徽寺乙未太陰犯壘壁陣壬寅專命伯顏爲中書右丞相罷左丞相不置癸卯立脫脫禾孫於察罕腦兒之地乙巳罷燕鐵木兒唐其勢舉用之人戊申誅答里及剌剌等于市詔曰曩者文宗皇帝以燕鐵木兒嘗有勞伐父子兄弟顯列朝廷而輒造事釁出朕遠方文皇尋悟其妄有旨傳次于予燕鐵木兒貪利幼弱復立朕弟懿璘質班不幸崩殂今丞相伯顏追奉遺詔迎朕于南既至大都燕鐵木兒猶懷兩端遷延數月天隕厥躬伯顏等同時翊戴乃正宸極後撒敦答里唐其勢相襲用事交通宗王晃火帖木兒圖危社稷阿察赤亦嘗與謀賴伯顏等以次掩捕明正其罪元凶構難貽我太皇太后震驚朕用兢惕永惟皇太后後其所生之子一以至公爲心親挈大寶畀予兄弟迹其定策兩朝功德隆盛近古罕比雖嘗奉上尊號揆之朕心猶爲未盡已命大臣特議加禮伯顏爲武

宗捍禦北邊翼戴文皇茲又克清大憝明飭國憲爰賜答剌罕之號至于子孫世世永賴可赦天下是月西和州徽州雨雹民饑發米賑貸之八月辛亥朔熒惑犯氐宿戊午祭社稷癸亥詔以岐陽王完者帖木兒知樞密院事帖木兒不花並爲御史大夫甲子加完者帖木兒太傅戊寅道州永興水災發米五千石及義倉糧賑之己卯議尊皇太后爲太皇太后許有壬諫以爲非禮不從是月廣西猺反命湖廣行省右丞完者討之沅州等處民饑賑米二萬七千七百石九月庚辰朔車駕駐扼胡嶺丙戌赦丁亥封知樞密院事闊里吉思爲宣國公太保中書平章政事定住爲宣德王夜太陰犯斗宿庚寅太陰犯壘壁陣庚子加中書平章政事徹里帖木兒銀青榮祿大夫命有司造太皇太后玉冊玉寶御史臺臣言國朝初用宦官不過數人今內府執事不下千餘乞依舊制裁減冗濫廣仁愛之心省糜費之患從之丙午詔以烏撒烏蒙之地隸四川行省是月耒陽常寧道州民饑以米萬六千石并常平米賑糶之車駕還自上都以京畿鹽換羊二萬口冬十月甲寅熒惑犯南斗丙辰以大司農塔失海牙爲太尉

置僚屬商議中書省事丁巳以塔失帖木兒爲太禧院使議軍國重事流晃火帖木兒答里唐其勢子孫於邊地詔海道都漕運萬戶府船戶與民一體充役壬戌加御史大夫帖木兒不花銀青榮祿大夫癸亥流御史大夫完者帖木兒於廣海安置完者帖木兒乃賊臣也先鐵木兒骨肉之親監察御史以爲言故斥之選省院臺宗正府通練刑獄之官分行各道與廉訪司審決天下囚甲子太陰犯昴宿丁卯太陰犯斗宿戊辰太白晝見以宗王亦思干兒弟撒昔襲其兄封監察御史呂思誠等十九人劾奏徹里帖木兒之罪不聽皆辭去惟陳允文以不署名留辛未太皇太后玉冊玉寶成遣官告祭于太廟是月以伯顏獨任中書右丞相詔天下十一月庚辰勑以所在儒學貢士莊田租給宿衞衣糧詔罷科舉甲申太白經天乙酉伯顏請內外官悉循資銓注今後無得保舉澀滯選法從之癸巳命知樞密院事馬札兒台領武備寺丙戌太白經天己丑辰星犯房宿甲午以燕鐵木兒唐其勢答里所奪高麗田宅還其王阿剌忒納失里丁酉以戶部尚書徐奭吏部尚書定住參議中書省事戊戌召前知樞密院

事福丁失剌不花撒兒的哥還京師初二人以帝未立謀誅燕鐵木兒爲所誣
貶故正之己亥太陰犯太微垣庚子太陰犯左執法辛丑下詔改元詔曰朕祗
紹天明入纂丕緒于今三年夙夜寅畏罔敢怠荒茲者年穀順成海宇清謐朕
方增修厥德日以敬天恤民爲務屬太史上言星文示儆將朕德菲薄有所未
逮歟天心仁愛俾予以治有所告戒歟弭災有道善政爲先更號紀年實惟舊
典惟世祖皇帝在位長久天人協和諸福咸至祖述之志良切朕懷今特改元
統三年仍爲至元元年遹遵成憲誕布寬條庶格禎祥永綏景祚赦天下立常
平倉丁未賜知樞密院事徹里帖木兒三珠虎符十二月己酉朔荊門州獻紫
芝以廩給司屬通政院加知樞密院事闊里吉思銀青榮祿大夫兼左翊蒙古
侍衛親軍都指揮使壬子太陰犯壘壁陣乙卯命雲南行省造軍士錢糧新舊
之籍丙辰制省諸王公主駙馬飲饍之費詔徵高麗王阿剌忒納失里入朝丁
巳詔伯顏領宮相府戊午日赤如赭辛酉太白犯壘壁陣壬戌撥廬州饒州牧
地一百頃賜宣讓王帖木兒不花命四川雲南江西行省保選蠻夷官以俟銓

注乙丑奉玉冊玉寶上太皇太后尊號曰贊天開聖徽懿宣昭貞文慈佑儲善衍慶福元太皇太后詔曰欽惟太皇太后承九廟之托啓兩朝之業親以大寶付之眇躬尚依擁佑之慈恪遵仁讓之訓爰極尊崇之典以昭報本之忱庸上徽稱宣告中外命宣政院使末吉以司徒就第太白犯軒轅夫人星丙寅太白經天丁卯復如之夜太陰犯右執法庚午太白經天壬申復如之癸酉歲星晝見乙亥太白歲星皆晝見丙子安慶蘄黃地震丁丑西番賊起遣兵擊之戊寅蒙古國子監成是日太白經天歲星晝見是月寶慶路饑賑糶米三千石閏月乙酉詔四川鹽運司於鹽井仍舊造鹽餘井聽民煑造收其課十之三熒惑犯壘壁陣丁亥日赤如赭凡二日戊子復以宗正府爲大宗正府壬辰詔宗室脫脫木兒襲封荊王賜金印命掌忙來諸軍設立王府官屬丁酉御史大夫撒的加銀青榮祿大夫領奎章閣知經筵事戊戌御史臺臣復劾奏中書平章政事徹里帖木兒罪罷之庚子太陰犯心星壬寅流徹里帖木兒於南安太陰犯箕宿癸卯太陰犯南斗丙午詔平章政事塔失海牙領都水度支二監是年江西

大水民饑賑糶米七萬七千石賜天下田租之半凡有妻室之僧令還俗爲民

既而復聽爲僧移犍爲縣還舊治

元史卷三十八

元史卷三十八考證

順帝紀元統元年十一月辛亥追諡札牙篤皇帝爲聖明元孝皇帝廟號文宗○臣祖庚按文宗紀作元統二年正月己酉事

二年八月戊午祭社稷○臣祖庚按仁宗六年改祀中戊此八月丙辰朔則上戊之典自是復舉

元史卷三十八考證

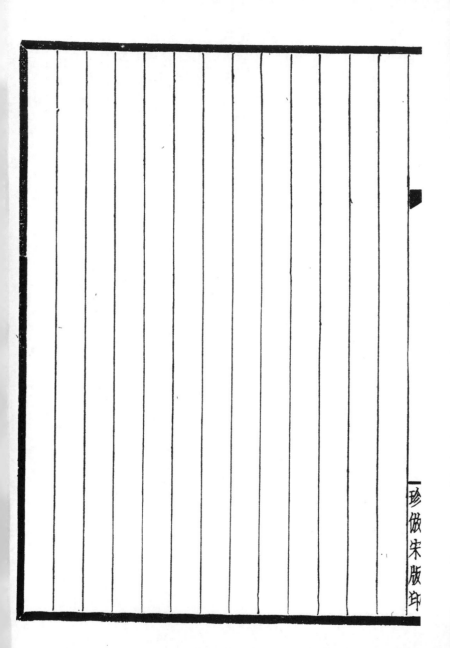

西元二〇二〇年十一月一日重製一版

元史（附考證）冊二（明宋濂撰）

平裝十冊基本定價陸仟伍佰元正
（郵運匯費另加）

發行人：張敏君
發行處：中華書局
臺北市內湖區舊宗路二段一八一巷八號五樓（5FL., No. 8, Lane 181, JIOU-TZUNG Rd., Sec 2, NEI HU, TAIPEI, 11494, TAIWAN）
客服電話：886-2-8797-8396
公司傳真：886-2-8797-8909
匯款帳戶：華南商業銀行西湖分行
179100026931
印刷：維中科技有限公司
海瑞印刷品有限公司

No. N1060-2

國家圖書館出版品預行編目(CIP)資料

元史/(明)宋濂撰. -- 重製一版. -- 臺北市 : 中華書局, 2020.11
冊 ; 公分
ISBN 978-986-5512-38-5(全套 : 平裝)

1.元史

625.701 109016937